品格的养成

学前儿童的社会与情绪学习

Social
and
Emotional
Learning
for
Young
Children

学前儿童
社会与情绪教育

李 燕 朱晶晶 陈 露◎编著

华东师范大学出版社
·上海·

图书在版编目（CIP）数据

学前儿童社会与情绪教育/李燕,朱晶晶,陈露编著.—上海：华东师范大学出版社,2022
ISBN 978 - 7 - 5760 - 3262 - 8

Ⅰ.①学… Ⅱ.①李…②朱…③陈… Ⅲ.①学前儿童-社会教育-教育研究②学前儿童-情绪-教育研究 Ⅳ.①G61

中国版本图书馆 CIP 数据核字(2022)第 189231 号

学前儿童社会与情绪教育

编　著　李　燕　朱晶晶　陈　露
责任编辑　蒋　将
特约审读　严　婧
责任校对　张佳妮　时东明
装帧设计　卢晓红

出版发行　华东师范大学出版社
社　　址　上海市中山北路 3663 号　邮编 200062
网　　址　www.ecnupress.com.cn
电　　话　021 - 60821666　行政传真 021 - 62572105
客服电话　021 - 62865537　门市(邮购)电话 021 - 62869887
地　　址　上海市中山北路 3663 号华东师范大学校内先锋路口
网　　店　http://hdsdcbs.tmall.com

印 刷 者　上海昌鑫龙印务有限公司
开　　本　787 毫米×1092 毫米　1/16
印　　张　18.5
字　　数　322 千字
版　　次　2023 年 6 月第 1 版
印　　次　2023 年 6 月第 1 次
书　　号　ISBN 978 - 7 - 5760 - 3262 - 8
定　　价　65.00 元

出 版 人　王　焰

前 言

　　社会-情绪能力对儿童的社会适应和学业成功至关重要（CASEL，2017）。大量的实证研究表明，基于学校的社会-情绪学习有助于增加儿童的亲社会行为，减少问题行为，提高心理健康水平，提高学习成绩（如 Durlak，Weissberg et al.，2011）。近年来，SEL（social and emotional learning，简称 SEL）在国、内外学校教育中受到了越来越广泛的关注。大量实证研究表明，学前阶段是开始 SEL 的理想时间（如 Denham，Brown，& Domitrovich，2011）。早期的社会-情绪能力是儿童社会适应的重要发展指标，并与他们未来学龄期的学业适应、社会适应及心理健康、幸福感等密切相关。学前儿童的社会与情绪学习作为一个过程，既需要有设计科学、结构合理、具有发展适宜性、文化适应性特点的显性课程（如集体教学活动），也需要有渗透在儿童一日生活中的、支持他们社会与情绪发展的隐性课程，如将 SEL 渗透到师幼互动中、渗透到语言、科学、STEAM 或艺术活动等相关领域的集体教学活动中。

　　本书将主要探讨学前儿童社会与情绪能力发展的年龄特征、影响因素，及促进学前儿童社会-情绪发展的路径与方法。我们将以自我意识、自我管理、社会认知、人际交往和人际问题解决等领域为主线，探讨社会-情绪能力不同领域的核心经验及发展的年龄特点，探讨促进不同领域发展的教学策略。同时，SEL 也有助于解决儿童在校（园）的很多问题，如攻击、发脾气等外化问题，焦虑、抑郁等内化问题，并有助于促进儿童积极行为的发展、提高学校（幼儿园）育人能力。因此，本书专设章节讨论了如何通过 SEL 项目减少儿童的内化问题、外化问题，培养儿童的亲社会行为，并提高他们的社会适应水平。此外，社会与情绪能力也是幼小衔接的重要议题，本书将以"小一步"为例，阐述家、园、社区如何协同提高幼儿的社会-情绪能力，为他们进入小学做好准备。

　　本书既突出学科知识的科学性和系统性，强调知识点和方法论，也注重在教育实践中对儿童社会与情绪适应与发展的支持。

　　本书由我和朱晶晶、陈露共同策划，我和陈露负责统稿。主要编写人员还包括：薄丽娜、陈思同、高竹青、公孙一霏、何欣、刘丽娟、吕芳、王赪、谢梦丽、许批、张海萍、张玲丽（排名不分先后）。

作为一本全面、系统、富有实践特色的学前儿童社会与情绪教育教材，本书可以作为高等学校学前教育专业的"学前儿童社会与情绪教育"教材，也可以作为幼儿园教师的参考用书及学前教育领域师资培训用书，同时也可以成为广大家长的良师益友。

李　燕

目　录

第一章 ／

社会-情绪教育概论

　　虽然我们的时代给予了年轻人更多的选择，但对学龄儿童而言，良好的学业成绩仍然被视为学龄阶段的良好适应指标，而良好的学业适应又与他们未来的成功密切相关。

　　大量研究表明，学生的社会与情绪能力和他们的学业成绩关系密切（Elias，Wang，Weissberg，Zins，& Walberg，2002）。学校实施有效的社会-情绪学习项目（Social and Emotional Learning，以下简称 SEL）能有效改善学生的学习态度（例如，动机、责任）和学习行为（参与课堂活动、出勤率、学习习惯等），提高儿童的学业成绩。有效的 SEL 项目，可以提高儿童对学业的投入度和学业成就。

第一节　社会-情绪教育的基本概念与内容

社会-情绪学习，包括帮助儿童提高自我认知能力、社会认知能力、自我管理和人际关系管理的能力，以及负责任地做出理性选择与决定的能力，这些能力都与儿童的学习和适应有关，并能预测他们未来的适应与发展。

一、社会-情绪能力与社会-情绪学习

社会-情绪能力在个体层面主要是指自我认知和自我管理能力，包括积极的自我认识、自我评价与自尊，认识和调节自己情绪的能力，以及自我激励、为自己行为负责的能力等；在社会层面主要指他人认知与人际互动能力，包括移情能力、建立人际关系的能力和解决人际问题的能力等。

社会-情绪学习是个体获得社会-情绪能力的过程，包括学习认知和理解自己的情绪、调控自己的情绪反应、理解他人的感受并关心与照顾他人、做出负责任的决定、建立并维持良好的人际关系、有效地处理各种人际问题。

社会-情绪学习可以提高儿童识别和管理自己情绪、建立积极的人际关系、解决人际问题的能力，能有效帮助儿童获得有效管理生活和提高核心素养的技能。

社会-情绪能力与个体早期社会性发展和情绪智力水平密切相关，基于文献梳理和分析，社会-情绪能力概念的缘起和演变路径大体遵循"社会智力—多元智能—情绪智力—'社会-情绪能力'"的发展逻辑。

20世纪20年代，桑代克提出社会智力（Social Intelligence）的概念，将其定义为"在人际关系中采取明智行动的能力"，并指出社会智力总体包括社会认知力与行为能力两方面（Thorndike，1920）。之后，研究者注意到：认知智力（Cognitive Intelligence）只是影响个体成就的一个因素，情感、特质等非智力因素同样重要。韦克斯勒是第一个提出传统智力理论过于狭隘的认知心理学家，他将智力定义为个体有目的地行动、理性思考和有效应对环境的整体能力，并认识到情绪和认知的相互作用，在智力测量工具中加入了情绪和社交性问题（Wechsler，1940）。从20世纪70年代末开始，"社会能力"（Social Competence）和"社会智

力"（Social Intelligence）开始在相关文献中大量出现，研究者也提出不同的理论模型和测量工具，其中一些测验题目已涉及情绪能力（Keating，1978）。

1983 年，加德纳（Gardner）提出多元智能理论（Theory of Multiple Intelligence），他将智力定义为"在一种或多种文化背景下解决问题或创造有价值产品的能力"，提出了七种智力类型：语言智力、逻辑数学智力、视觉空间智力、音乐智力、身体运动智力、内省智力和人际智力（在 1999 年增加了"自然观察智力"）。值得关注的是内省智力和人际智力。内省智力（Intrapsychic Intelligence）是指对自身情绪的感知、辨识，及以此指导行为的能力；人际智力（Interpersonal Intelligence）则是指辨别他人情绪、气质、动机和期望并做出恰当反应的能力。加德纳提出，对于成功而言，内省智力、人际智力和传统智力同样重要。尽管当时还没有提出"情绪智力"的概念，但内省智力和人际智力已经涉及情绪智力的内容。可以说，多元智能理论为情绪智力的提出奠定了基础。

1990 年，萨拉维（Salovey）和梅耶（Mayer）正式提出"情绪智力"（Emotional Intelligence，EI）概念，并将其概括为"了解和处理自己和他人情绪的能力"。他们将情绪智力看作一种心理能力（Mental Ability）。在他们看来，情绪智力横跨认知系统和情绪系统，专门对情绪信息进行处理。

1995 年，戈尔曼（Goleman）正式出版《情绪智力》（*Emotional Intelligence*），由此，这一概念在全世界流行起来。他将情绪智力的研究内容划分为五个方面：自我意识、自我管理、自我激励、移情和人际关系。1998 年，戈尔曼将情绪智力范畴缩小到工作场所，将早期的情绪智力理论模型与工作情境联系起来，细化为二十五种与工作相关的胜任力。2000 年，戈尔曼与博伊斯（Boyatzis）等人合作对情绪胜任力模型做了进一步修正，将 1998 年的模型调整为包含二十种情绪胜任力的四因素模型。

1997 年，巴昂（Bar-On）提出一个更加综合、广泛的情绪智力理论模型。他认为情绪智力（使用"Emotional-Social Intelligence"的术语表达）横跨情绪能力和社会能力，并决定个体是否可以有效认识和表达自己，理解他人并建立联系，以及处理日常生活。巴昂的情绪智力模型包含五个成分十五个因素。可以发现，巴昂的情绪智力模型是一种混合模型，包含社会、情绪、认知及个性维度。

在情绪智力的概念提出后，有研究者提出了"情绪能力"（Emotional Competence，EC）的概念。萨尔尼（Saarni）把情绪能力分为八种具体的技能：知觉自我情绪的能力、识别和理解他人情绪的能力、情绪表达的能力、移情能力、区分主观情绪体验和外部情绪表达的能力、情绪调节和适应的能力、人际关系中情绪沟通的能力、情绪的自我效能（Saarni，1999）。后两种技能是萨尔尼从多年临床研究中发现的，萨尔尼认为，在所有技能中，"知觉自我情绪的能力"是最基本的情绪技能。博伊斯等人认为情绪能力由自我管理、自我意识、社会意识及人际交往构成（Boyatzis Goleman，& Rhee，2000）。戈尔曼认为，情绪能力代表着个人在现有情绪智力基础上可以支配自身情绪的程度，这种能力使个体工作更有效率。

1994 年，戈尔曼等人在情绪智力基础上提出"社会-情绪学习"及其共生概念"社会-情绪能力"，并成立"学术、社会与情绪学习组织"。2001 年，中华人民共和国教育部和中国科学技术协会共同启动了名为"做中学"的科学教育改革项目，即在幼儿园和小学中进行基于动手做的探究式科学学习和科学教育。《"做中学"内容标准》明确指出，"需要把儿童社会-情绪能力的内容列入科学课程的内容标准"（杨元魁，2012）。自 2009 年起，上海市静安区开始在部分幼儿园及小学试点实施"社会与情绪学习项目"。2011 年之后，国内开始出现推介"社会-情绪学习"项目和课程的相关文章（王福兴，段婷，申继亮，2011；麻彦坤，2013；徐文彬，肖连群，2015；陈权，陆柳，2014；曹慧，毛亚庆，2016；陈德云，熊建辉，寇曦月，2019；杜媛，毛亚庆，杨传利，2019；许苏，夏正江，赵洁，2016）。2012 年以来，我国教育部教师工作司与联合国儿童基金会合作，在我国西部五个省（市、自治区）实施了为期五年的"社会情感学习与学校管理改进项目"。立足我国文化背景与教育发展现实需要，国内的一些学者进行了社会情感学习的相关实证研究，如：学生社会情感能力与校园欺凌的关系（何二林，叶晓梅，潘坤坤，毛亚庆，2019；杜媛，毛亚庆，杨传利，2018），及我国西部地区学生的社会情感能力及其相关因素研究（陈瑛华，毛亚庆，2016；王树涛，毛亚庆，2015）等。2018 年，经济合作与发展组织（Organization for Economic Co-operation and Development，简称 OECD）推出了青少年"社会-情感技能"（Social and Emotional Skills）评估项目，这个项目旨在测评参与城市和国家的学龄儿童和年轻人的社会与情感能力发展，以及探索如何通过教育提升这些能力（唐科莉，2018）。随着"社会-情绪学习"项目的实践推进和价值体现，社会-情绪能力也成为学术研究的重要议题。

二、社会-情绪能力的内容框架

社会-情绪能力在美国、英国等国家被普遍推广，但不同国家对社会-情绪能力的核心内容有不同的理解。美国的学术、社会和情感学习联合会（Collaborative for Academic，Social，and Emotional Learning，CASEL）认为社会-情绪能力的核心内容包括：自我认知、自我管理、社会认知、人际交往技能和负责任的决策。与此相似，英国教育与技能部（Department for Education and Skill，DFES）认为社会-情绪能力包括：自我意识、管理情绪、动机、移情和社会技能五大领域。而澳大利亚则强调儿童成长的社会生态环境的重要性，他们提出的社会-情绪健康标准包括七个维度：社会-情绪的总体健康、心理弹性、积极的社会取向、积极的工作取向、积极的学校指标、积极的家庭指标和积极的社区指标。其中，前四个维度是儿童成长个体层面的社会-情绪健康指标；后三个维度是儿童成长环境层面的社会-情绪健康指标。

虽然不同国家对社会-情绪能力框架的界定有所不同，但都包括以下几个领域：自我认识和自我管理（包括情绪管理、行为管理和心理弹性），社会认知与社会互动以及社会责任（包括积极的工作取向）。因此，采用CASEL组织对社会-情绪能力的界定，在本书中我们将社会-情绪能力的核心领域界定为自我意识、自我管理、社会认知、人际交往技能和负责任的决策五大能力。

（一）自我意识

自我意识是个体正确识别、理解自己情绪的能力，包括准确地评估自己的感受、兴趣、价值和长处，以及自尊、自信和自我效能感。在幼儿阶段逐渐发展起来的对自己能力、情绪状态的理解和评价，以及在此基础上形成的自尊和自我效能感，是儿童入学后及整个学龄阶段影响他们学业适应的重要因素之一。

（二）自我管理

自我管理是个体有效管理自己情绪、认知过程和行为的能力，包括处理焦虑、控制冲动、管理压力、制定目标、坚定自信和自我坚持以及自我激励的能力等。自我管理能力的发展使儿童能够使用一些技能（如工作记忆、注意力、努力控制、坚持自己的主张、拒绝不合理要求和抵制同伴压力等）来调整自己的社会和学业行为。因此，自我管理能力是儿童入学准备的重要内容之一。

（三）社会认知

社会认知是个体的角色采择能力，移情能力和尊重多元化、多样化的能力，包括理解他人情绪及观点，以及欣赏他人与自己的不同之处等能力。理解他人情绪的能力对儿童在理解他人的观点和行为、尊重文化多样性、维持积极的人际互动、合作等亲社会行为中发挥着重要作用。研究表明，儿童对他人情绪的理解能力对创设良好的学习心理环境有重要的意义。

（四）人际交往技能

人际交往技能是个体能够积极有效地与他人交流、与他人形成持久关系的能力。儿童的人际交往技能包括和同伴玩耍时提出积极的建议、合作、倾听、轮流、寻求帮助以及与同伴交往等能力。人际交往技能使儿童在面临社会问题和人际冲突情境时，能通过谈判、协商等积极的方式解决问题，从而获取资源、满足自己的需要。因此人际交往技能也是幼小衔接的主要内容，是影响儿童未来学校适应性的重要因子。

（五）负责任的决策

负责任约决策是个体能够在全面考虑社会规范、道德准则，不有损他人尊严并预测可能出现的后果的前提下做出决策的能力。主要包括：识别问题情境、澄清面对的问题、理解自己并考虑他人的感受、思考和预估不同解决问题的办法及结果。在学前教育阶段，负责任的决策强调儿童在遇到问题时，能够自己思考解决问题的办法，同时，还要学习做决策时，应考虑和维护个体、班级、学校和社区的利益，并做出符合班级规则及伦理道德的决定。

三、社会-情绪能力核心领域之间的关系

许多研究证实，学前儿童社会-情绪能力各领域的发展是相互作用、相互影响的。自我认知和社会认知是自我管理、人际交往和解决问题的基础。识别自己和他人的情绪可以帮助学前儿童为自己选择积极的情绪调节策略，表现出更积极的社会互动，进而做出符合社会期待的行为。负责任的决策能力与其他社会-情绪能力之间又相互影响：只有学前儿童理解了当前交往情境中的问题和当事人的情绪状态以及这些情绪带来的后果，才能解决问题并做出负责任的决策；自我管理能力中的服从班级规则、控制自己的攻击性和破坏性行为等能力也与负责任的决策紧密相连。学前儿童社会-情绪能力核心领域彼此作用、影响，对做好学前儿童的幼小衔接尤为重要。

同时，社会-情绪能力的各因子之间也存在纵向的预测效应。早期儿童的自我控制能力可以预测后期的自我管理能力：在入园时对学前儿童自我控制的评估（例如走平衡木、玩具分类、延迟满足等）可以预测学前儿童一年后的自我管理能力（如是否能够坚持做自己不喜欢的事情、遵守课堂规则、单独完成任务、合理使用时间等）。自我管理中的延迟满足能力也能预测儿童的社会交往能力，如4岁时的自我延迟满足能力可以预测其9岁时的社会交往能力（如遵守规则与执行任务的能力、与教师交往的能力、与同伴交往的能力等）。总之，社会-情绪能力核心领域之间不是独立的，而是相互作用、相互影响的。

四、社会-情绪能力与学前儿童的适应与发展

（一）自我认知与学前儿童适应

自我认知的发展依赖于大脑额叶的成熟，并在社会互动中形成并发展，是个体和周围环境相互作用的结果。学前儿童的自我认知与其同伴关系在相互影响中不断发展，为将来的学业成就奠定基础，而学前儿童感知到的自我成就又使他们

更有信心迎接挑战。不断获得的学业成就感和同伴的支持又进一步强化了学前儿童积极的自我认知。

学前儿童的自我认知能力和与其密切相关的自我效能感（例如对自己是否善于计算、拼写字母、运用词汇的认知）对学前儿童的学业适应有重要影响。研究者发现，学前儿童自我感知到的学业胜任力与他们日后在阅读和数学领域的表现呈显著的正相关。学业胜任感高的学前儿童更可能会寻求进一步提升技能的机会，增强学业适应能力，因此更可能取得较好的学业成绩，而较高的学业成绩又增强了他们的学业自我效能感。

（二）自我管理与学前儿童适应

学前儿童情绪的自我管理指监控、评估和调整情绪反应以达到预期目标的一系列外部和内部的过程。具体表现为情绪调节、认知以及行为上的能力，学前儿童自我管理的能力会影响学前儿童的社会适应、学业适应以及社会行为。

情绪调节能力（如注意力的控制）越强的儿童，面对同伴冲突引发的消极情绪情境时，就越能够运用建设性的情绪调节策略，其同伴接纳程度也就越高。情绪调节能力弱的儿童不善于控制自己的消极情绪，他们更可能用非建设性的策略宣泄自己的情绪（如攻击、发泄、回避），进而阻碍其与同伴的交流，表现出更多的问题行为，并得到教师更低的社会能力评价。

情绪调节还能预测学前儿童日后的课堂适应（例如学业进步、课堂中的合作与参与、发起交往、喜欢学校等）。研究者通过观察学前儿童在课堂中的情绪调节，发现儿童消极情绪的表达与教师对儿童的坚持性及学习态度的评价呈负相关。

认知的自我管理，其重要组成部分是注意力调节。注意力调节包括保持注意力的能力，以及必要时转移注意力的能力。注意力调节主要和学前儿童的学业成就相关。大量研究表明，注意力调节能力能够显著地预测学前儿童的入学准备水平。注意力调节存在困难的儿童会有不好的学业表现和问题行为；注意力调节能力较强的学前儿童能将注意力集中在一件事情上，并且有较好的坚持性，在课堂学习中能获得更多的学习材料和资源，在遇到挑战和困难时也不会轻易放弃。学前儿童入学时的注意力调节能力能够预测其日后的数学和阅读成绩。学前儿童的注意力调节能力还与其日后的外化行为问题有关。

行为的自我管理，主要包括学前儿童执行复杂指令、完成任务以及提出问题并寻求帮助等方面的能力。这些能力会影响学前儿童的入学适应。入学后，孩子们被要求在很多方面调控自己的行为，诸如内化和遵从规则，听从指导，按要求回答问题，轮流等候等。如果个体的自我调控能力较差，对幼儿园的要求不能很好地执行，也会影响学业成就。

（三）社会认知与学前儿童适应

社会认知是指个体对社会性客体及其之间关系的理解和推断，如对人与人的关系（他人和自我）、个体与群体的关系、社会角色、社会规范和社会生活事件的认知，以及这种认知与人的社会行为之间的关系。学前儿童的社会认知能力主要表现在观点采择、移情能力和心理理论等方面。

观点采择能力是学前儿童推断别人心理活动，设身处地理解他人思想、愿望、情感等的能力。观点采择能力的发展使学前儿童能站在他人的角度看问题。

移情能力是学前儿童在正确辨别他人情绪、情感的基础上，产生与他人情绪状态类似的情绪反应的能力。学前儿童的移情能力与同伴交往能力及社会适应（如较高水平的同伴接纳）高度相关。那些移情能力差、对他人的行为消极回应，或较少考虑他人的感受、容易表现出攻击行为的儿童，更容易被同伴拒绝，进而使学前儿童在幼儿园处于一种不良的环境中，影响他们的在园适应和学业成就。

心理理论是学前儿童对他人心理状态、行为及他人行为与心理状态关系的推理或认知。心理理论发展好的个体，能够更加准确地理解他人的情绪情感、意图、想法和行为动机等内在心理状态，在与同伴的交往中也能更恰当地表达自己的意愿，做出更容易被同伴接受和认可的行为，并更好地满足他人的心理需求，因此更容易被同伴接受和喜欢。

总之，社会认知能力，如观点采择、移情能力、心理理论等方面的能力都会影响学前儿童对他人的看法、态度和回应，进而影响他们的社会适应。而不同的社会适应状况也影响了儿童的同伴关系和学校心理环境，进而影响他们社会认知能力的发展。

（四）人际交往技能与学前儿童适应

人际交往技能是指妥善处理组织内外关系的能力。学前儿童的人际交往技能是在与父母、老师、同伴的交往中感受、适应、协调、处理同伴关系能力的总和。社交主动性、亲社会行为等都是人际交往能力的表现。人际交往技能高的学前儿童不仅能够较多地主动发起同伴交往、帮助他人，他们还更倾向于采取灵活、恰当的策略建设性地解决与同伴的冲突，维持良好的同伴关系和师幼关系。研究表明，受到同伴友好对待和支持的儿童，更倾向于和同伴进行积极的社会活动，依据同伴的反馈建立积极的社会认知框架和参照体系，获得更为积极的自我认知；而遭受同伴消极对待（如攻击、忽视、拒绝）的学前儿童，总体自我认知水平较低，对自己社交能力和同伴接纳的感知也更消极，这些孩子往往也会对同伴持有消极的观点和看法，并根据这些消极的观点做出认知、行为和情绪上的反应，由此产生情绪问题或行为困难，进一步加剧了消极的自我认知。

由此可见，人际交往技能高的学前儿童会以恰当的方式与同伴、老师进行互动，并更多地获得他们对自己学业的支持。他们更可能以恰当的方式请教老师问题、积极回答问题、对老师微笑等，这些积极的互动方式使他们能够得到老师更多积极的关注和支持，从而为学前儿童的在园适应提供积极的心理环境，使他们获得更多学业成功的机会。

（五）负责任的决策与学前儿童适应

负责任的决策能力是指能够在全面考虑道德准则、社会安全、不损他人尊严并预测可能出现的后果的前提下做出决策的能力。负责任的决策能力是学前儿童问题解决能力的体现，在幼儿园中，此能力主要表现在做选择的能力、应对同伴冲突和解决问题的能力。学前儿童解决人际问题的能力与他们当前及日后的学校适应和学业成就相关，尤其是那些在面对同伴挑衅时仍能采用积极策略解决问题的儿童，更能在日后的学业上获得更大的成功。采用积极策略解决问题的个体能充分地考虑自己和他人的处境和需要，在解决冲突时能做到兼顾双方利益，试图寻求双方都满意的方式解决问题，这些孩子也更多地选择言语沟通和解释的策略，因此他们更受同伴欢迎。

五、社会-情绪学习与教师专业发展

任何人与环境都是相互联系的，学前儿童处于学校、家庭、社区环境中，每个环境都与其他环境以及个体发生交互作用，进而导致其不同的发展水平。根据布朗芬布伦纳（Bronfenbrenner）所提出的人类生态学理论，人的发展是人与环境的复合函数，学前儿童发展是儿童所处的生态环境作用的结果。家庭及幼儿园是学前儿童成长过程中的重要组成部分。教师专业发展、家长个体成长都对学前儿童社会-情绪学习产生影响。

（一）社会-情绪学习与教师专业发展

社会-情绪学习近年来备受关注，对学生及教师均产生影响（Collie, Shapka, & Perry, 2012）。教师方面，研究结果显示，教师实践社会-情绪学习课程的过程有助于降低职业倦怠感的发生（Ransford, Greenberg, Domitrovich, Small, & Jacobson, 2009）；教师对社会-情绪学习课程的信念有助提升其对专业的投入程度（Collie, Shapka, & Perry, 2011）；教师对社会-情绪学习技能的掌握程度与职业倦怠呈负相关，与工作满意度呈正相关（Brackett, Palomera, Mojsa-Kaja, Reyes, & Salovey, 2010）。社会-情绪学习不仅影响课堂内外的师生关系，还对教师之间的人际关系产生积极影响，从而改善校园人际氛围（Collie, Shapka, & Perry, 2012）。

研究显示，教师对社会-情绪学习课程技能提升的意愿与其专业成长的意愿有关，而专业成长的意愿恰恰是提高教师工作满意度的关键要素（Crossman &

Harris，2006；Dinham & Scott，1998）。专业成长能够使教师感受到更有自主权和自治权，从而提升了他们的工作满意度（Judge & Bono，2001；Skaalvik & Skaalvik，2009）。专业成长同时又能够使教师获得成就感，从而提升他们的工作满意度（Kinman，Wray，& Strange，2011）。

值得注意的是，社会-情绪学习课程的实施会在一定程度上增加教师的工作压力，原因在于客观上社会-情绪学习课程增加了教师的工作量，且会让一部分教师认为自己缺乏社会-情绪技巧从而产生额外的压力（Collie，Shapka，& Perry，2012）。综上所述，社会-情绪学习课程的实施虽然会给教师带来一定的工作压力，但也会给教师带来较高的工作满意度，是一种辩证的关系（Collie，Shapka，& Perry，2012）。

（二）社会-情绪学习与父母个体成长

家庭是学前儿童早期社会化的重要场所，父母的养育理念和行为、家庭情绪氛围等都是学前儿童早期社会-情绪能力习得的重要影响因素。

近年来，从父母情绪社会化的视角来探索儿童社会-情绪能力的发展已成为一个新热点（Eisenberg，Cumberland，& Spinrad，1998；Chaplin，Cole，& Zahn-Waxler，2005；Denham，Bassett，& Wyatt，2010）。父母情绪社会化是指父母所持的情绪理念或观念，以及亲子日常交往中表现出的相关情绪行为对儿童情绪和社会行为的塑造和教育过程（Gottman，Katz，& Hooven，1997；Denham & Burton，2003；Eisenberg，Cumberland，& Spinrad，1998）。父母情绪社会化的理念、行为与儿童社会-情绪能力的发展密切相关，从学前期到青少年晚期均与儿童社会-情绪能力存在直接或间接关系。

情绪表达是父母情绪社会化行为的一个重要方面，对儿童社会-情绪能力的发展具有重要作用（Denham，Mitchell-Copeland，Strandberg，Auerbach，& Blair，1997；Isky，O'Neil，Clatfelter，& Parke，1999；Denham & Burton，2003）。父母情绪表达指父母在家庭中以言语或非言语形式表现出与情绪相关，但并非总伴随着情绪的主要风格或模式（Halberstadt，Cassidy，Stifter，Parke，& Fox，1995）。研究表明，父母情绪表达与学前儿童社会-情绪能力密切相关。在亲子互动中经常表现出温暖、积极情绪的父母，其子女通常会表现出较强的社会-情绪能力，及较少的敌意、攻击等问题行为（Dunn & Brown，1994；McElwain，Halberstadt，& Volling，2007）。学前儿童会利用与父母交往的机会学习对情绪信号的解码，并且把学习到的解码技能运用到社交情景中（Parke & Buriel，1998）。经常处于父母消极情绪表达氛围中的学前儿童更少地被同伴接纳的社会-情绪能力教师评价也较低，而那些处于父母积极情绪表达氛围中的学前儿童，同伴接纳程度较高，社会-情绪能力的教师评价也较高（Boyum & Parke，1995）。国内一项有关父母的情绪理念、情绪培养与儿童社会能力的研究发现，父母对儿童的情绪教导及情绪表达对其社会能力具有一定的影响（梁宗保，张光珍，陈会昌，张萍，2012）。

第二节　学前儿童社会-情绪学习的路径与方法

如前所述，我们将社会-情绪学习定义为一个过程，通过这个过程，学前儿童提高了他们的自我认知、情绪管理和人际适应能力，学会选择和做出负责任且合乎道德的决定。因此，为了提高学前儿童的社会-情绪能力，既要注重以儿童为中心、旨在提高其社会-情绪能力的社会-情绪学习，也需要优化、改善其成长环境，提高其周围重要他人的社会-情绪能力和社会-情绪教育能力。

以学校为基础的有效的社会-情绪学习项目，其实施路径和基本特征如表1-1。

表1-1　有效的社会-情绪学习项目的实施路径和基本特征

显性课程：以理论和实证研究为基础，精心策划的课程
• 课程文化：课程结构清晰，能回应/响应园本特色及在地文化的要求； • 课程内容和实施模式的设计：基于学前儿童发展与教育的理论和相关实证研究； • 课程实施：课程实施计划清晰并有课程实施监控和项目评估。
隐性课程：在日常生活中教授并应用 SEL 技能
• 通过一日生活教授、强化学前儿童的社会-情绪学习，如学习识别和管理情绪、欣赏他人的观点等； • 以发展适应性和文化适应性为基础的社会-情绪技能学习与实践； • 尊重个人的独特性与差异性； • 为儿童设定积极的目标，给他们机会做出负责任的决定，处理人际问题； • 通过关心、参与、互动和合作建立对学校的依恋。
优化学前儿童成长的环境：幼儿园全员参与，并整合、优化家庭环境
• 加强学前儿童、教师和其他学校人员之间的关系； • 整合家庭和社区成员，鼓励并提供参与机会； • 培养成人对儿童的仁爱之心，培养学前儿童的安全感、支持感和归属感； • 强调文化敏感性和对多样性的尊重； • 优化学校（幼儿园）各环节，全员支持学前儿童社会-情绪发展； • 进行多方面的评估，以检查实施过程和项目实施结果； • 与学前儿童发展相关利益方分享结果。

一、通过显性课程促进学前儿童的社会-情绪学习

显性课程一般是高度结构化的课程。根据学前儿童的年龄特点和发展目标，确定课程框架和内容，设计课程实施模式。一般以集体活动为主要形式，每一课时大约 25～35 分钟。课程流程可以包括如概念导入、问题讨论（谈话活动）、故事或情景分析、角色扮演或游戏练习和总结等环节。显性课程有以下几种模式：面向全体儿童、涉及社会-情绪学习各领域的促进性或预防性干预课程，面向大多数儿童、以社会-情绪学习某一领域为主要发展目标的课程，针对个别儿童、关注社会-情绪学习个别领域的干预课程。

面向全体儿童、涉及社会-情绪学习各领域的课程，其目的是关注儿童的整体发展，将社会-情绪学习作为课程框架。如基于情感、行为、认知、动力理论的促进选择性思维策略（Promoting Alternative Thinking Strategies，PATHS）课程，主要框架为四大单元内容，分别是：培养学前儿童的情绪意识、自我控制、积极自尊、人际关系和人际问题解决能力等。又如开端课程（Strong Start Pre-k），包含十个单元内容，涉及情绪认知与调节、移情训练、人际交往、人际冲突解决等，并重点强调"发展心理弹性"，即个体有效应对困难和挑战的能力。这两类课程都是面向所有儿童，在全园范围内实施，使所有儿童的社会与情绪能力都能获得普遍性的提升。研究表明，针对所有儿童的、涉及社会-情绪学习各领域的课程（如Strong Start Pre-k，PATHS等）显著提高了儿童的社会与情绪适应，这种课程对儿童发展有长期的积极影响。

面向大多数学前儿童、以社会-情绪学习某一个领域为主要发展目标的课程，其目的是培养某一具体的社会-情绪能力为主要目标。例如，以发展儿童自我调节能力为主要目标的心智工具（Tools of the Mind）课程，该课程关注的自我调节，包括对情绪和行为的调节与管理：调整行为以适应社会规范，调整学习的计划和注意力。该课程被证明能够促进儿童的语言发展，减少行为问题，提高他们的执行功能。又如，着眼于提高人际问题解决能力的课程 ICPS（I Can Problem Solve），主要目标是通过认知训练，让儿童在遇到人际问题时，能够独立思考多种解决问题的方法，并有效地解决问题，从而培养问题解决能力。该课程在国内经过多次实践，被证实在改善同伴交往行为方面有良好效果。

面向个别儿童或某个年龄阶段儿童的社会-情绪学习，一般是针对年龄特点和个性差异、个别需要而设计的。如针对小班幼儿的情绪理解课程，针对大班幼儿的愤怒管理课程（Stop Now And Plan，SNAP），针对害羞幼儿的情绪理解和社会技能训练课程，这些课程已经在我国的教育教学实践中取得了显著的效果。

但旨在提高儿童自我认识、发展自尊和自信心的课程，以及促进人际交往、问题解决培养能力及遵守社会规范等的一系列课程，仍有待学前教育研究者和教育实践工作者共同关注、研究和开发。

二、通过隐性课程促进学前儿童的社会-情绪学习

融入一日生活的隐性课程是将幼儿园作为幼儿社会-情绪学习的实践基地，为其提供反馈与强化，为社会-情绪能力的获得与发展提供成长环境。幼儿在显性课程中习得的技能需要在隐性课程中不断练习与巩固。

在隐性课程中，教师的指导和参与对学前儿童的发展有重要的作用。教师作为幼儿在幼儿园的主要引导者，首先要创建让幼儿安心、舒适的心理环境，提供让其能够专注于自己的探索和自身的发展的空间。在幼儿需要帮助时及时提供帮助，向其展示与家长的友好关系，在幼儿取得成功时能够向其表达鼓励和喜悦等。其次，教师需要观察特定幼儿的活动，评估其社会-情绪能力的发展水平，将观察结果整合到之后的活动计划中，这样才能设计出满足幼儿兴趣、符合幼儿现有的社会-情绪能力发展水平、刺激幼儿发展所需领域能力的活动。最后，教师要通过自身表现出对事件的积极态度、与幼儿互动的技巧及对幼儿成功或失败的反应来影响儿童社会-情绪能力的发展。总之，教师需要发挥榜样作用，潜移默化地影响学前儿童社会-情绪能力的学习。

日常活动的安排要有规律性，以便能够让幼儿预测下一步的活动，如此幼儿便可以根据预期调整自己的状态，促进自我管理能力的发展。同时日常活动也要注意静态游戏和动态游戏的平衡，以免造成幼儿过度疲劳，对认知活动产生影响。此外，日常活动的安排也要调整好集体活动时间和个体独处时间，因为学前儿童的注意力控制水平、社会技能发展水平有限，所以集体学习时间不宜过长。在自由活动时让幼儿自主选择活动的方式并执行个人计划可以促进幼儿自主性的发展。

班级中的物理环境、物品颜色、内容和规模都会极大地影响幼儿的精力。选择色调柔和的家具、反映家庭文化的装饰物能够营造一种归属感和安全感，能够促进孩子们积极的自我概念的形成。提供功能不同、大小合适的功能区域并保证各区域空间距离合适，可以满足幼儿的不同发展需要，为幼儿的社会学习提供机会。通过集体活动和小组活动中适宜的空间和材料以及精心设计的集体活动，能够促进幼儿的自我调控，提升他们对自己行为和注意力的控制，并通过集体互动促进他们观点采择能力和人际交往能力的发展。

三、加强成人的社会-情绪能力的培养

成人与儿童的联系的重要性不仅在于成人教给儿童什么，还在于成人以何种方式教育儿童，以及周围的人群以何种方式与儿童构成相互影响、相互促进的关系网络。学前儿童受幼儿园环境影响，只有幼儿园系统内各个要素间形成一致的合力，学前儿童的社会-情绪学习才能得到有效的发展。

为了使社会-情绪学习融入幼儿的一日生活中，幼儿园需要支持教师和其他职员提升自身的社会-情绪能力，教师和其他职员要学习如何与幼儿积极互动，学习在遇到社会-情绪挑战和冲突时能做出积极的反应，学习如何管理幼儿的行为、建设健康积极的园所文化（如帮助每一个人、寻找帮助他人的机会、学习上的知错就改）。这些培训内容是学前儿童社会-情绪能力可持续发展的重要因素。

美国已有的有效提高教师社会-情绪能力和教学技能的项目，包括教师专业发展和支持系统"我的教学伙伴"（My Teaching Partner，MTP）、"教育意识和适应能力培训"（Cultivating Awareness and Resilience in Education，CARE）、"加强管理和弹性培训"（Stress Management and Resiliency Training，SMART）等。这些项目已经被证实可以提高教师自身的社会-情绪能力，并有效提高学前儿童的社会-情绪能力。

以 CARE 项目为例。CARE 旨在减少教师的压力和负面情绪，促进教师的幸福感、效能感和信念的提高。CARE 项目系列课程每周有四天的课程，共计四到五周。该课程包括三个主要领域：情感技能指导、正念练习和关怀与聆听练习。

情感技能指导通过一组教学和体验活动（例如反思性实践和角色扮演）来支持教师认识、探索他们的情绪及习惯性的情绪反应。这种模式旨在通过积极情绪的自我感应练习促进恢复和帮助教师重新评估情绪情境。CARE 能够加强教师对学生需求的敏感性，让教师了解课堂的气氛，更好地调节自己的情绪，同时管理学生们的挑衅行为。

正念练习的重点是"不评价、不批判地接受每个想法、感觉，认可并接受它"。正念练习涉及两个主要部分：注意自我调节和"不判断"。CARE 的正念活动包括：从短暂的正念开始，延伸到在日常生活中的正念，如正念站立、正念散步、正念倾听别人等。通过这些活动，教师能够学会提高课堂组织能力，处理好与学生、家长、同事的关系。

关怀与聆听练习的目的是促进教师的同理心和同情心。关怀练习涉及沉默与聆听，重点是在精神上提供幸福与和平，首先给自己，然后给亲人，再学习给一个身边的同事或熟人，最后给有挑战性的对象，如适应困难的学生、家长等。随

着时间的推移，这种活动会增加日常的积极情绪体验，降低疾病和抑郁症状。有意识的倾听练习可以培养倾听他人的能力。这种能力可以帮助教师更有效地倾听学生的意图，对学生的需求更敏感，特别是面临冲突时能用平静的方法解决问题。

学前教育机构的行政管理人员也需要学习如何把社会-情绪学习融入到园内的任务和日常工作中去，并关注如何把社会-情绪学习和园内的教学任务连接在一起，在课程安排中为社会-情绪学习留出时间和空间，支持教师和员工学习社会-情绪能力等。

四、幼儿园与家庭、社区合作

学前儿童社会-情绪能力的培养是在日常生活中进行和体现的。家庭是儿童成长的第一个环境，是影响早期保教质量的重要因素，父母对儿童有着最直接的影响。家长有意识的参与、指导和训练，可以进一步促进儿童对各项技能的习得。因此社会-情绪学习课程的实施需要家园积极沟通合作。例如在"神奇年代"（The Incredible Years）课程项目中，教师每节课结束后都有一个与家长互动完成的小任务，并且有写给家长的信。给家长的信不一定是作业和任务，也可以是一些指导性的建议。此外，该项目还有专门针对父母的训练，包括"基本的项目""促进项目"和"支持儿童教育项目"。"基本的项目"强调在父母的帮助下促进学前儿童社会-情绪能力和人际交往技巧的发展，如：如何与孩子玩、帮助孩子学习、有效赞美和使用激励机制、有效设置策略来处理不恰当的行为。"促进项目"强调父母的人际交往技能，如，有效的沟通技巧、情绪管理、成人之间的问题解决以及如何给予和获得支持。"支持儿童教育项目"强调促进学前儿童的学业和学习技能的发展，如：阅读技巧、父母参与、帮助建立功课预习常规、建立与教师的协作关系。

社区对学前儿童发展的影响也日益增大，它不仅为学前教育提供更多的服务和资源，也为家长的民主参与提供了合作的空间。在地域文化背景下，幼儿园应主动与幼儿家庭、居住社区建立互动机制；将幼儿在家的生活经验和在园的学习经验衔接起来，以深化幼儿的学习；建立伙伴关系，根据幼儿所在地域的社区文化活动，提供适宜的个别教学时间或制定个别学习计划；以实际行动展现对地域文化的投入和认同，让幼儿与家长共同参与社区活动，成为社区文化的参与者和共构者。

五、将社会-情绪学习纳入学前儿童发展评价体系中

社会-情绪学习是学前阶段发展的核心内容之一，将社会-情绪能力纳入学前

儿童发展评价体系，能够为教师和家长提供社会-情绪能力发展的一系列标准和评估方法。美国很多州都有独立的社会-情绪学习标准，如伊利诺伊州就有一个独立且全面的从幼儿园到 12 年级的社会-情绪学习标准。社会-情绪学习也被并入到美国的教育框架体系中，如共同核心标准（Common Core Standards）、国家健康教育标准（The National Health Education Standards），以及国家综合建议与指导标准（The National Comprehensive Counseling and Guidance Standards）等。

本章内容回顾

社会-情绪能力与儿童的适应和发展关系密切。本章讨论了社会-情绪能力的概念，及社会-情绪能力与儿童适应与发展的关系，探讨了幼儿园社会-情绪学习的内容框架、方法与实施策略。

本章思考题

1. 什么是社会与情绪能力？为什么要特别关注学前儿童的社会与情绪能力发展？

2. 在幼儿园开展社会与情绪学习的路径与方法有哪些？需要考虑哪些因素、调动哪些力量共同促进儿童的社会与情绪学习？

第二章 /
学前儿童情绪能力的发展与教育

今天幼儿园老师们把教室装饰得像一座城堡一样，还请来了家长当志愿者为小朋友们助兴。佳佳和悠悠是小班3岁的两个孩子，今天早上他们一起来到幼儿园，手拉手走进教室，被教室里的变化惊呆了。突然一个戴着面具的"丑八怪"从门口蹦了出来，两个小朋友都被吓了一跳。只见"丑八怪"说："你是小一班的小朋友吗？"悠悠明显感觉受到了惊吓，赶紧扑到老师的怀里，不敢说话。佳佳虽然也有点害怕，但是她很好奇，尝试去接近"丑八怪"，看着他，又转身看了看老师，然后小心翼翼地说："我是佳佳，是小一班的，我很乖，你是谁？"

情绪是个体对外部和内部事物的主观体验，也是孩子心理变化最直接的体现。情绪的产生和发展也会带来个体生理的、经验的以及外显行为上的变化。很显然，上面提到的两个3岁的幼儿在面对"丑八怪"时的情绪反应是截然不同的，为什么两个孩子面对同样的新奇事物的情绪体验会有如此大的差异呢？在本章我们会探讨幼儿情绪发展的相关问题，如怎样引导孩子形成积极的情绪体验与表达，有效的情绪调节和控制，以及怎样正确地回应孩子的消极情绪。

第一节 情绪和情绪能力的概述

一、情绪及其功能

(一) 情绪的概念

情绪是人们对客观事物的态度体验及相应的行为反应。情绪由主观体验、外部表现和生理唤醒三个成分组成（Izard，1991）。

1. 主观体验是个体对不同情绪状态的自我感受具有愉快、享乐、忧愁或悲伤等多种色调。每种具体情绪的主观体验色调都不相同，给人以不同的感受（孟昭兰，2005）。情绪的主观体验与外部反应存在着某种相应的关系，主观体验会引起相应的面部表情，面部表情也会引起相应的主观体验。

2. 外部表现，通常称为表情，包括面部表情、姿态表情和语调表情。面部表情是面部肌肉变化组成的模式，主要是指眼部肌肉、颜面肌肉和口部肌肉的变化。例如，愤怒时皱眉、眼睛变狭窄、咬紧牙关、面部发红；高兴时额眉平展、面颊上提、嘴角上翘。姿态表情可以分为身体表情和手势表情两种。不同的情绪状态下，身体姿态会发生不同的变化，如恐惧时"紧缩双肩"。手势可以单独使用，也可以和言语一起使用，"双手一摊""手舞足蹈"就分别表达了无奈、高兴的情绪。语调表情是通过言语的声调、节奏和速度等方面的变化来表达的，例如，高兴时语调高昂、语速快。如果能够将三种表情结合起来，会更有利于准确地判断个体的情绪状态。

3. 生理唤醒指情绪产生的生理反应和变化，它与广泛的神经系统有关，如中枢神经系统的额叶皮层、脑干、杏仁核等，以及自主神经系统、分泌系统和躯体神经系统。不同情绪的生理反应模式是不同的，如满意、快乐时心跳节律正常，恐惧时心跳加速。然而，也有研究者认为，有些情绪会激起同样的生理唤醒，如爱、愤怒和恐惧，都会使心率加快。

(二) 情绪的反应

人类的婴儿具有先天的情绪反应能力。婴儿正是借助这种能力向成人发出各种心理信息，使自己得以生存，并在与成人的情感交流中，使自己得以成长。

在出生的第一年里，各种情绪体验都会陆续出现。这些基本情绪体验是婴幼儿心理生活的重要组成部分，在婴幼儿的成长中起着非常重要的作用。

第一阶段（出生到 1 个月内）：新生儿具有的一系列基本情绪体验包括感兴趣、痛苦、厌恶和快乐。婴儿对生理上的满足和温柔的抚摸会产生一种广泛的松弛反应，这就是快乐。柔和的光和声音的刺激，会诱发感兴趣的体验。

第二阶段（出生 1—6 个月）：其他的基本情绪体验，如愤怒、悲伤、欢乐、惊讶和害怕等在 2—7 个月期间陆续显现。痛的感觉，成为引起愤怒和悲伤的刺激源，如果他们的预期未能实现（如在要吃奶时等的时间太长），就会引起 2—4 个月婴儿的愤怒，引起 4—6 个月婴儿的伤心难过。当 2—8 个月大的婴儿感到自己能控制自身以外的事件时，就会引发强烈的惊奇和欢乐的情绪体验。这些所谓的基本情绪具有很深的生物根源，因为这些基本情绪体验出现的时间具有跨文化的普遍性。

第三阶段（出生 6 个月以后）：出现的情绪体验包括惊奇、害羞和嫉妒。新异的刺激会诱导婴儿产生惊奇的情绪；而陌生人的出现则可能会导致他们害羞；看见别人深情地拥抱或妈妈抱别的孩子，可能会诱发婴幼儿嫉妒的情绪体验。当然，这些基本情绪体验的表现和功能都会随着时间发生巨大的变化。

（三）情绪的功能

我国学者孟昭兰（1997）把婴儿的情绪功能归纳为以下四点：

1. 情绪有适应功能。婴儿天生的情绪表达能力控制了照顾者的行为，从而使婴儿得到必要的照顾（哭闹声会吸引照顾者，动人的微笑会诱使照顾者回应孩子）；

2. 情绪有驱动功能。情绪是激活婴儿心理活动和行为的驱动力，当婴儿的生理需要不能得到满足时，婴儿消极情绪的唤醒（如大声哭闹）有助于他们获得食物；

3. 情绪有行为组织功能。在面对新异刺激时，如果婴儿积极的情绪（如好奇）被激发，就会导致探索和趋近行为，反之，则会促成回避行为；

4. 情绪还具有交流功能。情绪是婴儿进行人际交流最重要的手段，婴儿通过面部表情和声调（或哭闹），传递他们对母亲的爱、对母亲离去的恐惧等。

二、情绪能力

情绪能力指个体为理解自己和他人情绪，适当地呈现情绪、表达情绪和能够抑制或者调节行为以达到目标的能力（Saarni，1999），对幼儿的社会性发展起着非常重要的作用。

关于幼儿情绪能力的结构模型也有不同的观点。其中梅耶和萨拉维（Mayer & Salovey，1997）提出的情绪能力模型在理论上影响最大。他们认为，情绪能力包括四个方面：情绪知觉、评价和表达能力（对自己的生理状态、感情和思维中情绪的识别与表达，对他人、艺术作品、语言中情绪的识别与表达）；在思维中对情绪进行同化的能力（如产生有助于判断和记忆情绪的能力）；对情绪的理解与分析能力（如情绪推理的能力）；对自己和他人情绪进行有效调控的能力（保持乐观的能力，对情绪进行调节、控制的能力）。萨尔尼（Saarni，1999）将情绪能力划分为以下八个维度：觉察自身情绪的能力；识别他人情绪的能力；使用情绪语言的能力；移情的能力；区分内部情绪与外部表情的能力；应对紧张情绪和情景的能力；使用适当情绪进行交流的能力；情绪自我效能。

三、情绪对儿童发展的意义

（一）情绪是早期儿童适应生存的心理工具

人类新生儿依靠成人的抚育得以生存。他们从出生即进入与成人相互作用的情境中。母亲对婴儿物质需要的供给和婴儿生存需要得到满足的这一过程，是母婴交往的生物-心理基础。成人与婴儿交往的媒介是他们之间的心理通讯，这种心理通讯最初的信号不是语言，而是感情性信息。成人对婴儿的抚爱和婴儿对情绪的感染促他们从被动的生物体成为人类主体。通过成人与婴儿之间情绪信息传递的漫长过程，婴儿的身、心得到发展并逐渐成熟（孟昭兰，2005）。

在盲童的情绪沟通研究中发现，盲童的感情反馈水平很弱、目光呆滞、对父母的爱抚缺乏反馈，这时父母对他/她的爱抚和关注不自觉地减少，从而降低了婴儿得到身体和社会刺激的机会。尽管如此，盲童最终能够学会通过手指主动地表达情绪，对成人报以感情反应。这些反应戏剧性地增强了父母与盲童之间的感情呼应（Fraiberg，1971）。这种现象一方面说明基本情绪是非编码的、不学而能的，是在神经系统和脑中预置的；同时，正是这些情绪反应使盲婴得以生存，尽管他们的心理发展会受到某种局限（孟昭兰，2005）。

（二）情绪是儿童应对社会生活情境的能力来源

儿童从出生即进入社会人际交往之中。他们凭借拥有的表达情绪和接收情绪的先天能力，越来越主动地参与人际沟通，从而逐渐实现情绪的社会化：社会化情绪是儿童应对社会人际关系的重要心理技能。1975 年，哈佛大学著名婴儿研究学者埃德·特罗尼克（Edward Tronick）在一次与儿童成长相关的年会上，展示了静止脸实验（Still Face Experiment）。在这个实验里，母亲先跟婴儿正常互动，母亲带着慈爱柔和的表情，用愉快的口吻和婴儿聊天。此时婴儿也表现得非常愉悦，不时露出开心的笑容，并手舞足蹈，和妈妈进行一连串的倒数模式（reciprocal pattern，两个人轮流做同样的动作）。过了约三分钟，妈妈转过脸去，然后再回头用一张面无表情的脸面对孩子。看到母亲这副表情，婴儿立刻呆住了，之后他试图用刚才的举动来让妈妈回应自己，但是无论他采用声音还是动作的"进攻"，妈妈依然是面无表情。他开始焦虑起来，把头转到一边来转移自己的痛苦，接下来又把手放到嘴里吮吸以缓解不安。等了好久，他发现妈妈依然没有改变，于是婴儿彻底崩溃，放声大哭起来。这个时候，母亲赶紧再换上正常的生动而慈爱的表情，婴儿看到后，心情开始慢慢平复下来，逐渐又变得愉快起来。它说明婴儿并非一些人所认为的那样，还不具备人的情感意识。相反，他们甚至能比成人更敏锐地留意到照看者的情绪变化，而他们自己的情绪也会随之变化。许多研究证明，婴儿与成人间良好的感情联结是婴儿成长中形成健康的情绪情感，养成乐观自信、勇于探索的个性，以及发展智能和良好社会交往技能的重要途径。

（三）情绪是组织儿童认知活动的心理激发者

情绪对儿童的认知活动起着促进或干扰的作用。无论感知、记忆或注意、思维，都影响情绪，同时受到情绪的调节。新鲜事物激发的兴趣诱导儿童进行视觉追踪、听觉定向和触摸动作。当新异刺激与他们原已形成的表象模式有轻微的不一致时，就会引起兴趣、好奇、惊异和探索动作，而高度不一致则引起恐惧或威胁感，从而导致回避行为。情绪对认知具有组织作用。研究证明并补充了情绪-认知的"U"形曲线。一方面它说明了情绪的唤醒水平过低或过高均不如中等唤醒水平使其作业效果达到最优。同时补充证明了兴趣情绪与快乐情绪相结合，能支持操作活动持续进行，产生的结果不是"U"形曲线而是"一"字线。确实，兴趣-愉快与认知及操作相结合，能促进儿童的认知能力不断提高。儿童的兴趣作为动机，使儿童能持续从事探索、冒险和创造活动。与此相反，负性情绪，如紧张、过度激动或悲伤，导致儿童的操作行为被抑制，延缓智力操作的效果。因此，负性情绪，如痛苦激活度越高，操作效果越差，结果形成斜上升形式曲线。然而，对愤怒的同类实验结果又表明，愤怒的释放与压抑分别产生不同的正性与负性操作效果，这就体现了情绪对认知活动的组织作用（孟昭兰，1984，1985，1989，2000）。

第二节　学前儿童情绪的发展

一、基本情绪的发生与发展

多数研究认同，人类婴儿具有六种基本情绪：快乐、兴趣、厌恶、恐惧、痛苦

（悲伤）和愤怒。基本情绪随着个体的成熟而出现，它们的出现有时间顺序，但个体显现的时间是有差异的（孟昭兰，1989；Izard，Hembree，& Huebner，1987）。以下是婴儿的四种基本情绪。

（一）兴趣

兴趣不是单纯的唤醒，而是一种感情状态，是婴儿好奇心、求知欲的内在来源。儿童对外界环境的探索和反应基本上是由兴趣作为内在动机所驱使的，对儿童认知和智力的发展起着重要的作用。有学者主张，兴趣指引婴儿对外界环境刺激的反应倾向、探究行为和身体运动。婴儿兴趣的早期发展可分为三个阶段：

1. 先天反射性反应阶段（0—3个月）。表现为婴儿感官被环境的视、听、运动刺激所吸引，持续地维持着对环境的反应性。这一阶段是最初的感情-感知结合形式，它指导着婴儿的感知行为，是婴儿参与人和环境相互作用的开始。

2. 相似性再认知觉阶段（3—9个月）。适宜的光、声刺激重复出现引起婴儿的兴趣。这时婴儿开始做出有意活动，使有趣的情境得以保持，产生对自己活动的快乐感；兴趣与快乐的相互作用，支持某些活动重复出现，并可能进行进一步的探索与学习。兴趣与快乐的相互作用支持其智力能力的发展。

3. 新异性探索阶段（9个月以后）。这时婴儿开始对新异性刺激感兴趣，"客体永存"意识的产生使得婴儿习惯了某些重复性行为；只有当新的刺激出现时，才可能引起他/她的注意。随着年龄的增长，婴儿开始学会模仿，并从模仿中得到快乐。这样的活动就延长了儿童兴趣活动的时间，同时在探索过程中得到的快乐和自我满足感支持兴趣的进一步发展。

（二）快乐

笑是快乐发生的生物学基础，是维系儿童与成人感情的重要方式。快乐作为基本情绪，其来源是生理需要的满足和机体舒适感的反应，同时也是得到活动成就、成果的反映。从社会意义上说，快乐是伴随完成某种成就的努力而产生的。从笑的发展中反映出快乐的不同阶段：

1. 自发性的笑（0—5周）。婴儿出生后的笑的反应是内源性的，反映着婴儿的生理状态的舒适程度。它与脑干和边缘系统的兴奋直接联系。

2. 无选择的社会性微笑（5周—3个月）。这时引起婴儿微笑的刺激范围集中在人的语音和面孔上。

3. 有选择的社会性微笑（3个月以后）。这时随着儿童处理刺激能力的增强，婴儿对熟悉的和不熟悉的刺激开始作出区分，对不同刺激开始具有选择性的微笑反应。这种区分才是一种真正意义上的社会性微笑。

快乐和兴趣是两种最基本的正性情绪，对儿童的生活有着巨大的意义：快乐的笑容是最有效的和最普遍的社会性刺激，是人际交往的纽带；快乐又是一种舒缓状态，在神经激活得到释放时产生；快乐还是一种动机力量，有利于个人的生长。儿童在完成了什么事情后得到快乐、信心与自我肯定，这其中蕴含着力量和魄力。

快乐对婴儿的一般发展、活动效应、知觉、记忆、观察和理解均起先导作用。快乐与其他情绪共同作用于人的认知过程。如快乐与害羞的结合明显地影响儿童的认知反应。害羞是一种退缩性情绪状态，它增强儿童的自我意识。当儿童处在自己不能控制的情境下，会产生试图把自己"藏起来"的倾向。当快乐与害羞同时发生，害羞使儿童愿意同他人接触或分享快乐的愿望被掩盖，表现为内隐的笑意和退缩的动机，变得扭捏和窘迫，思维、知觉和活动受到抑制。

（三）痛苦

痛苦是最普遍的负性情绪，是一种不良刺激持续超水平唤醒的结果。随着婴儿长大，痛苦一般与悲伤会同步发生，悲伤成为痛苦的表现形式。当有不适宜因素导致儿童痛苦时，增强成人对于关照儿童的敏感度。因此痛苦的行为反应——哭，是婴儿与成人交流、传递信息、建立联系的重要适应方式。

大量研究表明，导致儿童痛苦的最主要的诱因是与亲近的人的分离，其次是失败，然后是遗弃。暂时的或永久的、生理上的或心理上的遗弃都会引起悲痛。痛苦作为一种最普遍的负性情绪，它可以与其他负性情绪相互作用产生不好的后果。孟昭兰等（1984，1989）的实验证明，幼儿在痛苦体验下比在愉快情况下更容易拖延完成操作任务的时间，表现出更多的呆视不动、错误操作和无耐心。因此保持儿童的正性情绪，使他们度过欢乐的童年，对于他们的智力和创造精神的发展十分重要。

（四）恐惧

恐惧是一种有害的消极情绪，它使儿童的知觉范围狭窄、思维僵化、活动被压抑。但恐惧并不总是有害的，它的原始适应功能在于起到警戒的作用，有助于从逃避中得到解救或在群体动荡条件下保证个体的安全。恐惧的发展经历了以下几个阶段：

1. 本能的恐惧（0—4个月）。恐惧是先天性的、本能的、反射性反应。最初的恐惧由大声、从高处降落、疼痛等天然线索引起。

2. 与知觉和经验相联系的恐惧（4—6个月）。从4个月起，婴儿出现与知觉相联系的恐惧。过去曾经出现过的恐惧经验刺激，有可能再次引起恐惧反应。

3. 陌生人恐惧（6个月—2岁）。随着婴儿的认知分化、表征能力的增强、客体永存能力的发展，婴儿开始区分熟悉的人和陌生的人。一般在6—8个月，婴儿自然产生陌生人恐惧。随着婴儿爬行和行走能力的发展，他们产生恐惧的可能性增大。

4. 预测性恐惧（2岁以后）。1.5至2岁儿童的想象、推理能力得到发展，开始对黑暗、独处、陌生动物、奇异景物等想象物产生恐惧是儿童此时的特点。

二、情绪自我觉知能力的发展

婴儿在掌握语言以前，经常是通过情绪交流与父母分享经验的。然而，父母从婴儿出生那刻起，就不断地和婴儿说话，语调逐渐起到传递声音信息的作用。也许婴儿根本不懂母亲话语的含义，但他/她能从中得到情绪的音调信号，比如，在危险面前停下来。因此，几个月的婴儿已经从一个接收情绪信号的生手成长为情绪信息的熟练使用者。为获得此种能力，1 岁婴儿应具备如下能力：（1）对情绪音调信息敏感；（2）从成人形体动作中辨认情绪意义；（3）评价不同面部和音调表情的不同意义；（4）评价情绪信号的参考意义；（5）对情绪反应主观性的认识（孟昭兰，2005）。

（一）情绪感染（contagion）

情绪感染是早期婴儿情绪交流的基本媒介和首要对象（Stern，1985）。研究表明，前言语婴儿从最初自发的情绪反应到运用情绪信号进行交流有一个发展过程，其发展机制就是情绪感染，即经过无条件或条件反射对情绪信号产生认识，而后发生情绪动作的模仿和反馈（Hatfield，Cacioppo，& Rapson，1994）。婴儿能够从正性或负性的面部、语调和肢体表情中提取这些信号的意义，并做出相应的情绪或动作反应。研究发现，5 个月的婴儿能对正性和负性的情绪产生不同的反应，但尚不能对不同的具体情绪进行区分。实验采用标准化的偏好测试，给 5 个月的婴儿听正性或负性的语音。结果发现，婴儿尽管不能持续地保持对正性刺激的偏好，但他们的确对不同的语音信号产生不同的反应（Simner，1971）。8 个月的婴儿能因抱着他/她的母亲的身体颤抖而哭泣，面对母亲悲伤的姿态而表现出发怔或恐惧反应，而对有着快乐表情的母亲则报以欢快反应，说明这时他们已经能对不同的具体情绪产生情绪性反应了（Izard，1991）。研究者们将此解释为，这种具有可塑性的反应代表着一种内在的或很快习得的移情的学习模式。应当说，新生儿在产院对其他哭叫婴儿的情绪反应主要是感应性的作用，说明新生儿先天性地具有情绪感染的能力，这种可塑性随年龄增长而日益扩大到对多种情绪的辨别和感染的能力。

（二）对面部和声音情绪信号的知觉

对 2 个月以上婴儿的研究结果发现，2 个月的婴儿能够辨认恐惧和悲哀的面孔，5 个月的婴儿能够辨认愤怒的表情。

许多研究结果一致支持婴儿能够辨认两个情绪面部表情的差异。单独声音或单独面部表情均不足以让 7 个月的婴儿辨认出其中的情绪意义，只有当两者一致性地结合起来，才能有效地帮助婴儿区分情绪。

1岁内的婴儿辨认面部表情的能力区分为四个水平：

1. 0—2个月。无面部知觉，这时新生儿的视觉可以扫视成人面孔的边缘，但不能形成边缘轮廓和轮廓注视点之间的整合。这时的婴儿还不能辨认情绪信息。

2. 2—5个月。不具评价的面部知觉。这个年龄的婴儿已能对成人的面部表情报以情绪反应，但这时的情绪反应不具有知觉表情意义的评价。

3. 5—7个月。对表情意义的情绪反应。半岁以后的婴儿对不同情绪有了不同的反应，开始精细地知觉和注意面部的细节变化，开始对面部变化有了认知和理解。

4. 7—10个月。开始在因果关系中应用表情信号。婴儿已经学会鉴别他人的表情，并根据他人的情绪调整自己的行为（Emde，Gaensbauer，& Harmon，1976）。

三、理解他人的情绪

婴儿2岁后已能理解他人的痛苦表达并能理解这种情绪源于对方的内在感受而不是外在因素。例如，当看到别的孩子因为打碎了玩具而哭泣时，他们安慰的是哭泣的孩子而不是打碎的玩具（Zahn-Waxier，Cole，Welsh，& Fox，1995）。最近的研究还发现，18—19个月的儿童已经能够理解情绪的主观性和个体性。当他们看到成人对某种食物表现出高兴的情绪时，他们倾向于将这食物给予喜欢它的人，而将另一种食物给予先前表达不喜欢这种食物的成人。这些行为表现了儿童理解情绪感受的主观性。但14个月的儿童尚未发展这种能力。

同情心和内疚感是人类社会性情感的典型形式，又是亲社会人格的重要特征，通常被称为"亲社会性动机"。它们对维护社会联结和维持人际团结有着重要的作用。研究表明，同情心的产生和发展是随儿童知觉和认知的发展、儿童可接受的刺激类型和经验的复杂化而发展的。移情在婴儿与成人最初的交往中产生，同情则来自移情的转化。只有当移情者体验到对方的痛苦而付诸帮助的思想或行为时，才是同情。移情和同情随着儿童理解他人情绪的水平提高而发展（孟昭兰，2005）：

1. 最初发展阶段。移情在一定程度上是在与成人的接触中自发地发生的，它像是一种模仿。也就是说，他人的情绪表情对婴儿来说是与情境相混合的一种感受，婴儿尚不能区别他人的感受和自身感受的差异。严格地说，1岁前的婴儿还没有同情这一情感。

2. 自我中心性的移情水平。这种水平的移情建立在自我意识发展的基础上，儿童开始区分自己的身体和外在物体，但尚不能理解情绪的主观性特点时，由于自我意识的发展而产生同情。当他们对难过的妈妈产生同情而表示安慰时，常常是按自己被安慰的方式来进行。如当1岁的孩子看到妈妈在哭泣，他/她有可能将自己的玩具递给妈妈以示安慰。

3. 对他人感受的移情水平。2 岁以后的幼儿逐渐学会对他人的情感和感受敏感，同时可以采用情绪语言描述别人和自身的情绪体验。

4. 对他人境遇的移情水平。在儿童成长晚期产生对他人的超时空的概念，从而形成了对某人或某情境的感受和移情。如在面对一个患病的孩子时，可能基于对方的疾病而隐藏自身的难过，表现出很高兴的样子。

四、情绪管理能力的发展

情绪调节（Emotion Regulation）是指"个体对具有什么样的情绪、情绪什么时候发生及如何进行情绪体验与表达施加影响的过程"（Gross，1998），涉及个体内部情绪体验和对外部表达的调控。情绪调节能力也是个体发展较早的能力之一。情绪调节能力较高的儿童已经知道在人际交往中能够利用一些策略，来调节自己的情绪反应。

大量研究表明，情绪调节能力在婴儿 1 岁前就已经有了初步的发展（Eisenberg Fabes，Nyman，Bernzweig & Pinvelas，1994）。大概 3 个月左右，早期情绪调节就开始出现，更多表现为无计划不受监控的状态。在婴儿早期，情绪调节更多的是一种内部生理机制的调控，主要是对偏好刺激的趋近和对厌恶刺激的回避，很多是无意识的。汤普森（Thompson，1991）研究得出，1 岁婴儿的神经激活和抑制过程逐渐稳定，出现了减少情绪强度的能力，如婴儿哭的时间短了。婴儿早期情绪调节必须要依靠父母的帮助，进而婴儿才能学会调节自己的情绪唤醒水平。儿童通过与依恋对象（如父母）的互动，学习形成自己的情绪调节策略。随着年龄的增长与认知能力的提高，儿童的控制能力逐步提高，情绪调节更讲究策略与方法，从依赖支持性情绪调节发展到独立性策略性情绪调节。

婴儿调节能力的增强还依赖于注意机制和简单运动技能的发展，并使婴儿能够协调运用注意集中和注意分散来调节自己的积极和消极情绪体验。例如，婴儿可以通过转头、吮吸手指、摸头等策略缓和自己的消极情绪。婴儿 5 个月时已经体现出了较强的交流能力，如他们的哭泣是为了得到别人的关注，表达自己的饥饿、痛苦等状态和情绪。7 个月时，婴儿开始能够辨别他人的面部情绪，在一定程度上理解一些常见表情的情绪含义。8 到 12 个月，婴儿有可能从以生理成熟为基础的自我情绪表达和对情绪的经验两方面形成对一些负性情绪的理解。婴儿这些能力的出现使其情绪调节行为更加具有目的性和策略性（Eisenberg，Fabes，

Nyman，Bernzweig & Pinuelas，1994）。汤普森（Thompson，1994）认为6到12个月这半年时间是婴儿情绪调节发展的重要阶段。

1岁末，婴儿自我意识的增强和认知能力的提高促进了情绪调节能力的发展。这时期，婴儿的情绪调节也变得更主动和更有目的性。婴儿开始有意识地做出一些行为来促进自身情绪目标的实现。例如，婴儿可以灵活地伸手趋近、缩手躲避和吮吸手指来进行自我安慰。婴儿的情绪调节能力的发展像这一时期个体其他方面的发展一样，主要依赖于外界帮助，但是已经可以看到个体能动性的初步表现。1到3岁的儿童开始出现自我意识，不但能感受到消极情绪，同时也能够意识到如何借助于他人和自身的力量改变消极情绪，从而使自己感觉更好。因此，1到3岁的儿童开始更有能力控制自己的情绪，随着年龄的增长，他们更能自主地调节自己的情绪（姚端维，陈英和，赵延芹，2004；陆芳，陈国鹏，2007）。研究还发现，较大儿童首先能够的是策略性地处理情境定向的情绪反应，随着经验的增多，他们越来越学会从各个不同的角度来看待压力源，例如当看到引发负性情绪的原因是可控的，儿童自我控制的能力就大大增强。对某些不可控制的情境，3—4岁的儿童只会使用逃避策略，而5—6岁的儿童学会采用分散、回避等策略来处理。

莫里斯（Morris，Silk，Morris & Keyes，2011）认为从婴儿期到幼儿后期情绪调节的发展存在三个基本趋势：从依靠外部调节逐渐发展为依靠内部调节，内部调节策略的发展，及儿童根据不同环境选择适当策略的应对能力的增长。

五、情绪的个体差异

（一）气质和情绪

气质是儿童心理行为的重要方面，从出生开始，婴儿就表现出自己的气质特性，在行为中起着适应的作用。一些新生儿似乎对环境适应良好，另一些似乎适应缓慢，这种差异的根本原因在于先天气质的不同。所谓气质是指具有生物或神经生理模式基础的情绪-行为表现。随着儿童的生长，气质受环境和教养的影响，并与个性的发展相融合，因而气质是人格发展的重要基础。气质蕴含着浓厚的感情特性，也是儿童情绪发展的重要因素（孟昭兰，2005）。

关于气质的分类和策略，最受重视的是托马斯-切斯的"纽约纵向追踪研究"，它描述了气质的九个方面：活动水平、生理节律、适应性、趋避性、感觉阈限、反应强度、注意分散度、注意广度和持久性（儿童关注感兴趣的东西和事件的时间）、心境的性质（孩子的积极情绪如经常微笑、大笑等，与消极情绪如恐惧和易怒等的比例）。可见，与幼儿情绪相关的气质特征包括适应性、感觉阈限、趋避性、反应强度、心境的性质等。由此我们就可以理解为什么在本章导言中同一情境下两个孩子会有不同的情绪反应。

表 2 - 1　托马斯 - 切斯的气质的维度特征

活动水平 (activity level)	活动的时间与不活动的时间之比。 如有的婴儿总是喜欢动来动去，而有些婴儿则很少动。
生理节律 (rhythmicity)	身体功能的规律性。 一些婴儿的睡眠、进食、大小便等都非常有规律，而另一些孩子则没有什么规律。
趋避性 (approach/withdrawal)	对新事物和陌生人的反应。 有的婴儿容易接受新的事物，能够对陌生人微笑，做出友好和接受的表示；而有些婴儿在面对陌生人或事物时会退缩并哭闹。
注意广度和持久性 (attention span and persistence)	专心于一项活动的时间。 有的婴儿注意力持久，能长时间注意一件玩具；有的容易失去兴趣。
心境的性质 (quality of mood)	积极、愉快、友好与消极、不友好行为的比例。 有的婴儿经常微笑，很愉快；有的则经常生气或哭泣，好像总是不太高兴。
注意分散度 (distractibility)	外部刺激改变行为的程度。 有的婴儿很容易被抚慰，给他/她一个玩具就能让他/她安静下来；而有的婴儿则很难被"转移注意力"。
适应性 (adaptability)	儿童适应环境变化的难易程度。 有的婴儿在新环境中适应得很快，陌生人或新的食物第二次出现就可能被他们接受；而另一些孩子则很难较快地接受陌生人和新的食物。
反应强度 (intensity of reaction)	反应的能量水平或剧烈程度。 有的婴儿会大笑或大哭，笑和哭持续的时间也比较长；而有的孩子则反应适度。
感觉阈限 (threshold of responsiveness)	唤起一个反应所需要的刺激强度。 有些婴儿对温度、声音和光线的变化非常敏感；而有些孩子则很少注意这些变化，甚至注意不到奶粉品牌的更换。

（二）性别

关于情绪的性别差异的认识模式。卢茨（Lutz，1996）在对美国男性和女性的采访中发现，人们普遍认为女性比男性更易情绪化，并认为典型的女性比典型的男性更易于以极端的方式表现情绪。而且，这种固定的认识模式既表现在成人中，也表现在 3 到 5 岁的儿童中。

在社会化过程中，由于父母更多地向女孩表达情感和使用情绪化词汇，以及教师、其他成人与孩子的角色互动模式的不同（在社会化过程中，女孩一般在小的亲密的集体中活动，人们往往鼓励女孩要避免冲突，保持合作；男孩一般在有等级的、有地位性的集体中活动，鼓励男孩要竞争），女性在社会化过程中更善于用言语、表情或姿势来表达她们的情绪。另外，在不同文化的家庭中，女性的妻子和母亲的角色，使她们对他人的需要和情绪表达比较敏感，也使母亲与孩子之间的情感距离比父亲与孩子之间的情感距离要小得多，这就进一步扩大了情绪表达和体验上的性别差异。

研究发现，情绪体验和表达过程中的性别差异还常由个体的情绪自我认同感及其语言使用上的差异所强化。例如，卢茨发现，"女性谈论情绪及其控制的时间是男性的三倍"，因为女性认为她们是情绪化的，而情绪化又是危险的，因而需要控制。因此，在某种程度上女性比男性拥有更多的情绪知识和更敏锐的情绪调节技巧（Lutz，1996）。

（三）文化与亚文化

人类学家布里格斯（Briggs）写了一本书叫《从不生气》（*Never in Anger*，1970），观察了一个爱斯基摩家庭中的家人们日常生活中的情绪模式，发现这家人几乎不生气，因为在他们的生活环境中，愤怒等于危险和不成熟，只有避免发怒才能更好地生存下去。文化情境关系对塑造人们的情绪功能模式产生根本的影响，说明情绪是植根于社会人际交往关系之中。从社会文化的角度来看，情绪的形成具有多样性和多变性的特点，情绪的发展是很灵活的。情绪可能像性格一样，在发展中长期积淀着一个人的过去，与具有一定情绪含义的社会情境的联系一再重复出现，最终导致的结局是得到某种情绪特质。这反映了情绪特质个体差异的灵活性。然而，个体情绪与情境关系之间是互相渗透和相互作用的。行为受环境的影响，同时行为一旦作为环境的反应，它的功能就工具性地渗透到引发它的情境中去，这时行为对环境也发生着影响。人加入到环境中，导致人类赖以生存的社会情境关系变得十分复杂（Campos，Mumme，Kermoian & Campos，1994）。

个人主义会更多关注与自身相关的情绪，集体主义更多关注与他人相关的情绪。如研究发现，日本人比美国人体验到更多更强烈的与他人相关的情绪（比如愧疚、友好），而美国人体验到更多的与自己相关的情绪（如自豪、生气）(Kitayama，Mesquita，& Karasawa，2006)。类似的研究也发现，日本运动员在获胜后，会更多地提到与他人相关的情绪（比如感激家人、朋友、教练），而美国运动员会更关注自身（为自己的自律和获胜感到自豪等）(Uchida & Kitayama，2009)。个人主义更愿意将情绪外露，集体主义倾向于抑制情绪的表达。如，相较日本人，美国人体验到的情绪的时间（time）更长，强度（intensity）更强；美国人会将情绪通过语言、表情等表达出来（Matsumoto，Matsumoto，Kudoh，Scheser &

Wallbott，1988）。

（四）情绪社会化

人性学理论的发展心理学家鲍尔比（Bowlby，1969，1972）认为，儿童社会化最初的和首要的方面是儿童情绪的社会化，母婴依恋是儿童情绪社会化的桥梁。他以母婴依恋关系的建立为核心，把儿童社会化发展分为四个阶段。

1. 无分化社会性反应阶段（0—2 个月）

这一阶段的标志在于婴儿信号能力的发展。新生儿发出的第一个有效信号是哭。婴儿的哭声对成人具有显著的唤醒效果，这种先天预置的信息传递有效地提高了婴儿的生存几率。出生第 2 个月，婴儿开始出现微笑，这是婴儿发出的第二个有效信号，笑的信号促使照顾者接近婴儿并维持对婴儿的爱。这就是婴儿最初的社会性交往。这个阶段最显著的特征是婴儿对接近他/她的人没有分化，没有任何偏好和选择。

2. 分化性社会化能力发展阶段（2—7 个月）

当具有视觉和听觉两方面线索时，婴儿开始产生再认，并逐渐建立对不同人的多种特征相结合的感知复合模式。有研究认为，4 个月的婴儿能清楚地将母亲的声音、面孔或气味结合起来，建立起具有多个特征的母亲概念。可见，婴儿对人复合模式的观念来自与最亲近的人所建立起的愉快感受和痛苦解除的经验，婴儿进而对这个人更加熟悉，更倾向于产生正性情感。

3. 依恋特定对象的持久感情联结发展阶段（7—24 个月）

7 个月的婴儿开始迷恋于通过自主运动（爬行）来接近父母，由此出现了依恋感情联结发展的质变。当所依恋的对象离开时，婴儿用哭和追逐行为进行反抗。这个阶段的哭和前一阶段的哭具有不同的意义。在前一阶段儿童用哭表达的是基于与成人共同进行的愉快活动被迫中止的不满，这时儿童的注意力很容易被其他能引起兴趣的替代物所转移；但这个阶段的哭是出于依恋对象的离去使得婴儿没有了安全感，这时无法采用替代物进行转移，这个阶段的哭有助于唤起依恋对象重新回到婴儿身边。由于婴儿开始拥有自主运动的能力，婴儿能主动接触依恋对象，并主动寻求依恋对象对他/她的关注，因此依恋的发展使婴儿有了更大的主动性，有助于与照顾者间感情联结的增强。

4. 伙伴关系发展阶段（24—30 个月以后）

儿童情绪社会化发展的重要变化发生在第三个阶段之后。随着儿童自主运动能力和言语交往能力的增强，儿童逐渐能够忍受与依恋对象分离，并且开始习惯与同伴或不熟悉的成人进行交往。这时儿童也学会了延迟等待，开始理解母亲离开的原因。这种延迟等待给儿童提供了以独立的方式探索周围世界的重要基础。情绪作为儿童社会交往形式之一对早期同伴关系发展有着重要的影响。霍夫曼

（Hoffman，Marsden & Kalter，1977）将儿童早期的同伴关系发展过程描述为四个阶段。（1）整体移情阶段：儿童通过情绪感染，获得他人情绪苦闷的信号，使自己也感到不愉快。（2）自我中心移情：儿童知道别人是苦闷的，但他们只在自己也感到苦闷时才做出同病相怜的反应。（3）儿童开始认识到他人与自己的情绪是不同的。（4）儿童对他人体验的真正移情开始发展。这时的移情能力使儿童体会到他人内心的情绪状态，能与同伴建立更密切、和谐的合作关系，以完成共同活动和达到共同目标。鲍尔比称这一发展为目标修正同伴关系。

第三节　一日生活中支持学前儿童情绪的发展

一、与学前儿童讨论情绪事件

儿童对情绪词汇和情绪知识的理解与掌握，会随着年龄的增长和人际间互动经验的增加，而不断丰富和获得发展。3—6岁的幼儿对诸如"快乐""难过""悲伤""生气""害怕"等情绪感受都有了极为深刻的体验，但是在日常生活中还不能自如地使用这些标签来命名和描述内在的情绪状态。言语标签是人们用来识别和回忆过去发生事件的主要手段。愤怒的幼儿通过"愤怒"这一情绪标签就能更好地标示情绪状态。因此，成人可以通过和儿童谈论情绪事件的方式来帮助他们熟悉用于描述情绪的"标签"。

表2-2　和儿童谈论情绪事件

当……	模　板	举　例
外在事件影响情绪	你感觉（情绪），是因为（事件）	"你伤心是因为你心爱的玩具摔坏了。""你很开心是因为妈妈做了你最爱吃的炸鸡腿。"
他人行为影响情绪	当（某人），你感觉（情绪）	"晨晨刚才推了你，你很生气。"
自我行为影响他人情绪	当你（行为），（其他人）感到（情绪）	"你帮妮妮一起搬桌子，她很高兴。""你没有按时把嘟嘟的玩具还给他，他对你有点失望。"

情绪词汇让儿童不仅知道了他/她的情绪状态，而且也有机会去理解与这种情绪相关的内部和情境线索。运用语言来表达情绪体验可以使他们在绝望痛苦的环境中寻求支持，因为这样可以相互分享情绪体验，还能运用词汇构建出他们的情绪以及情绪是如何产生的，并对自己和他人可能造成的后果进行思考。当幼儿学会运用语言，就会减少用身体来表达消极情感的行为。当儿童学会说"我很生气"的时候，他们就可能会意识到，可以用其他方法而不是用破坏、推搡或攻击来达到自己的目的。

二、同理心的倾听

所谓同理心的倾听，指的是成人在倾听孩子观点、想法的时候，能够站在孩子的观点和立场去了解他们的想法。成人既能够接受孩子的所有感觉，又能够尝试着去了解孩子的感觉，允许他们有生气、不满、难过等各种情绪情感，并且以一种接受的态度去了解原因，仔细地倾听他们的感受及他们的言语和非言语行为所传达的真正意图，然后试着和孩子一起协商处理。当孩子从幼儿园回来，很伤心地说："我讨厌我们幼儿园的小朋友，他们都好小气！我明天不要上幼儿园了！"这时，父母不能无关痛痒地说："哦，幼儿园的小朋友并不是每个都那么小气的。"而应该试图反映孩子的情绪："发生了什么事情让你不开心了？"

父母带有同理心的倾听让孩子们有机会学习理解和表达自己的感受，梳理自己的情绪，并有机会学习关注他人感受的关注和倾听及沟通技能。更重要的是，有同理心地倾听孩子的感受并反映他们的情绪，也让孩子更能充分感受父母对自己的接纳、爱和理解；也让他们有机会学习关爱和参与。当孩子感受到父母对自己的认可时，他们也会学着更多地认可自己，喜欢自己。

三、情绪表达示范

成人的情绪示范是儿童观察学习情绪表达的重要途径，因而，教师在知道自己会成为幼儿观察、模仿的对象时，必须有意识地调节情绪，适宜表达，在一日活动的多个环节有目的地预设一些情境，对幼儿进行正向的情绪示范。

（一）来园时愉悦的人际关系示范

教师可以利用一日生活中的多个环节向幼儿示范自己与幼儿、与他人交往互动时快乐愉悦的人际关系。例如，与幼儿说话时表现出专心倾听的态度，与家长和谐尊重的相处模式，来园和离园时对幼儿和家长表示欢迎和欢送等。尤其是面对多日不来园幼儿的问候示范尤为重要。一方面，教师的针对性问候能够消除幼儿重新进入这个班集体时可能产生的害怕或担忧等负面情绪；另一方面，教师的问候既给其他幼儿提供了观察学习的机会，又示范了良好的社会交往技能，间接鼓励他们采用适宜的方式欢迎并接纳多日不来园的幼儿。

> 因健康缺席一周的园园进入教室后，张老师迎到门口，蹲下并用欢迎的口吻对她说："园园，好高兴看到你来了，我们都好想你哦！"并适时地加入一些肢体接触，如拥抱、轻拍背部、抚摸头等。"听说前几天你生病了，当时肯定很难受，现在感觉好点了吗？""你好久没来了。请问你今天打算选择什么游戏区角，和谁一起玩呢？"

教师还可以利用一日活动中的其他环节，如游戏中与幼儿的玩耍，通过非正式的谈话发起幼儿间的问候与关心，以帮助他们建立积极、愉悦的人际关系。离园时，可以向家长表达自己和班上其他幼儿的担心和想念，"园园生病了，老师和班里的孩子都很想她，您也很担心吧？现在她痊愈了，很高兴她回到我们这个大集体。"

（二）活动中表达对人或事物的兴趣和好奇心

兴趣与好奇心，是人类各种情绪反应的源头（Renninger，1992），也是幼儿学习的积极情绪之一。同时，它们也会影响幼儿的学习态度，因此教师要善于激发幼儿在活动中的兴趣与好奇心，在一日活动的各个环节表达对幼儿某些行为的兴趣与好奇，从而起到正确示范的作用。

在个别化学习时的巡视观察和个别指导中，教师可以表现出对幼儿学习内容和作品的兴趣与好奇："让我猜猜你搭的是什么？""这样做，小球真的能进洞吗？我好想看看你是怎么做到的。"对幼儿在角色游戏中的合作和完成表示好奇和感兴趣："请告诉我，为什么你们两个是一组呢？""让我猜猜，你们这对好朋友干了什么了不起的事？哦！你们居然造出了一个门铃！是不是觉得自己棒极了？"教师在活动中示范好奇、感兴趣的情绪，不仅能让幼儿感受到教师的关注和认可，更能引发幼儿产生相似的情绪体验，从而使他们更加积极主动地进行深层次的互动。

四、帮助幼儿调节和管理消极情绪

（一）帮助幼儿分离情绪感觉和行动，做出负责任的选择

随着幼儿对感觉的深度理解，他们就能通过自我镇静和其他的策略开始学习如何管理自己的感觉。他们需要把感觉从行动中分离出来。幼儿虽然不能掌控事情发生时的情绪反应，但需要对自己的行为承担相应责任。比如，费尽心思搭好

的积木被人推倒时，他们会感到生气和愤怒。产生这种情绪是正常的，但情绪发生的当下，他们需要从以下行为中做出选择，举起拳头反击回去、积极思考策略解决当下的问题、寻求成人帮助或者是号啕大哭。他们在感觉之后的反应就是需要承担的责任。而我们需要帮助他们用控制自己的方式解决情绪问题，并指导他们做出负责任的选择（见表2-3）。

表 2-3　分离情绪和行动，做出负责任的选择

分离情绪和行动	实　　例
明确问题所在	宁宁推倒了小乔刚搭好的积木塔，小乔大哭着推倒了宁宁。
理解自己及他人的感觉	"宁宁推倒了我花了很长时间才搭好的积木塔，我很伤心也很生气。""宁宁被我推倒了，他也很伤心。"
思考解决问题的办法	"我可以推倒他；可以问问他为什么要推倒我的积木塔，并让他道歉；可以让他帮我一起重新搭好；可以告诉老师……"
预估解决办法的后果	"推他，积木也不会重新搭起来，也会伤害他。我应该先问问，也许他是不小心的……"
做出恰当的选择（评价并适时调整）	"感觉让他帮我一起重新搭是个好办法。""如果他不愿意，我可以告诉老师，或者我再重新搭一遍……"

我们必须帮助幼儿确定情绪感觉，便于他们掌握哪些感觉是能够被接受的，以及做出适宜行动需要考虑的方法。只有幼儿明晰当下的情绪状态，才能理智考虑处理的策略。在不断重复练习后，幼儿逐渐熟练直至做出变为本能的习惯性反应。这是帮助幼儿理解和管理强烈感受时最重要的方式之一。

（二）帮助幼儿认识情绪的变化性

年幼的孩子很难意识到感觉也会随着时间的变化而变化。当幼儿感到某种不安的情绪时，会认为未来会产生同样的感觉。情绪管理的另一种方法是，让幼儿意识到，快乐和悲伤都不是永久存在的，很多感觉都是瞬间发生，并且会随着时间的变化而改变。当幼儿的感觉发生变化时，可以与他们就感觉的变化进行谈话，如："你过去感到（感觉）……，但你现在感到（感觉）……。感觉发生变化了。"又如："上午你和明明发生了矛盾，当时很生气，但是现在你却高兴地和明明做游戏呢。感觉发生变化了。""早上当妈妈离开时你是多么地伤心。后来和好朋友一起开心地玩娃娃。你看，感觉发生变化了吧！""你过去很讨厌踢足球，但现在喜欢玩了。感觉发生变化了。"

我们的感觉和情绪是会发生改变的，因此面对不良情绪，如焦虑、压力大或即将失控时，可以根据实际情况引导幼儿暂时远离这些情绪，给他们提供放松的

空间和机会，或者让他们去做一些感到舒服的事情，比如听音乐、跑步、玩玩具、一个人安静地看书、和朋友聊天、游戏、画画、做手工等。当幼儿情绪平复下来后，就会发现之前各种负面情绪已经烟消云散了。

（三）帮助幼儿处理强烈的情绪

幼儿园是幼儿成长的重要场所，会发生诱发幼儿消极情绪的各种事件，这些事件既是幼儿成长的重要经历，也是他们学习情绪调节与控制的课堂。

1. 面对幼儿遭遇冲突后的消极情绪

角色游戏既能促进幼儿社会性交往能力的发展，也容易引发矛盾冲突和消极情绪的产生，教师可以在游戏中观察幼儿，尤其是情绪能力较弱幼儿的情绪变化及其对情绪的处理方式，利用游戏中或游戏后的个别谈话、集体的分享交流环节等进行情绪教育，达到帮助幼儿恰当表达和调控情绪的目的。

一位具有培养幼儿情绪能力意识的教师，首先，在活动中注重观察幼儿的情绪，若发现有情绪上的明显变化，尤其是表现出负面或消极的情绪，会主动询问情况，帮助他们及时化解消极情绪。其次，面对幼儿在游戏中发生的情绪事件，无论幼儿的情绪是否负面或不合理，首先允许幼儿表达情绪，尤其是面对正在发脾气的幼儿，更要用冷静的态度面对，不能硬性压制，帮助幼儿平静下来后再进行合理行为的引导。集体的分享交流环节是极好的进行全班情绪教育的机会，鼓励幼儿与大家分享自己的情绪事件，例如让在游戏中产生伤心情绪的幼儿说说难过（哭）的原因，谈谈当时心里的感受，探讨在当时的情况下会有怎样的感觉。难过的时候会哭是表达情绪的一种方式，但是哭是解决问题最好的方法吗？可以有哪些更好的解决方法？通过分享与交流环节和幼儿共同探讨情绪事件，分析情绪产生的原因、情绪恰当的表达方式以及讨论情绪调节的策略，采用共情的方法，让幼儿尝试想象并体验自己处在当事人位置时会有的感受，从而帮助幼儿提高自己的情绪能力。

2. 面对幼儿被嘲笑后的消极情绪

随着幼儿的成长，他们逐渐会关注到身边的同伴，会比较、议论、评价同伴的表现。尤其是班级里有些幼儿的形象或举止与其他幼儿存在显著差异时，这些幼儿就会遭受同伴的嘲笑或议论等，从而会感到伤心或难过等消极情绪。注重情绪能力培养的教师需要关注到这类幼儿，注意营造班级和谐温暖的氛围，尽量减少因幼儿间的评论而产生的不愉快情绪。教师可以通过开展"我们都不一样""每个人都是特别的"等主题活动，以谈话、个别化学习、集体活动等多种形式的活动来帮助幼儿达成"发现自己的优势、建立自信"等目标。

需要注意的是，学前阶段幼儿的自我评价和他人评价很大程度上会依赖于成人，有时候他们的评价可能是成人评价的简单重复。因此，教师不能采用统一的标准去评价不同发展水平的幼儿，而是应当关注幼儿的个体差异，慎用横向评价，对幼儿的评价必须客观、科学、合理，保护幼儿的自尊心。同时，也要避免对幼儿进行贴标签或对有个性差异的幼儿开玩笑，这样可能会导致其他幼儿的模仿。

3. 面对幼儿被拒绝后的消极情绪

被同伴拒绝并因此产生负面情绪，是幼儿经常遇到的问题。对这类问题的解读、归因和反对，不仅影响幼儿的学校适应，也影响他们日后对同伴的态度，影响他们未来的社会适应。对于拒绝同伴的幼儿，教师切勿以苛责的态度批评，先听听他/她拒绝同伴的理由，对他/她的行为和情绪表示理解，运用同理心让他/她尝试体会被拒幼儿的感受，并尊重他/她最后的决定。至于被拒幼儿，教师需要对其情绪进行正向引导，帮助其正确解读别人不愿意与自己一起游戏学习的原因，可能是"有更想一起玩的朋友""可以下次一起做游戏"等，尽量不要让被拒幼儿产生"自己不够好"或"自己不讨人喜欢"的想法，从而质疑自我能力。

 ## 本章内容回顾

情绪能力是幼儿心理发展的关键点之一，是幼儿与他人互动、建立关系的核心能力。情绪能力较低的幼儿容易产生且不能很好地调节消极情绪，还可能将之转换为外在的行为问题，如愤怒的消极情绪引发的外化型的攻击行为。而这些问题又会导致幼儿在同伴交往中遭到拒绝和排斥，进而影响个人适应与社会能力的发展。幼儿园作为幼儿第一个步入的社会环境，承担着帮助幼儿学习管理消极情绪，促进其情绪能力发展的教育任务。教师在幼儿园的一日生活中，可以从物理和心理层面创设让人有安全感的环境，帮助幼儿建立积极的情绪体验，帮助幼儿调节和管理消极的情绪体验。通过设计、实施以情绪能力为核心的社会-情绪教育课程系统地培养幼儿的情绪知识，从而培养幼儿做出适宜的情绪表达和调适行为。

 ## 本章思考题

1. 幼儿的情绪能力包括哪些方面？

2. 在幼儿园一日生活中，教师可以从哪些方面培养幼儿的情绪能力？

3. 当幼儿在游戏中与同伴发生了矛盾，产生了愤怒情绪时，教师应该如何做？

4. 请从幼儿情绪识别、情绪理解、情绪表达、情绪调节四个方面选择一个，设计一个集体教学活动或者游戏活动。

相关资源推荐

书籍推荐

1.《教出乐观的孩子》，马丁·塞利格曼著，洪莉译，北方联合出版传媒（集团）股份有限公司

2.《积极情绪的力量》，弗雷德里克森著，王珺译，中国人民大学出版社

绘本推荐

1.《生气的亚瑟》，文/奥拉姆，图/北村悟，译/柯倩华，河北教育出版社

2.《菲菲生气了，非常、非常的生气》，图文/莫莉·卞，译/李坤珊，河北教育出版社

3.《生气汤》，图文/贝西·艾芙瑞，译/柯倩华，明天出版社

4.《毛毛兔儿童情绪管理图画书》系列，图文/特蕾西·莫洛尼，译/萧萍，萧晶，长江少年儿童出版社

5.《小怪物说不》，文/凯勒·古特勒，拉琪尔·海姆斯达，奥丝拉格·琼斯多特尔，图/奥丝拉格·琼斯多特尔，译/李姝霖，天津人民美术出版社

6.《大怪物不哭》，文/凯勒·古特勒，拉琪尔·海姆斯达，奥丝拉格·琼斯多特尔，图/奥丝拉格·琼斯多特尔，译/李姝霖，天津人民美术出版社

第三章 /

学前儿童自我意识的发展与教育

早上起来，顺顺喊着："我就不穿这件红色的衣服，红色是女孩子穿的，我是男孩子，所以不能穿红衣服。"

新学期开学时，每个人都要做自我介绍，轮到明明介绍时，他说，他的爱好是画画，并详细说明喜欢画画的原因，并说他以后的梦想就是成为一名画家。

在幼儿园里，不少家长跟老师反应：自家孩子好像变了，变得越来越有个性了，对于自己的喜好更加明确，会非常清楚地表达自己喜欢什么，不喜欢什么。其实这些表现都是学前儿童自我意识发展的体现。

学前儿童的自我意识（又称为自我）是作为主体的我对于自己以及自己与周围事物的关系，尤其是人我关系的认识。自我意识主要包括自我认识、自我体验和自我调控三个方面①。自我认识是自我意识中的认知成分，自我体验是自我意识中的情感成分，自我调控是自我意识中的意志成分。自我调控部分在第四章学前儿童自我管理部分会详细介绍。本章将重点阐述学前儿童自我意识中自我认识和自我体验部分的发展与教育。

---

① 钱文. 3—6岁儿童自我意识及其发展［J］. 幼儿教育，2015（5）.

第一节 自我意识的发展及其影响因素

自我意识主要包括自我认识、自我体验和自我调控三个方面，自我认识在学前期主要包括自我概念、自我评价等。自我评价是儿童在别人评价他/她的过程中逐渐学会的，是自我概念发展的产物。因此本节不另外阐述自我评价的含义及其发展。故本节主要从自我概念、自我体验角度论述自我意识及其发展。

一、自我意识的构念及其发展

学前儿童的自我意识（又称为自我）是作为主体的我对于自己以及自己与周围事物的关系，尤其是人我关系的认识。自我的发展具体表现在独立性和积极的自我形象。

在独立性方面，我们可以看到孩子会探索新材料和新环境。比如，在户外玩耍时能短暂地离开父母的身边，能在操场自己玩，会尝试游乐园中没有玩过的设施，尝试教室里的新活动或新玩法，大班幼儿在参观小学时能保持积极性。还可以发现孩子在离开父母时不会哭闹，在寻求帮助之前先尝试自己解决问题，能坚持或再次尝试具有挑战性的活动。比如，轮滑摔倒后要求再次尝试，帮忙整理直到所有的物品都放好，积木塔倒了之后会再次搭建。

在积极的自我形象方面，我们可以看到孩子会展示他/她的作品，并为自己取得的成就而自豪。比如，会给你看他/她完成的画作；告诉其他成年人"看我跑得多快"；描述他/她做了什么，如"妈妈，我把这个剪下来，贴上胶带，然后把闪光粉倒上去了，是不是很美"；会在他人面前表演节目，如唱歌、跳舞；会去主动分享自己喜欢的故事。我们还可以发现孩子会对自己做出积极的评价。比如，会对成人说"我自己会做"；或描述自己的表现如"你看，我做了一个大恐龙"；描述自己的特点，如"我擅长剪东西"。另外，孩子知道自己的基本信息。比如，在被问及时，能回答自己的名字、年龄和性别。除此之外，还有自己的属相、幼儿园名字、班级、家庭地址等。

（一）自我概念及其发展

1. 自我概念的概述

自我概念是个体对自己的总体认知和评价，是一个多维度、多层次的组织结构（Marsh，2005），一般包括对身体、能力、价值等方面的知觉和评价（刘志军，2004）。学前阶段是个体形成积极自我概念的关键时期（Marsh，1991），自我概念的发展是其社会性发展的核心构成部分（朱智贤，2018）。因此教育者帮助学前儿童建立积极的自我概念十分重要。

2. 自我概念的发展

人的自我概念不是与生俱来的，而是有其产生和发展的过程（姚伟，1997）。根据埃里克森的人格发展阶段理论，自我概念的发展是持续一生的。由于本章节主要探讨学前阶段儿童自我概念的发展，因此本节主要论述婴儿期、学龄前期和学龄初期儿童自我概念的发展。

（1）婴儿期（1—3岁）

在大约18个月大的时候，婴儿就可以清楚地区分自己和他人（Harter，1999）。这种自我概念的发生在很大程度上归因于他们语言能力的发展，他们能够用词来命名和描述自己（Thompson，2006）。当提到孩子们在镜子或照片中的形象时，他们也会很快说出"我"。此外，婴儿期的学前儿童意识到自己不同于其他人，所以在声称自己喜欢的物品时，会很快地用"我的"来形容。这种占有欲是儿童自我概念发展的体现，因此这一阶段关于物品的抢夺看起来更像是自我发展的标志，是一种澄清自己和他人界限的努力，而不是自私的标志。儿童最早的语言描述主要集中在年龄和性别上，例如，诺诺向他人介绍自己："我是个女孩，我2岁了。"随着学前儿童获得更多的语言能力，他们能够更深入地思考自我。

视野拓展

点红实验——自我意识的产生

在生活中，我们每天都在照镜子，对自己的长相已经再熟悉不过了。但是如果一个婴儿看到镜子里的自己，会有什么样的反应呢？心理学家阿姆斯特丹在1972年借用动物学家盖勒帕在黑猩猩研究中使用的点红测验（以测定黑猩猩是否知觉"自我"这个客体），使有关婴儿自我觉知的研究取得了突破性进展。实验的被试是88名3—24个月大小的婴儿。实验开始，在婴儿毫无察觉的情况下，主试在其鼻子上涂一个无刺激红点，然后观察婴儿照镜子时的反应。研究者认为，如果婴儿在镜子里能立即发现自己鼻子上的红点，并用手去摸它或试图抹掉，表明婴儿已经能区分自己的形象和加在自己形象上的东西，这种行为可作为自我认识出现的标志。

阿姆斯特丹总结研究结果发现，婴儿对自我形象的认识要经历三个发展阶段。第一个是游戏伙伴阶段：6—10个月。此阶段婴儿对镜中自我的映像很感兴趣，但认不出他自己。第二个是退缩阶段：13—20个月。此时婴儿特别注意镜子里的映像与镜子外的东西的对应关系，对镜中映像的动作跟随自己的动作更是显得好奇，但似乎不愿与"他"交往。第三个是自我意识出现阶段：20—24个月。这是婴儿在有无自我意识问题上有质的飞跃的阶段，这时婴儿能明确意识到自己鼻子上的红点并立刻用手去摸。这也表明2岁左右的婴幼儿，已经出现了自我意识的萌芽。

（2）学龄前期（3—6岁）

2岁—4岁的儿童会用非常具体、可观察的术语来定义自己。他们的自我描述包括身体特征（如"我有黑色的头发"）、能力（如"我能画圆"）、财物（如"我有一个超级飞侠的书包"）、社会关系（如"我有一个好朋友"）和偏好（如"我喜欢喝牛奶"）。在这一阶段，儿童的自我概念还包括对某些事物或活动的喜欢或不喜欢的简单情绪和态度，例如"和朋友一起玩我很开心"和"我不喜欢花生"。但是，学前儿童无法理解正面和负面特征共存的情况，比如他们会认为好人是完美的，不可能有缺点。总的来说，2岁到4岁的孩子对自己的看法过于积极。

入学前学前儿童就可以如实地描述自己的个人特性（如，身体特征、能力/技能、兴趣、偏好）；与别人分享自身的信息，并意识到何时分享信息是不恰当的；将自己的身体特征、偏好、思想和感受与他人做对比或区分（"我的头发短短的，而她的长长的"）；意识到自己属于某个家庭、社区或集体，并为此感到自豪；能解释自己更喜欢某样东西的理由。

视野拓展

自传体记忆

自传体记忆是个体对过去特定时间和地点的事件的情景式记忆（Bauer & Fivush，2010），自传体记忆不一定是对事件的准确描述，而是个体基于对事件的特定感知而产生的记忆。比如3岁的儿童记得前几天她帮助妈妈洗碗，因为妈妈对她说"你真是帮了大忙"，让儿童体会到了自我与情境的关系。由这一定义可以看出，自传体记忆与自我概念的发展密切相关。自传体记忆要到3岁之后才开始出现，因为在此之前，儿童在心理上没有充分的自我意识，无法用自传的方式表达事件，而且与父母进行有意义的交谈的能力也很弱。

自传体记忆对儿童的发展有着重要意义。有研究者（Blunk，Alea，2002）将这些功能划分为自我功能、社会功能和指导功能：

（1）自我功能。自传体记忆为自我的建立提供了基础，支撑自我概念的动态发展，同时也影响着已经形成的自我。

（2）社会功能。自传体记忆提供了儿童与别人进行交流的材料，与别人谈论自己的记忆能够使得谈话更有说服力和可信度，从而促进儿童的社会交往。

（3）指导功能。自传体记忆能对儿童当前或将来的行动起到指导作用。儿童可以将当前经历与他们"自传体存储系统"中的过去记忆进行比较，并进一步使用自传体记忆来评估当前的情况。

成人与儿童进行有关儿童生活故事的谈话有助于儿童自传体记忆的发展，构建儿童对自我的理解。

（3）学龄初期

在5岁、6岁和7岁时，儿童扩展了对自我的定义，把他们现在能做的和他们早期能做的事情进行初步的比较。比如孩子会说"我现在可以比以前跑得更快"或者"我小时候怕黑，但我现在不害怕了"。这样的比较体现了孩子们看到了自己的成长，而不是夸耀自己。此外，孩子的比较也体现在有关公平的问题上，如孩子说："他得到的比我多！"然而，处于这个年龄段的孩子仍然不能把相反类别的情绪放在一起，如愤怒和快乐（比如我们常说的又好气又好笑）。但是他们能够同时描述两种互补的情感（例如，"我对游戏感到兴奋，也对我们一起要做的事情感到满足"）。到了7岁和8岁，他们会更加意识到自我，并开始以更抽象的方式进行自我描述。他们对特质的描述开始关注能力和人际关系特征，比如聪明和愚蠢、善良和刻薄。他们现在常常与同伴进行比较，如"我跑得比小明还快"或"琪琪跳绳比我好"。这些比较并不消极，它们是儿童将自己区别于其他人的方式，同时这种社会比较使儿童开始对个人优势和弱点分别进行评估。

8至11岁儿童对自我的定义仍然包含前几个阶段的具体特征，但因为他们的思维处于具体运算阶段，所以他们对自己的描述也更为抽象。这一阶段的儿童总是提到个性特征以及能力；比如"我很受欢迎"，"我很能干"，但现在他们能够将这些特征归类到特定的领域并加以区分，这使他们能够看到自己的表现上的变化。与早期不同的是，在这个年龄段，儿童的自我感觉往往变得更加消极（Harter，2006）。此外，人际关系对他们的自我认同观念更为重要，如"我是豆豆和乔乔的朋友"，"我是小杰姐姐的朋友"。

（二）自我体验及其发展

自我体验是自我意识的情感成分，反映个体对自己所持的态度，主要涉及

"我是否满意自己或悦纳自我"等问题，包括自我感受、自尊、自卑等方面。其中，自尊是自我体验中最主要的方面。

1. 自尊的概述

自尊（Self-esteem）是个体对自己的认知和情感态度，是对自己价值和能力的评估（Harter，1985；Rosenberg，Schooler，Schoenbach & Rosenberg，1995）。自尊在社会互动中形成，受到来自他人的反馈的影响（Shavelson et al.，1976）。高自尊是个体心理社会适应的良好指标，低自尊则是个体适应不良的风险因素（Butler，Hokanson & Flynm，1994）。

自尊从内容上可分为理想自尊（Ideal Self-esteem）和现实自尊（Real or Actual Self-esteem）。现实自尊来自个人成功的、已实现的部分，而理想自尊来自个人期望达到的抱负部分（Bills，Vance & Mclean，1951）。从来源方式上可分为内在自尊（Inner Self-esteem）和外在自尊（Outer Self-esteem）。自尊由内源和外源两个因素组成，其中内源因素指能力感或效能感，外源因素指他人的赞扬（Hales，1979）。从结构上可分为总体自尊（Global Self-esteem）和具体自尊（Specific or Differentiated Self-esteem）。总体自尊是对待自我的总的积极或消极态度，而具体自尊则是总体自尊表现的某个部分，如学业自尊、容貌自尊、社交自尊等。从高低水平上可分为高自尊和低自尊，而高自尊分为安全高自尊和脆弱高自尊，而脆弱高自尊又包括防御高自尊、条件高自尊、不稳定高自尊和不一致高自尊四种形式（金莹，卢宁，2012）。

2. 自尊的发展

《3—6岁儿童学习与发展指南》指出，学前儿童具有自尊的表现体现在3—4岁为自己的好行为或活动成果感到高兴；4—5岁知道自己的优点和长处，并对此感到满意；5—6岁做了好事或取得成功之后还想做得更好。

研究发现，学前儿童自尊萌芽于3岁左右（张丽华，杨丽珠，2005；Harter，2006）。3—4岁学前儿童总体自尊呈上升趋势；4岁后儿童总体自尊呈下降趋势；4—5岁的学前儿童已经开始认识到他们与同伴的区别，在许多方面使用社会比较信息获知自己和同伴的优势与劣势（Pomerantz，Ruble，Frey & Greulich，1995）；5—6岁学前儿童总体自尊发展稳定（张丽华，杨丽珠，2005）。5岁以后，学前儿童主动自我评价的需求越来越强烈，也更多地用社会比较的结果来评价自己（Marsh，Ellis & Craven，2002）。到了8岁，大多数儿童开始对自己在各个领域的能力做出区分。在这一阶段，对儿童来说自尊代表了多方面的认知组合（Harter，2006）。因此，一个孩子可能会对自己的学业有积极的评价，但同时也会感到运动能力的不足。但是仅仅认识到某个领域的不足并不会导致低自尊，这一领域对孩子的相对重要性也会影响他们的自尊。因此，孩子可能会得出这样的结论："我不擅长解决这个问题，但这没关系。"看到自我的积极方面和局限性，儿童会更加客观地评价自我。

随着儿童生活经验的不断积累，他们对自我的评估变得更加稳定。他们开始挖掘自己的社会、生理以及智力等方面的特点，并形成相应的自我评价。如孩子说"我擅长数学，如果我继续练习，我应该能够解决这些问题"，或者"他们可能不喜欢我。我从来都不擅长交朋友"。

自我意识还包括个体对情绪的自我认知能力和对自己情绪状态的觉知等，相关内容在第二章和第四章都有，这里不再赘述。

二、学前儿童自我意识发展的影响因素

学前儿童自我意识发展受多种因素的影响，例如年龄、性别、社会认知能力、重要他人、社会文化、家庭社会经济地位。

（一）年龄和性别

儿童的自尊总体上相对稳定。从发展趋势来看，自尊的发展呈现 U 形曲线。童年早期的自尊水平较高，而随着童年期向青春期的过渡，自尊水平呈现一定程度的下滑，到了青春期晚期和成人早期，自尊水平又呈现上升趋势。在儿童由幼儿园进入小学、由小学进入初中、由初中升入高中时，自尊水平都有较大程度上的降低。出现这种现象的原因可能是：一方面，儿童到新环境中会面临新的要求和挑战，会出现一段时间的适应困难，从而影响儿童对自我的真实认知能力的评价；另一方面，新的环境中儿童要面临新的社会比较对象，这也会使儿童的自我意象出现一段时间的不稳定，从而造成自尊水平的下降。

有研究发现，自我意识在 4—5 岁时有下降趋势（Pinto，Veríssimo，Gatinho，Santos & Vaughn，2015）。而国内韩进之和魏华忠（1985）以及刘小先（2009）也分别发现，自我意识随着年龄的变化也会出现上升或下降的现象，而非随着年龄的增加而不断提高。

已有研究表明，儿童的自我概念和自尊都会存在性别差异。卡明斯基（Kaminski，Shafer，Neumann & Ramos，2005）在对美国和墨西哥的儿童进行的自我描述问卷调查的结果中发现，女孩阅读自我概念比男孩的得分高，而男孩的体能及外貌自我概念得分较女孩高。同样，在中国儿童的自我概念研究中，研究者发现女孩组在学习成绩、同伴关系、行为表现、与成人交往、集体关系、外貌、自我控制报告上的得分显著高于男孩组（王爱民，任桂英，2004）。在自尊方面，研究者发现儿童总体自尊以及外表自尊维度存在显著的性别差异，女生发展水平显著高于男生（张丽华，杨丽珠，2006）。

（二）社会认知能力

社会认知能力是影响自我概念与自尊发展的另一个重要因素。儿童最初的自我概念是"物理概念"，儿童对内在的心理体验和外在的物理体验不加区分。随着其不断的社会化，儿童认识到内部状态与外部状态的区别，逐渐懂得根据其内部心理状态来定义"真正的自我"。同时，儿童不断学习将自我的内心与他人的观点进行交流，想象、体验他人的观点，并将自我与他人的观点进行比较，进而采纳他人的观点。在这一过程中，儿童的自我概念随着社会认知经验的发展不断完善，同时在不断的社会比较过程中，儿童的自我概念也越来越趋于客观。

（三）重要他人

重要他人是指对个体自我发展（尤其是儿童时期）有重要影响的人和群体，即对个人智力、语言及思维方式的发展和行为习惯、生活方式及价值观的形成有重要影响的父母、教师、受崇拜的人物及同辈团体。在儿童的早期阶段，其周围的重要他人对儿童的态度和方式，会直接影响儿童的自我概念和自尊感。

1. 父母

研究发现父母对儿童采取温暖与理解的教养方式会促进儿童自我概念与自尊的发展（Roosa & Vaughan，1984；魏运华，1999）；父母合理的期望有助于儿童明确行为准则，根据理性标准评价行为，形成较高的自我概念，同时父母对儿童温暖积极的态度让儿童感到自己值得被爱，产生较高水平的自尊；相反，如果父母对儿童采取惩罚与严厉、过分干涉、拒绝与否认、过度保护等教养方式则会让儿童产生消极的自我概念，阻碍儿童自尊的发展。此外，也有研究发现父母陪伴与儿童自尊之间存在正相关的关系，研究者认为父母陪伴作为一种家庭环境刺激，使儿童产生安全、温暖、被接纳感，从而获得自我价值感、效能感和自尊水平的提升（郑庆友，卢宁，2016）。

2. 教师

在幼儿园中，教师的教学行为以及师生关系也会影响儿童自我意识的发展。研究者发现，在师生交往中教师对学生行为的评价、情绪反应和行为表现影响着学生对自己的体验和评价，对学生自我意识和自尊心的发展有着重要作用（梁兵，1993）。对于师生关系，研究发现亲密型师生关系更有利于小学生自我概念的健康发展，而冷漠型师生关系最有碍于小学生自我概念的发展（林崇德，王耘，姚计海，2001）。

3. 同伴

随着儿童年龄的增长，同伴的评价发挥了比父母和教师更重要的作用。研究者强调同伴交往经验对自我概念和人格发展的重要性，认为人有被同类赞赏的本能倾向，如果没有得到足够的关注，就可能对自我价值产生质疑（Hartup，1996）。满意的同伴关系会使儿童产生归属感和胜任感，减少敌意、焦虑和抑郁特征，促进儿童自尊的发展。而被同伴群体孤立的体验将导致少年儿童产生自卑感，被拒绝或社交退缩的青少年和儿童由于与同伴积极交往的机会有限，各方面的发展都会受到消极的影响（Parkhurst & Asher，1992）。此外，研究表明同伴欺凌也会影响儿童自我意识的发展，学校中遭受同伴欺负的次数和儿童自我概念水平呈显著负相关，而被欺负儿童的低自尊无形中加剧了这种恶性循环（Salmon，James & Smith，1998）。

（四）社会文化

特定的社会文化制约着个体自我概念的发展。跨文化研究表明不同社会环境下的自我概念发展并不遵循统一规律。在个人主义文化下，个人更倾向于从自主、独立和创造的角度建构自我概念，强调自我价值的实现，重视独立和自我满足，强调"私我"；在集体主义文化下，儿童更倾向于从人际和联系的角度构建自我概念，而且成人也鼓励儿童遵守群体规范，重视一致和遵从，强调"公我"（Chen，Wang & Liu，2011）。

（五）家庭社会经济地位

家庭社会经济地位（SES）是家庭经济资本、人力资本和社会资本的结合，主要包括父母受教育水平、父母职业和家庭收入等关键性指标。它与儿童自我概念的关系已经得到了多项研究的证明，与其他几个指标相比，父母受教育程度对儿童自我概念的影响更大。研究发现女生明显受到父母职业的影响，男生未受影响，这可能与男生生理与心理成熟较女生晚有关（卢谢峰，韩立敏，2008）。

三、自我意识对学前儿童发展的影响

自我意识发展与个体各方面的发展有着密切联系，已有研究表明，自我意识对个体的社会适应、成就动机等方面有着重要影响。

（一）自我意识与社会适应

社会适应是指个体调整自身的生理与心理状态，达到社会所期望的发展目标的程度（Cavell，1990）。社会适应是儿童社会化结果的具体体现，梁宗保、胡瑞、张光珍、邓惠华和夏敏（2016）把社会能力、外化和内化问题作为学前儿童社会适应的指标。儿童社会能力是指儿童在社会情境中获得良好人际关系的能力，特别是主动发起社交活动以及在社交情境中表现出适当行为的能力（梁宗保，张光珍，陈会昌，张萍，2012）。莫雷诺（Moreno，1934）主张以同伴交往结果来衡量儿童的社会能力，他认为能够被同伴接纳的儿童就是拥有社会能力的儿童，由此可知，同伴关系是儿童社会能力的主要表现。因此本节主要阐述自我意识对学前儿童内化问题、外化问题和同伴关系的影响，从而阐明自我意识对学前儿童社会适应的影响。

1. 内化问题（Internalizing Problem）

阿亨巴赫（Achenbach，1982）认为内化问题常发生在"个体内部"，是情绪与行为的一种统合表现，往往有控制、抑制过度或者感到羞愧、焦虑等心理问题。不同于外化问题，内化问题一般情况下很难被人感知，并且不会即刻给他人带来伤害，但长期来说，对个人的心理健康是一个潜在的危险因子（Mcleod，Weisz & Wood，2007）。内化问题主要包括焦虑、抑郁、孤独等。

研究发现（毕烨，韩娟，杨森焙，沈敏，时俊新，李小彩，王丽卿，2011），儿童自我意识水平越低，抑郁的检出率越高，这说明自我意识偏低的儿童更易出现抑郁症状。有研究指出自我意识在应激性生活事件和抑郁之间起调节效应（陈冲，刘铁桥，陈洁，郑敏婕，2010），面对同样的应激性生活事件，自我意识水平低者缺乏自信，对自己持否定态度，更易出现抑郁症状；反之，自我意识水平较高者则能保持较为积极乐观的态度，有利于缓解抑郁症状。

贾文华（2010）的一项研究表明，高孤独感的儿童自我意识总分和各因子得分均明显低于低孤独感者，自我意识水平越高，孤独症检出率越低，这说明低自我意识水平的儿童更易产生孤独症状。当儿童面对同样的应激性事件时，自我意识水平高者往往自我评价更加积极，显示出较高的自信，同时也更愿意通过改变来完成自我提升，对自我的认同感越高，更不容易出现孤独倾向；而自我意识水平低者不但缺乏自信而且脱离群体，处于交往的不利地位，所以更容易引发孤独倾向（李子华，2019）。

2. 外化问题（Externalizing Problem）

外化问题是指学前儿童外在表现出的一系列行为问题，是学前儿童对外部环境和他人行为的消极反应（Achenbach，1978；Campbell et al.，2000；Chhangur，Weeland，Overbeek，Matthys，Orobio de Castro，Van Der Giessen & Belsky，2017；Liu，2004；Rubin et al.，2003；Wang & Liu，2021）。具有高外化问题的学前儿童会表现出攻击、反抗、违纪等对他人造成威胁或伤害的行为（Liu，2004；Willner et al.，2016；罗云，2017）。

施国春等人（2017）认为高自尊个体具有强烈的身心认同进而能抵制来自各个方面的焦虑威胁，而低自尊者却难以做到。低自尊者往往持有消极的自我观，对自己的接纳水平比较低，其认知结构更多地与消极因素相关联，可能存在着大量的攻击性脚本（script）（Kirkpatrick，Waugh，Valencia & Webster，2002），在认知资源相对缺乏的条件下，更容易激活记忆系统中的攻击性脚本，加上低自尊者的焦虑、抑郁水平比较高，焦虑和抑郁更容易诱发个体的攻击性行为（Harter，1999），进而引发冲动性的攻击性行为。有研究指出（Bechtoldt & Schmitt，2010）

高自我意识的个体总体上更活泼，在解决问题时，多表现出积极的合作性行为，进而在一定程度上减少行为问题的发生。与此相反，有些学者（Baumeister, Smart & Boden, 1996）认为高自尊者往往具有更强的优越感和价值感，但是一旦环境中出现了威胁这种优越感的事件，为了维护自己的自尊，他们就有可能会产生一些极端行为。

3. 同伴关系

自我意识情绪（Self-conscious Emotions）是在个体自我意识的基础上，有自我参与的一种高级的情绪（冯晓杭，张向葵，2007），一般包括尴尬、羞耻、自豪、内疚等。研究发现学前期儿童的基本情绪理解和亲社会行为都能对其同伴接纳程度产生重要影响，那些能够表现出较多表情和确认较多表情的儿童更受同伴欢迎（Denham, McKinley, Couchoud, & Holt, 1990）。同样，也有研究发现（Villanueva et al., 2000），儿童的基本情绪理解能力越高，他们在同伴群体中越受欢迎。

（二）自尊与成就动机

自尊影响个体的自我价值感和学习及行为模式，也使个体表现出不同水平的成就动机。一个健康的自尊不仅包括用尽可能积极的方式看待自我，更要从内心真正体验价值感，或者接受自己是作为一个有价值的个体存在。因此，对个体自尊的评价也不能简单地分为水平之高低。自我决定理论的创始人德西和赖安（Deci & Ryan, 2000）区分了两种自尊形式：条件自尊（Contingent Self-esteem）和非条件自尊（Noncontingent Self-esteem）。拥有条件自尊的个体过于重视他人的认可和价值判断，他们认为自我的价值体现在达到某个特定标准或者完成某个特定目标；而有非条件自尊的个体，并不特别关注外在的评价，他们可以更多地体验到内在的价值感和爱，因此成功和失败不是衡量他们价值的唯一标准。例如比赛失利，高条件自尊个体的自我价值感会下降，并产生无助感；而当他们受到贬低性评价时，会充满愤怒和敌意。而无条件自尊的个体对自我价值的评估并不会依赖于外在成就或评价，他们的动机来源于学习以及迎接挑战的过程，因此他们会表现出更多掌握取向的行为模式，并表现出更高的成就动机。

视野拓展

如何帮助儿童克服习得性无助

在儿童尝试学习掌握新任务时总会遭遇失败，但是对失败的反应却因人而异。为什么有的儿童不畏挫折最终成功，而有的儿童一旦失败就选择放弃呢？心理学家对这一现象做出了解释，他们的研究发现这两种儿童对其取得的成就的解释大相径庭（Dweck & Leggett, 1988）。

有的儿童属于追求成功者：他们将成功归结于自己的能力，但将其失败归结于外部原因（如试卷含混不清，不公平等），或者归结于自己容易克服的不稳定因素（如果努力我会考得好的）。所以，他们失败后并不气馁，坚信努力会使自己成功。虽然他们认为，能力是较为稳定的因素，不会在几天内就改变，但他们相信失败后的努力能提升自己的能力。所以，追求成功的儿童对掌握新本领有很强的动机，而不在乎此前类似任务的成败。

相反，另一些儿童常将自己的成功归因于不稳定因素，如努力或运气。无法从成功中体验到因为自己能力强而产生的骄傲和自尊。他们常常将自己的失败归结于稳定的内在因素，如能力不足，这又导致他们对日后的成功期望过低而放弃努力。研究者（Ziegert, Kisther, Castro & Robertson, 2001）认为，这类儿童表现出了一种习得性无助的倾向：如果失败，就会将失败归因于稳定因素，即能力不足。这使儿童感到无能为力，从而变得沮丧和不思进取，所以他们不再努力，表现得无助。不幸的是，即使是一些有天赋的儿童也会有这种不良的归因风格，且一旦建立就很难改变，最终影响他们的成就。

如何帮助习得性无助的儿童呢？不让习得性无助感形成无疑是最佳方案。其中，父母是关键。在学前儿童阶段，父母要表扬孩子获得的成绩。在孩子失败时，父母切勿从能力方面责怪他们，从而导致伤害其自尊。最近的研究发现，表扬的方式也有正确与否之分。那些成功后常常受到个人导向的表扬（如"你真聪明！"）的儿童，他们面对新任务时更注重成绩目标而非学到了什么。一旦失败就会摧毁这类成绩目标，导致儿童的放弃和无助。

研究者（Dweck, 1999）发现，过程导向的表扬，即对儿童形成和发现好的问题解决策略的努力加以赞许，会使儿童倾向于树立学习目标。他们在面临新任务时，会意识到重要的是完成任务，而不是展现自己的聪明才智。这些孩子会认识到，面对一项新任务最初的失败，他们不只是需要寻找新的解决问题的方法，而且为达到学习目标还需要努力。这样，孩子就不至于放弃。

第二节　一日生活中促进学前儿童自我意识的发展

一日生活中蕴含着丰富的教育契机，教育者应利用这些契机，有意识地促进学前儿童自我意识的发展，具体的建议如下，供教育者参考。

（一）重视日常对话，帮助学前儿童建立积极的自我体验

成人表达的关心和对孩子兴趣的最基本方式之一就是与孩子交谈，成人和孩子的对话有助于孩子对自己有积极的感觉。因为在儿童眼里，成人代表着权威人物，成人尊重、关心和接受的表现清晰地向孩子们传递了关于孩子们价值的信息，这样的态度能增强孩子的自尊和自我接纳。

1. 使用行为描述技术与幼儿进行对话

行为描述是对幼儿的行为或个人的某些方面做出的不带评判性的陈述。教育者观察一个幼儿，然后对他/她的特征或活动进行评论。这样的陈述不表达意见或评价，而是描述教育者所看到的，这个过程始终以孩子为焦点。以下两个例子体现了教育者对行为描述技术的使用。

> **案例一：**
>
> 一个小孩趴着从滑梯上滑下来。
>
> 教师：你在滑滑梯。你找到了一个新的爬下来的方法——你是头朝下滑。
>
> **案例二：**
>
> 妞妞和莎莎正在一起画一幅壁画。
>
> 教师：你们把注意力集中在你们正在做的事情上，你们在合作——你们每个人都为这幅壁画作出了贡献。

当教育者描述孩子们在做什么时，他们谈论的是对孩子们最有意义的行为和经历——那些他们自己也参与其中的行为和经历。像这样的口头观察会提高孩子的自我意识，让他们觉得自己受到重视，因为大人会注意他们，会花时间记下他们做过的事情，这样的方式也可以促进孩子自传体记忆的形成。与此同时，教育者使用行为描述技术可以让孩子习得新的词汇，促进孩子语言能力的发展，这对孩子自我描述和自我思考能力的发展起到积极的作用。例如，一位教师这样描述孩子的行为："小妮，你正在用所有的方块建造房子，你已经想出了让这些方块保持平衡的方法。"在这一过程中，"方块"和"平衡"这两个概念或许是小妮没有听过的，但是结合她现在正在搭建的积木，小妮很容易就能理解这两个新词汇。新词汇的习得增加了孩子们对自己和周围世界的知识储备，使其能够更好地理解周围人对他们说的话，有助于形成积极的自尊。

教育者可以在一日生活中的任何时候对儿童进行行为描述，比如在午睡起床后，教师可以说："亮亮，你把每一个扣子都扣好了。""明明，你今天穿了一件棕色外套。""南希明白了应该先穿哪一只手"。这既可以让教师将注意力分散到不同的孩子身上，同时三个孩子都感到了教师对他们的重视。因此，行为描述对教育

者来说是一个简单易行的教育策略，它能为儿童自我概念的形成以及自我评价的发展带来积极的作用。

2. 使用开放式问题开启与幼儿的对话

使用开放式问题可以增加孩子参与对话的可能性。开放式问题有许多可能的答案，但没有唯一的正确答案。教师的目的是让孩子们谈论他们的想法、思考和情感，而不是测试他们的记忆能力。开放式问题要求孩子：

- 预测（"接下来会发生什么？"）
- 重建以前的经历（"你去看你奶奶时发生了什么？"）
- 比较（"这些动物有什么相同/不同之处？"）
- 做决定（"你认为我们午饭后应该做什么？"）
- 评估（"你最喜欢哪个故事？为什么？"）
- 想象（"如果恐龙今天还活着会是什么样子？"）
- 提出备选方案（"你能通过横梁的另一种方式是什么？"）
- 运用事实知识（"你认为在每年的这个时候我们会在哪里找到毛毛虫？"）
- 解决问题（"我们怎样才能知道这个罐子里有多少弹珠？"）
- 泛化（"现在你看到了我们加热冰块时发生的事情，那么你认为加热这个雪球会发生什么？"）
- 转化（"我们怎么用所有这些原料制作松饼？"）
- 理由（"你是如何决定这些搭配的？"）

所有这些问题都有很多种回答的方式，可以让孩子表达他们脑海中的任意想法，从而使孩子们能够选择对话的方向，控制谈话。这增加了他们保持兴趣并参与真正的交流的可能性。此外，具有挑战性的、适时的、开放式的问题可以促进孩子的思考和解决问题的能力（Cassidy，2003）。使用开放式的问题可以表达对孩子的接受，从而增强孩子的自尊，促进积极的成人-儿童关系（Marion，2007）。

与开放式问题相对的是封闭式问题，封闭式问题只需要一个词作为回答。尽管在许多场合都很有用，但封闭式问题通常会终止谈话。下面是一些封闭式问题的例子：

"你支持老虎队吗？"

"你喜欢吃桃子吗？"

"这是什么鸟？"

"今天谁带你来学校的？"

虽然成年人的意图通常是用问题来表示对孩子可能喜欢的主题的兴趣，但一且给出了答案，孩子通常就没有别的话可说了。因此，成人应当结合谈话的目的选择适当的提问类型。

3. 使用转述型反馈技术

转述型反馈是用成年人的话重述孩子说过的话。成人仔细地听孩子说的话，然后用与孩子最初使用的略有不同的词语来重复孩子的这句话。与行为描述一样，转述型反馈是一种非评判性的陈述。成年人不会就孩子表达的内容表达个人观点。相反，转述型反馈是给孩子们的信号，说明大人在认真地听着。比如茜茜今天早上对老师说："老师，看我的新裙子和新鞋子！"老师回道："你今天穿了一套新衣服，听起来你对新衣服很满意。"在类似的场景中，成人首先会倾听孩子，然后换一种方式复述孩子的话，在每一种情境中都有多种转述的方式。

转述型反馈有时被称为积极的或共情的倾听，当成人用自己的话来回应孩子的话时，他们向孩子传递了"我听到了你说了什么，我理解你的意思"的信息，这使得儿童在对话中可以控制谈话的方向，在这一过程中儿童感受到了自己的价值与能力，对自我形成积极的评价。同时，成人对儿童话语的转述也有利于儿童语言能力的发展，因为成人在转述中扩展了孩子所说的内容，使用更加复杂的语言，这能够刺激儿童说出更长的、更多样化的句子（Kontos & Wilcox-Herzog，1997）。

在任何情况下，当孩子对成人发表意见时，成人都可以使用转述型反馈。有时，只需简单地承认孩子说过的话。比如，孩子说："我读到第 15 页了。"成人回应："你在短时间内已经读了很多了。"之后孩子会继续阅读。这样一句简单的转述可以表明成人对孩子的兴趣，并且尽可能不中断孩子当前进行的活动。当然，转述型反馈也可以很好地开启成人跟孩子之间的谈话。下面有关 5 岁查查的例子体现了转述型反馈延长互动的作用：

> 查查：周末我们养了一只狗！
>
> 老师：你听起来很兴奋，来跟我讲讲。
>
> 查查：它总是喜欢咬东西，把纸头都咬碎了。嗯……它还喜欢叼着我爸爸的皮鞋乱跑。
>
> 老师：那你爸爸可得花点时间去找他的皮鞋了。
>
> 查查：是的是的。我打算给它过生日，它的生日就是明天，它只有 6 个月大。
>
> 老师：哦，6 个月，那还是一只小狗。
>
> 查查：不是不是，它不是一只小狗，它有这么大（用手比画）你知道……它是……
>
> 老师：哦，那它是一条大狗。

查查：是的，它很大。它的肚子很胖，腿很短。它的鼻子是塌的，看上去有点丑。

老师：哈哈，听上去这条狗长得很滑稽，它还有一个塌的鼻子。

查查：是的，它的脸看上去总是不太开心。

老师：苦瓜脸。

查查：哈哈，对。

老师：有时候苦瓜脸的狗也很可爱。

查查：是的。

从这一对话过程中可以看出查查是谈话进行的主导者，老师的转述使得查查找到了谈话的兴趣点，使得谈话得以延续。此外，查查也为纠正了一个不准确的回应而感到满足——当老师回应道这只 6 个月大的狗很小与查查想表达的不一致时，查查再次解释了自己的观点，让老师理解了自己的意图。因为转述型反馈只是成人对自己听到的想法的试探性陈述，所以孩子们知道这些反馈是可以纠正的，用这些方式引导对话会让孩子感到自己很重要，很有价值。如果老师先问一系列问题，比如："你买的是哪种狗？""它有多大？""它叫什么名字？""它是什么颜色的？"那么查查在整个对话过程中都会处于一种被动的状态，长期处于这样的语言环境中不利于儿童自我意识的发展。

（二）通过有效表扬，提高学前儿童的自我价值感

学前儿童往往是根据他人的评价来认识和评价自己的，他们并不能十分客观地认识自己，教师应借助鼓励、表扬的方式帮助学前儿童建立积极、正向的自我意识（Kostdnik, Whiren, Soderman, Stein & Gregory, 2008）。有效的表扬对儿童自我评价具有积极的影响，然而现实生活中存在很多过度表扬以及无效表扬的例子。当孩子受到过度表扬时，他们的内在动机和兴趣会降低，自主性被削弱，对自己的看法容易过度膨胀；他们也可能会对提供虚假表扬的成年人持怀疑态度，从而对成人-儿童关系产生负面影响。这些情况都会导致低自尊。因此，教师有必要对有效表扬与无效表扬的特征进行区别（见表 3-1）。

有效的表扬有三个特征：有选择性的、具体的和积极的。

有选择性的表扬是指教育者只会在孩子真正值得表扬的情况下给予表扬，并不是在所有的情况下都适用，也不是对所有的孩子都一概而论。有选择性的表扬更有可能在某一特定时刻针对个别或小团体的孩子进行，而不是针对整个班级。

具体的表扬指的是向孩子提供明确的信息，让他们知道表扬的内容。

积极的表扬指表扬必须是正面的，没有负面的比较，也没有人会因为别人的进步而受到贬低。表 3-1 为无效表扬与有效表扬的比较。正确地使用表扬能够促进孩

子的自我意识和社会认同感的发展，因为它能帮助孩子从别人的角度看待自己。

表 3–1　无效表扬与有效表扬的比较

无效的表扬	有效的表扬
宽泛的 例如："你真聪明！"	具体的 例如："你能想到用这种方法解决这个难题，你真的好棒呀！"
把孩子和其他孩子比较 例如："你写的故事是所有人中最有趣的。"	把孩子们的进步与他们过去的表现相比较 例如："你写的这个故事里运用了两个你从未用过的词。"
把孩子的行为和外部奖励联系起来 例如："你读了三本书。妈妈奖励你一辆小汽车。"	将孩子的行为与他们所体验到的快乐和满足联系起来 例如："你读了三本书。读了这么多，你又知道了很多知识，是不是很开心呀？"
把孩子的成功归因于运气或任务容易 例如："这次是因为任务简单，所以成功了，下次可就不一定了。"	把孩子的成功归因于他们的努力和能力 例如："哇，你能取得这么大的成就一定是付出了很多努力吧。"
语气随意敷衍 例如："嗯，嗯，是的，你真厉害！"	语气坚定、平和 例如："哇，你能努力地坚持下来，我真的为你感到骄傲！"

（三）提供支架支持，提高学前儿童的自我效能感

在生活中成人可以有意识地培养儿童的各种能力，包含问题解决能力、运动能力和独立能力。当学前儿童成功地完成某件事情后，会受到他人的肯定与夸奖，学前儿童对自己的能力产生认可，从而获得良好的自我感受，开始体会到自身的某种价值，逐渐形成重要感、自我胜任感、成就感，为自尊的萌发奠定基础。

在学前儿童学习新能力的过程中教师可以提供支架支持学前儿童的发展。支架又被称为"脚手架"，它是指当学前儿童学习遇到挑战的时候，教育者应当提供恰当的支持和协助，促进孩子的能力达到他的最近发展区水平。比如，游戏时间里教师观察到一个很想走过独木桥但是不敢过独木桥的孩子。如何提供支架帮助孩子获得独自过独木桥的体验呢？可以第一次两只手搀着孩子的腋下陪他走过独木桥，第二次一只手搀着孩子陪他走过独木桥，第三次牵着孩子的手陪他走过独木桥，第四次只给孩子一根手指头拉着陪他走过独木桥，第五次手悬空在孩子手下陪他走过独木桥，第六次站在孩子身边陪他走过独木桥，第七次离孩子有一点距离陪他走过独木桥。这里面的支持和协助可根据孩子当时的状况和情境的难易程度适时调整，有认知性的支持（分解困难或步骤、提示策略等），也包含情绪支持（接纳、同理、肯定、信任等）。由走独木桥的例子会发现帮助孩子达到最近发

展区的过程中，教师需要给予孩子合适的支持，然后在恰当的时候逐步撤出支架，将学习的责任还给孩子。

理论应用于实际

家长和教师可以通过各种活动提高孩子的自我效能感

1. 家长可以给学步儿或者学前儿童提供能够帮助他们掌控自己的设施，例如：小桌子、小椅子，或者墙壁上、楼梯墙上较矮的扶手，这些设施能让这个年龄段的孩子对于自我和外在世界感到自己是有能力的；在浴室里，可以把香皂、毛巾、牙刷、牙膏、小型的置物架等放在3岁左右孩子触手可及的位置，让孩子能够掌控这些物品。当孩子能够满足自己的需求时，他们会觉得自己是能干的。

2. 教幼儿园的孩子操作一些器械类的物品，可以发展孩子的精细动作能力和自我控制能力。

3. 让孩子独立解决在生活中和学习中遇到的疑难问题，教师适时地进行指导，让他们体验遇到问题自己解决的成就感。

4. 中大班幼儿可以经常玩一些体育运动类的游戏（拍皮球、跳绳、跑步等），通过与他人的竞赛或者自身的进步，获得体育运动方面的能力感。

（四）开展主题活动，帮助学前儿童建立积极的自我认知

教师可以通过开展一系列主题活动，帮助学前儿童不断加深对自己的了解，认识自我、评价自我。

1. 帮助学前儿童认识自我，正确评价自我

教师可以开展"独特的我""我长大了"等主题活动帮助学前儿童认识自我，例如在"独特的我"活动中，教师请每位幼儿分别从身体、个性、本领等方面介绍自己。例如，晨晨小朋友说："我是一个女孩，我有很长的头发，高高的额头，像巧克力豆一样圆圆的眼睛，我的嘴巴超级大，我一口能吃完一个鸡蛋，告诉你们一个小秘密，我胳膊上有个像小金猪一样的胎记，要是我不说，你们肯定发现不了，我腿很长，我喜欢跑步，妈妈说以后我肯定能成为长跑运动员。"在自我介绍结束后，教师提供画笔和画纸，让每一位孩子根据自己的特征画自画像，等画完之后，让大家猜猜图片上画的是谁。

在"我长大了"活动中，教师播放生命诞生及成长的纪录片，让幼儿了解生命诞生与成长的过程。教师请孩子们把自己从小到大的照片或者录像带来幼儿园，教师把照片收集好后，向大家展示，让大家猜猜这是哪位小朋友小的时候，并说说和现在相比有哪些异同点。鼓励班上孩子分享自己小时候的趣事，以及和以前相比，自己在哪些方面进步了，例如，以前不敢独自睡觉，现在能够一个人睡觉了。

2. 鼓励同伴互相评价，正确认识和评价他人

同伴评价对于学前儿童自我意识的形成具有重要作用，积极的同伴评价有利于提高学前儿童的自尊。在教师提问且孩子回答结束后，教师可以鼓励其他孩子对他/她的回答进行评价。例如教师问道："毛毛刚才说可以利用绳子把两根木棍捆起来，这样木棍就变长了，你们觉得毛毛说得对不对呀？"有孩子立马回答道："我觉得毛毛的想法很好，我是想着用胶水粘起来，可我发现胶水不能把木棍粘住，如果用绳子绕起来，这个问题就解决了，毛毛，你真是天才！"因此，教师在一日活动中，要鼓励学前儿童之间互相评价。

（五）借助家园共育，帮助家长建立科学育儿观

作为学前儿童的重要他人之一，家长对于孩子的认识和评价会直接影响孩子的自我意识，如果家长的评价过高，孩子可能会有很大的心理压力，容易怕犯错，怕不能满足家长的期待；如果家长的评价过低，孩子可能会觉得家长不信任自己；家长积极准确的评价往往会使得学前儿童对自己产生一种积极的看法，能比较有信心地去面对各种问题，敢于面对失败。教师作为专门的教育人员，可以为家长提供一些支持与帮助。

特别是双职工家庭，家长陪伴孩子的时间较少，家长对孩子的了解可能并不准确，如家长认为孩子在家非常地活泼，那么在学校应该拥有良好的同伴关系，但由于多方面原因，孩子在幼儿园不太愿意参与集体活动，同伴关系较差。因此教师要经常和家长进行交流，通过面谈、家访、家长会、线上沟通等形式让家长了解孩子在幼儿园的表现，并向家长了解孩子在家的表现，家园共同配合进行教育。

另外，帮助家长对孩子进行正确评价。一部分家长习惯采用专制型教养方式，认为学前儿童年龄小，什么都不懂，只有通过打骂等否定式打压教育才能让孩子"守规矩"，但"打压式"教育对学前儿童的自尊和自我认识都具有消极影响。还有一部分家长对孩子的评价过高，给孩子设置的任务孩子难以完成，如果老是失败，学前儿童可能会形成"习得性无助"，认为自己是没有能力的人，无论怎么努力都无法取得成功。因此教师应帮助家长正确认识孩子，此外教师可以教家长一些表扬孩子的技巧。

 本章内容回顾

儿童的自我意识（又称为自我）是作为主体的我对于自己以及自己与周围事物的关系，尤其是人我关系的认识。自我意识主要包括自我认识、自我体验和自我调控三个方面，其中自我概念和自尊的发展对儿童而言意义重大。幼儿园作为

儿童第一个步入的社会环境，承担着促进儿童自我意识发展的教育任务。教师在幼儿园的一日生活中，可以通过有效表扬、提供支架支撑、开展主题活动、家园共育等方式促进儿童自我意识的发展。

本章思考题

1. 什么是儿童的自我意识？

2. 在幼儿园一日生活中，可以从哪些方面促进学前儿童自我意识的发展？

3. 自我意识发展的影响因素有哪些？

相关资源推荐

书籍推荐

1.《儿童发展心理学第三版》，刘金花，邓赐平著，华东师范大学出版社

2.《在游戏中帮助孩子建立自尊》，黛博拉·M·普卢默著，王佳强译，北京师范大学出版社

3.《弗洛伊德论自我意识》，西格蒙德·弗洛伊德著，中国商业出版社

绘本推荐

1.《独一无二的你》，图文/琳达·克兰兹，译/薛亚男，北京科学技术出版社

2.《勇敢做自己》，图文/琳达·克兰兹，译/薛亚男，北京科学技术出版社

3.《我喜欢我自己》，图文/南希·卡尔森，译/余治莹，河北教育出版社

第四章 ∕

学前儿童自我管理能力的
发展与教育

　　早晨，妈妈把宸宸送到幼儿园门口。宸宸依依不舍地问道："妈妈，你下午会来接我吗？"妈妈说："我下午一定会来接你的。""妈妈，我不想让你走。"宸宸眼泪汪汪地说着。带班老师走过来抱着他说："宸宸，抱一个！你今天会玩得很开心的。"宸宸和妈妈道别后看着妈妈离去，感到有些悲伤，但是很快他就跑到区角和伙伴们玩了起来。当老师要求大家整理玩具时，他很快收拾好了玩具，并坐在位置上等待吃早餐。准备早餐时，宸宸帮忙，不小心把一杯果汁洒在了地上。他喊道："老师，果汁洒到地上了。""宸宸，怎么啦？"老师问道。"我在摆点心时跑得太快，所以不小心把果汁洒了。"他解释着，"我去拿纸巾"，眨眼就跑远了。

　　宸宸的案例充分展现了他的自我管理能力：能够有效地调节自己的情绪，理解时间和空间的过渡并灵活应对转变，能够正视自己行为产生的后果并学会对行为负责，这些都是自我管理能力的具体体现。接下来，本章将重点讨论什么是自我管理能力，以及如何在一日生活中培养学前儿童的自我管理能力。

第一节　学前儿童自我管理能力的发展

自我管理能力是学前儿童的人生发展中必须具备的一项重要能力，它是一种内在的心理品质，影响学前儿童的学习成长、情绪感受以及社会适应等诸多方面。什么是自我管理？具体包括哪些内容？对学前儿童的发展有何影响呢？本节将详细阐述。

一、自我管理的内涵

自我管理是个体能够在不同的场景中主动应用认知及行为策略调节自己的心理活动和行为，控制不当冲动、寻求积极发展、取得良好适应的心理品质，是个体控制自己行为的过程，在这个过程中需要使用一系列自我管理策略，比如，自我激励、自我指导、自我监督、自我评价和自我强化（Kartal & Ozkan，2015）。培养学前儿童的自我管理就是要让学前儿童学会投入到特定活动中，培养自我监督、自我指导、保持注意力集中的能力，以帮助他们完成特定任务（Shapiro，1981）。为了进一步了解自我管理能力，接下来从认知管理、情绪管理和行为管理三个方面来阐述。

（一）认知管理

认知管理是指能够直接作用于学业的相关能力的管理，包括注意力、坚持性、专注程度、目标意识等，具体体现在自我监控能力、进取心和主动性等方面（Kagan，Mocre & Bredekamp，1998；王宝华，冯晓霞，肖树娟，苍翠，2010）。

自我监控能力是个体监督和管理思维、注意、感觉和行为以实现目标的重要技能。广义上，自我监控是个体由其行为受动物本能支配的原始状态向文明人状态转化过程中的根本要素。狭义上，自我监控是人们控制其功能和内部状态的诸多过程（珍妮丝·英格兰德·卡茨，2015）。自我监控的发展使学前儿童越来越有能力控制身体机能、管理强烈的情绪并保持专注力。自我监控能力高的学前儿童具有较强的独立自主性，是自身学习与发展的主体。支持学前儿童自我监控能力发展的重要目的是培养学前儿童的自律以实现自我管理。

进取心和主动性作为认知管理的另一个重要方面，指学前儿童不依靠外部力量推动，自觉参与游戏、学习活动和探索问题的心理动机和行动（谢冬梅，1999）。在生活和游戏中，培养学前儿童的主动精神，既为他们将来学习和工作中的创造性发展奠定了良好的基础，也对他们自觉学习知识、创造性地解决问题有着深远的影响。

总之，拥有认知管理方面品质的学前儿童，能够监督自己，能集中注意力完成任务，能在挫折中自我激励，对成长和学习新知识有很强的胜任力和自信心，并对自己的潜能和未来充满希望。

（二）情绪管理

情绪管理又称情绪调节，它是指个体对具有什么样的情绪、情绪什么时候发生及如何进行情绪体验与表达施加影响的过程。情绪调节涉及管理自己的情绪体验，如体察自己的情绪并尝试缓解，生气时尝试深呼吸；管理与情绪有关的机体反应，如让生气发抖的自己慢慢平静下来，控制自己要打人的冲动；管理与情绪有关的归因与评价，如对于让自己不开心的事能往积极的方面思考；管理与情绪有关的表情，如收到不喜欢的礼物时能控制自己的失望表情并表示感谢。

随着年龄的增长与认知能力的提高，学前儿童的控制能力逐步提高，情绪调节更讲究策略与方法，从依赖支持性情绪调节（如吮吸手指）发展到独立性策略性情绪调节。而年长幼儿首先学会的是策略性地处理情境定向的情绪反应，随着经验的增多，他们逐渐学会从各个不同的角度来看待压力源，例如，当看到引发负性情绪的原因是可控的，学前儿童自我控制的能力就会大大增强。对某些不可控制的情境，3—4岁的学前儿童只会使用逃避策略，而5—6岁的学前儿童会采用分散、回避等策略来处理。

已有研究表明，理想的情绪调节对幸福感和情绪平衡自我效能感、与他人沟通均有贡献，有效的情绪调节能促进结构性问题解决策略的产生和对社会关系的合理评价。

情绪管理其他相关内容，参见第二章。

（三）行为管理

行为管理就是指学前儿童对可能发生或已存在的行为问题进行预防和控制，包括控制行为问题的发生，减少攻击性、破坏性、扰乱性行为，增加顺从、合作、亲社会行为。学前儿童的问题行为主要分为两类：内隐问题行为与外显问题行为，前者指焦虑、不安、抑郁、退缩等情绪问题，后者指攻击、反抗、反社会、过度活动等行为问题。问题行为在学前儿童的成长过程中相当普遍，并且持续时间长，阻碍学前儿童社会性、个性和认知的发展（陈会昌，张宏学，阴军莉，2004）。

综上，自我管理包括了认知管理、情绪管理和行为管理三个核心成分，涉及自我监控、进取心、主动性、情绪调节、减少攻击性行为等具体的内容。

学前儿童自我管理能力的培养，还要关注培养他们的责任意识以及尊重他人的意识，培养他们对自己、对他人、对社会负责任的精神，并在此基础上学习如何做出恰当的选择。

二、学前儿童自我管理能力的表现

学前儿童自我管理能力的表现主要体现在情绪管理、调节注意力和活动水平以及配合日常常规与要求。

（一）情绪管理的具体表现

学前儿童在经过一段时间的兴奋活动后，能平静下来。比如，在游戏分享与交流环节能较快地安静下来，仔细倾听；在与特别喜欢的老师重逢时，虽然很激动，但是能很快平静下来；当搞笑的事情结束后能够停止大笑。

学前儿童烦恼时，能在 5 分钟之内平静下来。比如，摔了一小跤后，可以在几分钟内停止发牢骚；作品在规定时间内未完成略"感"烦躁，也能继续其他活动；午睡环节，即使没睡够有起床气，也能很快安静下来；进餐时即使对食物很失望，也能在几分钟内平静下来，按需进食。

学前儿童在失望的情况下仍能保持冷静。比如，当喜欢的玩具被拿走时，能在成人的指导下找到另一个玩具或者玩其他游戏；虽然挑战失败，仍能接受这一结果；好朋友没给自己投票，虽然失望，也能平静接受。

（二）调节注意力和活动水平的具体表现

学前儿童能够调节活动水平来适应环境。比如，当遇到危险时，能主动躲避，如躲避扔过来的球；天气冷暖变化时，能在老师的提醒下调整活动内容和活动量。

参与早期识字活动。比如，能够专注地阅读图书，观察画面内容；认识自己的姓名；会写自己的名字。

能保持运动 10 分钟或更长的时间。比如，能连续步行较长距离，持续玩丢沙包游戏等。

能从一项活动顺利过渡到另一项活动。比如，听到规定音乐能够主动收拾玩具。

能在成人的提示下顺利地从个别化活动转为集体活动。学前儿童能和他人一起游戏，比如，与他人一起搭建积木。在角色游戏中，根据游戏需要一起准备材料或进行角色分工。

（三）配合日常常规与要求的具体表现

学前儿童能遵守常规和规则。比如，在老师的提醒下，做餐后清理；在家里和学校遵循简单的规则。

学前儿童能听从指令。比如，会听家长的话穿上外套，能听从老师的指令做出相应动作。

能按照成人的指令改正自己的行为。比如，在老师的提醒下，停止影响他人午睡，或停止在楼梯上嬉戏打闹等。

三、学前儿童自我管理能力的发展特点

对于学前儿童自我管理能力的发展，国内外都有相关研究。《马萨诸塞州学前班与幼儿园标准》中提到在幼儿园教育阶段结束时，我们可以观察到学前儿童能独立使用一些策略来管理强烈的感受（如从 1 数到 10）；能管理、调控并交流所想/所需；能分析具有挑战性的境遇并找出合适的应对方法；在他人最小程度的帮助下，适当调整自己的行为（声音的大小、身体动作等）以适应不同场景（如图书馆、走廊、礼堂、公交车等），或在不同场景或活动中独立适应/过渡；在思考或活动中表现出灵活性（如寻求意见、考虑替代选项、适应预料之外的变化等）。《3—6 岁儿童学习与发展指南》中也有相应的梳理。结合相关研究分析，我们梳理出学前儿童的自我管理能力在各个年龄阶段呈现的不同发展特点。

在认知管理上，学前儿童的自制力、坚持性、自觉性和自我延迟满足等方面都随年龄增长呈上升趋势（杨丽珠，宋辉，2003）。学前儿童的注意控制能力、注意的计划性也有所发展，逐渐能够注意与目标最相关的信息，可以提前想出行动的顺序并根据预定目标集中注意力（李燕，2003）。

具体从不同年龄阶段的表现来看：3—4 岁时，学前儿童能够根据自己的兴趣选择游戏或其他活动；自己能做的事情愿意自己做；喜欢承担一些小任务。4—5 岁时，能按自己的想法进行游戏或其他活动；自己的事情尽量自己做，不愿意依赖别人；敢于尝试有一定难度的活动和任务。5—6 岁时，能主动发起活动或在活动中出主意、想办法。

在行为管理上，随着学前儿童年龄的增长，其大脑皮质的抑制机能逐渐完善，同时兴奋与抑制过程也逐渐平衡。随着学前儿童认知能力的发展和外在教育因素的影响，学前儿童对规则的理解逐渐掌握和深入，形成一种自觉的规则意识，进而来约束与控制自己的行为。逐渐从外源性控制，过渡到内源性控制，能够自己承担行为监督的责任，并通过预料行为后果，将自身准则与内在行为进行对比，进而对自己的行为进行调节（Kopp，1982）。

具体从不同年龄阶段的表现来看，3—4 岁时，幼儿能在提醒下，遵守游戏和

公共场所的规则；在成人的提醒下，爱护玩具和其他物品。4—5岁时，能感受规则的意义，并能基本遵守规则；知道接受了的任务要努力完成。5—6岁时，理解规则的意义，能与同伴协商制定游戏和活动规则；能认真负责地完成自己所接受的任务。

在情绪管理上，幼儿期相对于婴儿期有较大的发展，但相对来说仍然不够稳定，有易变、易冲动、易传染的特点。大班幼儿与小班幼儿相比，情绪的稳定性和有意性有所增长，也更具一定的控制能力，并能运用语言来调节情绪。

具体从不同年龄阶段的表现来看，3—4岁时，有比较强烈的情绪反应时，能在成人的安抚下逐渐平静下来。4—5岁时，经常保持愉快的情绪，不高兴时能较快缓解；有比较强烈的情绪反应时，能在成人提醒下逐渐平静下来；愿意把自己的情绪告诉亲近的人，一起分享快乐或寻求安慰。5—6岁时，经常保持愉快的情绪；知道引起自己某种情绪的原因，并努力缓解；表达情绪的方式比较适度，不乱发脾气；能随着活动的需要转换情绪和注意。

总之，学前儿童的自我管理能力会随着年龄的增长、生理的成熟、心理的发展以及外在的教育因素而逐步提升。

四、自我管理能力对学前儿童发展的影响

自我管理能力对学前儿童发展有着重要的影响。其中包括学业准备状况、学业成就、问题行为的发生以及社会适应情况。

(一)自我管理与学前儿童的入学准备

学前儿童对任务的专注程度显著预测了他们的学业准备状况和学业成就（Rabiner，Coie & Conduct Problems Prevention Research，2000）。专注能力、任务投入程度和坚持性等作为学前儿童自我管理能力的重要指标，对其今后的学业发展起着重要的作用。

学前儿童调节情绪、注意和行为的能力与他们的幼儿园适应和学业成就密切相关（Mcclelland，Cameron，Farris，Jewkes & Morrison，2007）。在情绪调节上，无法处理消极情绪的学前儿童可能因消极情绪的干扰而难以专注学习，而那些保持着积极情绪的学前儿童则能更好地投入到学习及其他班级任务中。幼儿早期阶段的情绪调节能力可以预测他们之后的学校或班级适应，如他们的学习效率和学业成就（Graziano，Reavis，Keane & Calkins，2007）。

行为调节，如幼儿执行复杂指令的能力、完成任务的能力、专注程度、必要时询问和寻求帮助以及享受挑战性任务等，也与学业成就密切相关（Howse，Calkins，Anastopoulos，Keane & Shelton，2003）。幼儿入学后，会在诸多方面被要

求调控自己的行为，比如将注意力集中在课堂内容上，控制冲动以完成复杂和挑战性的任务，内化和遵从规则，听从指导，轮流等候等。良好的行为调控能力，会促进其学业成就。

（二）自我管理与学前儿童的行为问题

在幼儿园中学前儿童一些典型的行为问题包括：不听从教师的指示、违反规则、攻击同伴、破坏公有财物等，而这些行为问题的发生很大程度上是与学前儿童的自我控制能力、专注能力、情绪调节能力低有关。

在学前阶段，未能改善的行为问题会直接导致入学后的学业困难，如较低的学习动机、注意力不集中、坚持性差、不正确的学习态度，以及身体的攻击性及行为失调等（Bulotsky-Shearer，Fernandez，Dominguez & Rouse，2011）。

（三）自我管理与学前儿童的社会适应

学前儿童能否有效调节自身的情绪和行为、合理地表达情绪，是他们获得健康的心理状态、适应社会生活、形成良好人际关系的关键。有学者发现，学前儿童的情感认知与社会适应行为之间呈显著正相关（邓赐平，桑标，缪小春，2002）。学前儿童能否控制自身的冲动而表现出更多的亲社会行为，是否愿意参与社会交往直接关系到他们的同伴关系，影响他们的社会适应。

第二节　一日生活中学前儿童自我管理能力的培养

学前儿童自我管理能力很大一部分是在一日生活中培养和发展的。教师可以通过为学前儿童创造支持性的教室环境、采取有效的教育策略、设计相关活动、优化沟通的语言模式、制定恰当的行为规则、使用有针对性的工具以及循序渐进的引导方法来帮助学前儿童逐步提升自我监控技能，激发进取心和主动性，控制自身行为，管理好时间和空间以及做出负责任的选择。

一、提升学前儿童的自我监控能力

曦曦在安静的阅读环节难以专心。从书架上选了一本图书没看一会儿，他的小手就把其中一页撕坏了。于是他想拿工具把书修补好，走到半路就停下来了，开始欣赏起上午完成的贴在墙上的青花瓷盘。然后，他又想起放在书包里的昨晚做好的手工作品，于是找出来并向老师展示。在书包里，他看见了新剪刀……

（一）了解学前儿童的自我监控

在学前阶段，像曦曦这样的幼儿并不少见。他们通常需要努力集中注意力并专注于当前某个特定任务的完成。注意是指个体的警觉水平和有选择地关注特定感觉刺激的能力。由于曦曦自我监控技能的缺失，所以无法有序地关注手头的事情（去拿胶布，再回来修补撕坏的书页）、无法抵抗干扰（青花瓷盘、手工作品、新剪刀）和维持注意直到完成任务。幼儿早期阶段的教育，对发展自我监控的需求日益增多。

自我监控是监督和管理一个人的思维、注意、感觉和行为以实现目标的重要技能。自我监控的发展使学前儿童逐渐有能力控制身体机能、管理强烈的情绪并保持专注力。自我监控能力高的学前儿童具有较强的独立自主性，是自身学习与发展的主体。自我监控的行为有很多，例如，学前儿童能够在游戏中耐心地排队等待，能够专注于画完一幅画，充满活力地从操场回到教室后能安静地坐下阅读等。广义上，自我监控是个体由其行为受动物本能支配的原始状态向文明人状态转化过程中的根本要素。狭义上，自我监控是人们控制其功能和内部状态的诸多过程（珍妮红·英格兰德·卡茨，2015）。自我监控包括了个体对感觉、注意、情绪以及行为的监控。促进学前儿童自我监控能力发展的重要目的是培养其自律以实现自我管理。

（二）促进学前儿童自我监控能力的发展

可预知的、安全的一日常规和班级环境能促进自我监控能力的发展。除此之外，一些有趣的自我监控游戏也能帮助学前儿童在生活中逐步培养自我监控意识、发展自我监控能力。教师要在保教活动中为学前儿童提供有益的学习经验和支持。

1. 创设可预知的班级环境

虽然儿童会对未知的事物充满新奇并感到兴奋，但可预知的一日安排和相对稳定、可预见的环境和常规会使他们感到放松与安心。学前儿童的成长取决于新颖性和可预见性之间的合理平衡。正是可预见的常规中所固有的确定性使得学前儿童能监控自身的内部状态并获得新的经验。所以物理环境可以促进或阻碍学前儿童自我监控能力的发展，适宜的环境是学前儿童自我监控能力发展的重要条件。有序的环境本身就蕴含着行为规则，学前儿童无论是独自游戏还是与同伴从事各种活动，都无须成人过多监控。下面例子中的 5 岁幼儿知道自己在一日活动中该期待什么，所以他有效地管理了自身的冲动。

区角活动时间，林林选择了去故事角读故事书，读完一本书后，他看到萌萌在音乐角玩得非常开心，很想过去一起玩。他知道区角活动是可以选择两个活动的，于是他又打开一本书，安静地阅读并等待着老师交换区角活动的指令。

由于区角的游戏规则是固定的，在一致、有序的环境中，学前儿童很容易理解和掌握该环境的要求，并自发地根据这些要求调节和约束自己的行为。

2. 利用"计划—工作—回顾"的流程

除了固定的班级常规外，各种活动实施前的思考和计划也是实现自我监控的一个重要方法。来自美国的"高瞻课程"（High Scope）中有一个很重要的教学原则，就是让3岁幼儿入园后就开始自我计划和实施当日的活动并开展反思，"计划—工作—回顾"（Plan-Do-Review）是其中一个重要流程。"计划"阶段，教师的核心任务在于帮助学前儿童制定明确、详细的计划。教师可以和某个幼儿或有共同兴趣任务的幼儿团体进行深入交谈，帮助他们用语言或图画、符号来表达和记录活动的目标、准备、程序等。接下来的"工作"阶段，是将计划付诸行动的过程。不过，在这个过程中经常会出现两种情况，一种是幼儿被其他事物吸引而忘记自己的计划，另一种是在行动中受挫，不能灵活变通。针对前者，教师要通过语言、手势等方式提醒幼儿，将他们拉回计划的轨道；针对后者，则要帮助幼儿分析原因，寻求实现目标的更多途径，使计划顺畅进行。在"回顾"阶段，教师可以让幼儿拿出之前做好的计划，将行动与计划加以核对，鼓励幼儿分享作品，回忆有意义的活动过程和经验。

如此清晰的流程，让幼儿在"计划"阶段不会茫然失措，在"工作"阶段可以迅速选择合适的活动材料和方式，在"回顾"阶段可以更有条理地聚焦主题与同伴分享、交流。在掌握这些具体方法的过程中，学前儿童获得了较多的实际体验，从而更加明确地意识到学习活动的全过程，有助于他们自我监控能力的发展，形成一日活动的秩序感，便于为每个活动环节做好主动学习的准备。

3. 实施与抑制控制有关的游戏活动

抑制控制能力的发展为学前儿童自控行为的发生提供了生理和气质上的可能性，因此教师在组织一日活动时，可以尝试开展或设计一些与抑制控制能力有关的游戏。

诸多简单的小游戏都蕴含着帮助学前儿童发展自我监控和自我调节能力的教育因素。比如"我是间谍"的注意监控游戏，它需要学前儿童有选择地在一种属性上集中注意力，比如颜色、形状，并猜测间谍心里想的是什么。还有像"毛毛说"红绿灯"等练习冲动控制的游戏，学前儿童需要集中注意力去倾听教师的语言指令，还需要等待和控制本能冲动以避免淘汰出局。

以下是帮助学前儿童练习自我监控技能的游戏案例，可供参考。

游戏1：我是间谍

玩法介绍：教师环顾四周，找到一个物品，然后用语言进行描述，但不说出这个物品的确切名称，让幼儿猜一猜是什么东西。教师可以描述物品的颜色、形状、大小、位置、用途等特征，也可以用肢体动作来帮助孩子理解。比如，"它是一个红色的圆形的东西"，或者"它在桌子上，味道是甜甜的"。

游戏2：毛毛说

玩法介绍：教师随机给幼儿发出两种不同的指令，请幼儿根据指令做出相应的动作。第一种指令，要先说"毛毛说"再说出动作指令，比如"毛毛说伸伸胳膊"，幼儿则需根据指令，做出伸胳膊的动作；第二种指令是，只发出动作指令，不加"毛毛说"，比如"捏捏鼻子"，此时幼儿则无须做任何动作。如果不小心做出了捏鼻子或其他任何动作，则淘汰出局。游戏继续进行，最后留下来的幼儿成为获胜者。

当幼儿熟悉这些游戏后，教师便可经常在组织教学活动之前或各个活动的过渡环节开展此类游戏。用抑制控制游戏作为活动的转换信号，可以自然地吸引幼儿的兴趣，使幼儿按照自己的节奏从一个活动环节自然地过渡到下一个环节，避免了传统教师组织活动时的重复性命令与不必要的师幼冲突。

二、激发学前儿童的进取心和主动性

区角活动时，萱萱在玩迷宫游戏，正试图让滚珠走出迷宫，但看起来她好像遇到困难了。何老师在萱萱旁边坐下，"你需要帮助吗？""不用，我自己能做到的。"她回答。何老师想给予帮助，但萱萱拒绝了并坚持自己做，最终让滚珠走出了迷宫。"看，我做到了！"她非常自豪。"是的，你确实做到了。"何老师回应道，"你是一个能够坚持并把事情做好的孩子。""我想去图书角看《迷宫大冒险》。"萱萱从益智角出来后径直走向了图书角，并从书架上找到了想要看的书，在她还未看完时，何老师发出了整理的信号。于是，萱萱轻轻地将书合上放回了书架，并问老师是否可以明天接着看。

萱萱，和众多4岁幼儿一样，有进取心的几个基本要素：能够集中注意力坚持完成任务，甚至在受挫时也如此；对成长和学习新知识有很强的胜任力和自信心；

对未来充满期待。

（一）进取心和主动性的内涵

进取心和主动性作为学习品质的一个重要方面，是指学前儿童不依靠外部力量推动，自觉参与游戏、学习活动和探索问题的心理动机和行动（谢冬梅，1999）。其内涵包括内部动机、目标明确、行为自主性、独立完成作业，并对自我行为负责，能主动调整自身与外界环境的矛盾，以获得发展平衡。进取心和主动性以自控、遵从、意志力为特征，在学前儿童学习知识、技能，完成任务，遵守社会规则和纪律等方面发挥着重要作用（周爱保，敏霞，青柳肇，2008）。具有进取心和主动性的学前儿童有着强烈的好奇心和求知欲，能对环境中的事物做出及时的回应，表现出积极的探索行为，即使遇到挫折也不轻易放弃，而是坚持完成任务并对自己的潜能和未来都充满希望。

大部分学前儿童都饱含进取心和主动性，他们的优点在于有无限的热情、积极和乐于尝试的态度。他们在成长的过程中不断克服挫折，不断学习新的东西，并对未来充满期待和信心。但是，也有部分学前儿童对自身和未来充满了消极的自我意识和暗示，他们不相信自身有完成任务的胜任力，感到自卑和无能，加上较低的自我调节水平，他们往往会采取极端、消极的方式来应对生活中的各种问题。其中，一部分表现出外化行为问题，如喊叫、攻击、扰乱等，另一部分表现出内化行为问题，如沮丧、哭泣和无助感。若处理不当，这些学前儿童的问题则会滚雪球式地越来越严重。

（二）促进学前儿童进取心和主动性的发展

内部动机以及对任务的自信心和胜任力是激发学前儿童进取心和主动性的重要因素。教师可以通过使用有效的言语互动、提供适宜的任务，来帮助学前儿童获得持续成长的经验，建立良好的动机和自信心。

1. 有效的语言互动

我们可以在每天与幼儿的互动中充分利用语言帮助他们发展对潜能的积极态度，我们对幼儿所说的话语会转化为他们的自言自语，而自言自语又会转化为他们的实际行动。利用积极语言让幼儿明白，我们一直在关注他们的努力，相信他们的能力。幼儿表现出坚持、注意力集中和完成任务时，使用描述性的反馈"我看到你在那已经搭了二十分钟的积木了，终于搭好一架又高又长的桥"来代替口头表扬"你真棒"或发贴纸等外源性刺激物。表扬学前儿童的智力或天赋会阻碍他们自信心的养成，而对他们的努力或对解决问题策略的思考进行赞扬更加有助于学前儿童建立起良好的自信心与动机（Dweck，1999）。

动机（Motivation）是影响学前儿童主动性和进取心发展的重要因素，是促使个体以专注、坚持的方式，独立完成对他来说挑战性适中的问题解决、技能学习或任务操作活动的心理动力（Morgan，Harmon & Maslin-Cole，1990）。当个体的动机完全来源于对活动本身的兴趣、完成活动的乐趣以及任务对人能力的挑战时，我们称之为内部动机（Instrinsic Motivation）。与之相反，外部动机（Extrinsic Motivation）指的是个体为了获得外在的奖赏、表扬等结果而从事某项工作的意愿。我们如何对学前儿童所专注的任务进行回应会促进或阻碍他们内部动机的形成。所以，当幼儿收到了模糊的、非描述性的表扬和奖赏，比如"你真聪明"，"你画得真棒"时，他们的关注点就会从自己的能力转移到如何取悦他人。尝试在幼儿做事情或完成任务时多使用一些类似的描述性短语，如"你把玩具收拾得很整齐，很棒"，"你是一个能不断尝试，直到问题被解决的孩子"，"你通过自己的努力，把所有的拼图都完成了"等。

经常接受结果取向的表扬，可能会使幼儿丧失积极自我评价的能力，他们不太相信自己的感知能力而习惯依赖他人的评价，他们会质疑自己"我做得好吗"，"谁是最好的"，"你喜欢这个吗"。因此，成人要尝试用描述性的反馈来代替模糊的、结果取向的表扬，关注过程而非结果，鼓励学前儿童积极反思自己的活动，表4-1呈现了这类语言的使用过程。

表 4–1　描述性、过程性和促进反思的反馈方式举例

描述性反馈	关注过程	强化自我反思
"这塔差不多和你一样高了。"	"这挺有难度的，你是如何做到的？"	"你觉得你的塔搭得怎么样？"
"你搭配了不少颜色呢。"	"你是如何决定要用哪些颜色的？"	"你喜欢这幅画吗？"
"你知道如何使用这个工具了。"	"我看到你刚才在努力地探索。"	"知道使用方法后，感觉怎么样？"

为了促进学前儿童主动性和进取心的发展，教师还要特别避免"帮他/她完成"。成年人自然会比学前儿童做得更好、更快和更轻松，为了"减少麻烦"掌握局面，也愿意帮助学前儿童直接处理一些问题。作为成人，我们要有足够的耐心，不断地给学前儿童提供实践的机会，如教授、示范、训练和指导，但是不要包办代替他们完成任务。随着类似经验的积累，学前儿童很快就可以学会独立、有效的自我管理。表4-2呈现了两种不同语言方式所传达出的不同教育策略，建议教师多使用"帮助学前儿童习得解决问题技能"的策略，给学前儿童更多独立思考、自主解决问题的机会。

表 4 - 2　替学前儿童解决问题与帮助学前儿童习得解决问题技能的教师策略

替学前儿童解决问题	帮助学前儿童习得解决问题技能
"明明，不要抢玩具，佳佳先玩，等佳佳玩好了你再玩。"	"佳佳，你可以告诉明明，我们轮流玩，我很快就会玩好给你的。"
"方方，赶快站到旁边，让我把这些洒出来的果汁擦干净。"	"方方，你果汁洒出来了，需要什么帮助吗？"
"纽扣扣不上吗？快过来，我来帮你扣。"	"纽扣扣不上吗？过来看一下，老师是怎么做的。"

2. 适宜的项目/任务

进取心的发展源自学前儿童坚持、专注并完成任务的经历。因此教师可以通过设置一个需要长期投入的项目，来帮助学前儿童集中注意力，完成任务并体验坚持所带来的成果。同时教师可以记录成长日记，帮助学前儿童积累积极成功的经验，感受成长，从而培养他们的自信心和胜任力。

（1）设置一个需要长期投入的项目

进取心的发展还有赖于个体对指向未来的目标的坚持和专注。帮助学前儿童设置一个需要两天或更长时间去完成的任务。研究表明，一个需要持续数天或数周的项目会提升学前儿童在学习过程中的投入水平（Hyson，2008）。如用积木搭建一个精致的村庄；玩需要一些时间才能成形的材料，如纸浆或生面团，干了后再进行着色和装饰；制作木偶，第一天制作木偶模型并且上色，第二天给木偶做衣服。和学前儿童一起计划一次活动，让他们进行头脑风暴，讨论需要什么以及如何做，制定计划清单，再帮助他们实施计划。类似的活动还有很多，如观察记录种子发芽生长的过程，或观察毛毛虫破茧成蝶的过程等，随着时间的推移，这些活动的开展过程中会伴随着复杂并多样的学习过程。

（2）记录成长日记

学前儿童把较多的关注放在了当前，而难以意识到随着时间的变化自己发生的改变和成长。当学前儿童努力学习一项新技能，如学习骑脚踏车或练习舞蹈时，他们需要想象未来以及期待成功。因此，我们可以通过制作成长日记，帮助学前儿童把过去、现在和未来三个时间点有效联结，使他们记住过去是如何克服困难的，从而获得一种能够在未来持续成长发展的感觉。成长日记的制作流程如下，供参考。

① 用白纸为每个幼儿装订一本小书。

② 让幼儿自己装饰书的封面。

③ 每周留出常规时间，帮助幼儿寻找和记录生活中的"成长事件"，如交到

一位新朋友、尝试系鞋带、画了一幅好看的画、完成拼图、学会一项新本领、控制打人的冲动等。

④ 鼓励幼儿在小书里画一画自己做的事情，或将幼儿完成任务的照片贴在书本里。

⑤ 让幼儿把"成长日记"带回家和家人一同分享。每个页面上留有让家长写评论的空白位置。

⑥ 幼儿在与成人一起阅读日记的过程中受益，不断强化他们对于自我的认识——过去学习了新的知识和技能，未来还将继续这样做。

三、运用行为后果，强化学前儿童的自我管理

能够在行为和后果间建立联系，并能预测行为所带来的后果，是学前儿童实现自我管理的重要基础。为了进一步了解对行为后果的运用，接下来从帮助学前儿童理解行为和后果的关联性、正确运用积极后果和消极后果，以及制定恰当的班级行为规则三个方面进行阐述。

（一）理解行为和后果的关联性

"妮妮抓我。"欢欢哭着对杨老师说。"我知道，妮妮刚才弄疼你了。"杨老师抱着欢欢安慰道。等欢欢情绪稍微平静下来，杨老师问欢欢："你是看见妮妮手中的娃娃，想抢过来玩，所以她才抓了你，对吗？"这时，欢欢一脸困惑，"妮妮抓我了。"她又说了一遍。

从案例中我们可以发现，欢欢既没把"她抢妮妮娃娃"和"妮妮抓她"这两件事情联系起来，也没理解这两件事情之间的因果关系。她不明白究竟是什么导致了自己受伤，因为在她看来，这些都是孤立和随意的行为。

有时我们会以成人的视角自以为是地认为学前儿童会明白行为和后果之间的关联性，但学前儿童直到3岁左右才开始明白两者之间的关联。一旦把行为和后果联系起来了，学前儿童就能有意控制冲动并学会三思而后行。

生活中我们可以有意识地把行为和后果的关系反馈给学前儿童——"你把玩具收起来了，所以桌子很整洁"，"外面下雨了，所以我们要带伞"，"你送了妮妮小礼物，她感到特别开心"。

特别需要关注的是，学前儿童早期自控能力较弱，因此十分有必要实施他控。教师的提醒和监督能够使学前儿童在规则与行为、行为与结果之间建立联系，从而确保学前儿童行为的安全，并使其理解和内化规则。随着学前儿童年龄增长，其对规则有一定的理解和记忆力而且能预测行为和后果时，教师要有意地逐渐减

少对学前儿童行为的监督和控制，让他们承担更多的责任，使其能够更多地体验不同行为的后果，继而增加运用规则控制自身行为的自觉性。

（二）正确运用积极后果和消极后果

后果是由特定行为引起的。如上所述，我们需要帮助学前儿童厘清行为和后果间的因果关联性，此外，我们还可以适当地利用后果来改变学前儿童的行为。利用积极的后果增加正向行为，利用消极后果减少不恰当的行为。

积极后果（Positive Consequences）指鼓励学前儿童遵守规则，意在鼓励好行为。最普遍也是最有效的一点是，强化学前儿童积极的个人信息，即当学前儿童表现出恰当行为后通过正强化的方式来激发该行为再次发生的可能性（马乔里·J.克斯特尔尼克，2009）。成人所反馈的积极信息会提醒学前儿童遵守规则，并在学前儿童有能力遵守规则时提醒学前儿童规则的合理性。例如，教师说："你能快速穿好衣服，还主动叠好了被子，看到你独立做好自己的事情，我很开心。"对学前儿童正确行为的积极评价不仅会鼓励他们日后重复这一行为，还可能延伸到更多规则的遵守方面。此外，积极的后果也可以采取使幼儿获得特权的形式，比如幼儿喜欢听某个故事，那么就可以在故事时间专门再讲一遍这个故事，或是邀请他/她担任明天的小组长。

消极后果（Negative Consequences），区别于惩罚，指的是能够增强自我控制的策略。消极后果是指导性行为，目的是帮助学前儿童认识自己的行为对自身和他人的影响。另外，消极后果可以让学前儿童对事件进行预测，明确知道破坏规则后会发生什么。

消极后果共分为三种形式：自然后果、逻辑后果和无关后果（马乔里·J.克斯特尔尼克，2009）。

第一种形式：自然后果（Natural Consequences），是在毫无干预的情况下自然发生的。例如，吃午饭时打闹、嬉笑，等午饭时间过了还没吃完、吃饱。这个结果直接发生在幼儿的行为之后，如果幼儿想要吃饱饭，就要在规定的时间段里准时吃完。

第二种形式：逻辑后果（Logical Consequences），是直接与规则联系的。逻辑后果有三种形式：练习——学前儿童练习期望的行为，如幼儿从走道跑回教室，逻辑后果则是让他回到走道再慢慢走进教室；补偿——学前儿童为自己的错误行为做出补偿，如幼儿撕坏了图书，那么逻辑后果就是让他拿工具把图书补好；暂时丧失特权——在一段时间里没收学前儿童的特权，如幼儿在当小组长时打了人，就被暂时取消小组长的职位，或是在郊游时乱跑不听指挥，就必须在剩余时间里和成人一起走。在使用逻辑后果时必须注意它和惩罚的区别。惩罚不强调理由或发展对他人的同情心，不能教会学前儿童改变错误行为。而逻辑后果强调教会学前儿童在日后如何更有效地处理类似问题。

第三种形式：无关后果（Unrelated Consquences），这是由成人为学前儿童不被期望的行为所设计的结果。例如，只有把玩具整理好才可以吃点心，或者只有安静地读完一本书后才能看动画片。看动画片既与安静读书无关，也与改正不好的读书习惯无关，这就区别于一段时间丧失读书特权的逻辑后果。对无关后果所涉及的场景联想，能让学前儿童做出更加积极的选择和行为。

最终，这些后果的运用有助于学前儿童对行为规则的内化和对因果关系的理解，有助于他们更好地管理和控制自己的行为，并学会为自己的行为负责。

（三）制定恰当的班级行为规则

对不同后果的运用能促使学前儿童做出恰当的行为，除此之外，直接给出清晰明了的规定，也有助于他们做出正确的、负责任的决定和选择。因此教师可以和学前儿童一同制定和执行班级规则，并让他们感受遵守班规带来的归属感和责任感。

恰当的行为规则能够教给学前儿童重要的生活技能，指导他们的行为，例如"我们要爱护好自己"，"我们要和朋友友好相处"，"我们要爱护公共物品"等。班级规则，尽可能使用肯定的表达，如"友善地对待朋友"而非"不要打人"，因为"做什么"会比"不做什么"的语言指令更容易让学前儿童接受和执行。

班级常规的制定应该是教师和学前儿童的共同责任。让学前儿童参与班级常规的制定有三个好处：强调学前儿童认识班规的必要性，提升学前儿童对班级的归属感，强化学前儿童对开展班级事务的责任感。一旦有了责任感，学前儿童就会自然地将遵守常规视作分内的事，从而实现行为上的自我管理。

四、支持学前儿童对时间和空间的管理

心理因素会对学前儿童的自我管理产生重要影响，外部环境的支持也必不可少。教师可以通过为学前儿童提供恰当的时间管理工具，安排恰当的活动空间，来支持学前儿童的自我管理。

（一）利用合适的工具管理时间

时间对于学前儿童来说是非常抽象的概念，因此他们需要借助一些时间管理工具来感知和理解时间，比如，可以借助图片日程表来了解一日生活或某些特定活动的开展流程；使用计时器，来直观了解时间的流逝；通过可视化的等待列表，让学前儿童控制冲动，学会等待与轮流。

1. 图片日程表

一张幼儿能看懂的图示日程表是实现自我管理的重要工具。日程表会确定所有

活动开展的时间，把日常活动设计成可预测的部分，学前儿童通过日程表知道时间的安排和活动的顺序后，自然会对行为有预测和期望，也就更容易实现自我管理。

把图片日程表贴在学前儿童的可视范围内，让他们依此明确一天的活动。具体方法如下供参考。

① 用相机拍下每天的主要活动。例如入园、户外运动、区角活动、生活活动、学习活动等。

② 给每张照片添加标题，如"入园""户外运动"等，针对年龄大点的儿童还可以添加时间。

③ 可以利用活动之间的过渡来强化儿童对日程表的使用。如指着日程表上的"入园"说："这个活动已经结束了，接下来我们该做什么活动呢？"

2. 计时器和等待列表

解决人际问题时，"轮流"是一个非常有效的策略。不过因为时间过于抽象，所以学前儿童很难理解轮流的时间，他们不太明白等"需要五分钟"或"一分钟之内"等话语的意思，对时间的掌握需要依赖成人的提醒。此时，可以利用计时器来帮助学前儿童认识时间、感知时间和测量时间，这种工具是有趣的、看得见的，也是具体的，而且相对于用人计时引发的争议，计时器很少引发争议。教师可以将计时器用于多种情境，比如课堂上的展示和讲述、收拾和整理玩具等。计时器能够赋予学前儿童更多的自主权，并帮助他们更好地认识如何保持时间和如何运用轮流策略。

等待列表也是具体、可视化的，且可用于"轮流"的重要方式，它能够帮助学前儿童发展内在的组织感。以下是若干等待列表的使用方法。如在游戏区挂一块白板并准备一支记号笔，教师把所有准备参加游戏的学前儿童的名字写在白板上，若幼儿不认字，就让幼儿在名字后面写下自己能够辨识的特殊记号，当幼儿结束游戏时就划掉自己的名字。此外，也可以用口袋图，幼儿将名字卡片插在缝隙中，当完成任务时再把名字卡片放回原处。

在成人帮助下，学前儿童最终能够学会利用计时器和等待列表来管理自己的时间。如此，不仅幼儿学会了一项重要的生活技能，也让教师有更多时间从事更重要的活动。

(二) 组织安排恰当的活动空间

在一个设计和安排良好的物质环境中，自我控制能力能得到发展。一个支持性的环境能够划分为个别、小组和大组的活动空间。如划分得当，便可明确公共物品的使用以及学前儿童的行动规则。首先，个别空间是为容纳一、两名学前儿童活动设计的，他们在这个区域内进行活动而不被打扰，这种放松、舒适的空间可以减轻压力并帮助学前儿童最终获得较高水平的自控能力。其次，小组空间是为少于八名学前儿童的小组设计的，他们可以在一起玩娃娃家、玩积木，发展社会交往。最后是可以容纳所有学前儿童的大组空间。每个空间都有显眼的做了标记的材料，目的在于让学前儿童明白每个空间之间都存有边界，因此是不能随意走动和打扰的。

此外，一些具体材料的使用对于提升学前儿童自我管理也是非常有效的。例如，排队时，为了提醒学前儿童站在固定的地方，可以在地板上画上脚印；使用小的方形地毯、纸环或铁环帮助限定学前儿童的活动空间；使用同一张桌子时，尝试用贴纸或其他适当的材料来限定工作边界。

五、学会负责任地做选择

学前儿童时时刻刻都在面临各种选择。比如，完成今天的任务再去看电视，还是先去看电视再完成任务？和同伴发生争抢玩具的冲突时，是充满攻击性地争抢，还是哭闹，或是选择做出一些适应性的行为（如寻求老师的帮助、言语协商等）？再如，活动结束后，是直接离开，还是把座位周围的垃圾收拾干净，做出"尊重环境"和"尊重大家"的行为？以上都是学前儿童在特定的情境中面临的选择。学前儿童如果具备责任意识以及尊重他人的意识，能够在对自己、他人和社会负责任的基础上做出恰当的选择，那么他们与人的沟通会更加顺畅，并运用比较合理、负责任的方式来处理日常面临的各种情境和问题。

负责任地做选择可以被视为指向特定结果的过程。选择源于使用不同的应对策略面对问题情境，负责任地做选择最终指向理想结果的选择。它主要包含以下五个阶段：明确问题所在；理解自己及他人的感受，考虑对自己、他人及社会的责任；思考多种解决问题的办法；预估每一种解决办法的后果；做出恰当的选择（Vriens & Aehterbergh，2015；莫娜·B. 舒尔，特里萨·弗伊·迪吉若尼莫，2011）。下面以一位教师与幼儿小杰在幼儿园中的案例，来呈现这五个阶段的具体运用。

1. 明确问题所在

老师：小杰，你为什么抓破了明明的手，还弄坏了这辆小火车？

小杰：因为他不带我玩。

2. 理解自己及他人的感受，考虑对自己、他人及社会的责任

老师：明明不愿意和你一起玩，你有什么感受？

小杰：我很生气。（思考自己的感受）

老师：那你抓了明明，你觉得明明会有什么感觉？

小杰：他也很生气，但是小火车是大家的呀，您说过每个人都可以玩的。（考

虑他人的感受）

老师：哦，小火车是大家的。那它被摔坏了，其他小朋友以后还可以玩吗？他们又会有什么感觉呢？

小杰：小火车被我摔坏了，大家以后都不能玩了，其他小朋友应该会很难过吧。（感知公共责任）

3. 思考多种解决问题的办法

老师：你很生气，明明很生气，其他的小朋友也会因为不能再玩小火车而感到难过。那你能想到一个你们都不生气，而且都可以玩小火车的方法吗？

小杰：我可以请他给我玩一会。

老师：那样的话可能会发生什么呢？

4. 预估每一种解决办法的后果

小杰：他可能不会同意。（学前儿童需要练习思考因果关系的技巧，让他们为不同的解决方法预想后果）

老师：那你还能想到其他什么办法玩到小火车吗？（鼓励学前儿童想出更多解决问题的办法，知道不要轻易放弃尝试多种解决方法）

小杰：我可以和他交换我正在玩的玩具。

5. 做出恰当的选择

老师：好主意，你想出了两种不同的方法。那下次再发生这样的事情时你打算用哪个方法呢？

小杰：我想先用第二个方法，如果没用我再使用第一个方法。（对各种方案进行权衡后选出最佳方案，评价方案实效并调整选择）

老师：很好，你可以试试看，如果两种方法都没用的话，那就再想想还有没有其他的办法。不过，现在小火车已经摔坏了，这可怎么办呢？

小杰：您可以帮我修好它吗？我以后再也不会把它弄坏了。

老师：好的，我会帮你修好它。真开心，我们班又多了一个爱护玩具的好孩子。

以上的五个步骤可以用来帮助学前儿童做出负责任的选择，老师或家长不要企图用自己认为"正确的"方式来帮助学前儿童做出选择、解决问题，而要通过一系列引导性的提问来帮助学前儿童思考，考虑自己及他人的感受、对社会的责任、可能的方法以及行为的后果等。学前儿童具有这种思考技巧，将在更大程度上实现自我管理——他们不需要你告诉他们该思考什么，自己就完全知道如何思考，从而决定该怎么做以及明白为什么那样做。要自如地运用这种技巧，需要很长时间的反复练习和使用。这种技能一旦被掌握，将会伴随学前儿童一生。

情绪管理部分我们在第二章已经讨论过了，此处不再赘述。

本章内容回顾

本章主要探讨了学前儿童自我管理能力的内涵及其发展特点，以及一日生活中自我管理能力的培养策略等。

自我管理能力是个体能够在不同的场景中主动应用认知及行为策略调节自己的心理活动和行为，控制不当冲动、寻求积极发展、取得良好适应的心理品质。主要包括认知管理、情绪管理和行为管理三方面内容。学前儿童的自我管理能力在不同的年龄阶段有着不同的表现和发展特点。自我管理能力的发展影响着学前儿童的情绪、注意力和行为等的自我调节，并影响着他们的入学准备、社会适应以及社会行为发展。

一日生活中学前儿童自我管理能力的培养，可以从提升自我监控能力、激发进取心和主动性、运用行为后果强化行为、支持对时间和空间的管理以及学习负责任地做选择几个方面来进行。

 ## 本章思考题

1.请结合生活实例，说说自我管理能力在生活中的运用和体现。

2.除了本章所介绍的培养学前儿童自我管理能力的方法，你在实践中还运用过哪些好的方法？

3.请基于学前儿童自我管理能力的某项具体能力，设计一节集体教学活动方案。

 ## 相关资源推荐

绘本推荐

1.《儿童健康心理与健全人格塑造图画书——长大我最棒!》（全15册）［美］谢利·J·梅纲斯/文，图/［美］梅瑞迪斯·约翰逊/绘. 未来出版社

2.《儿童好品德系列》（全5册），［美］伊丽莎白·弗迪克，［美］玛丁妮·阿加西/著，［美］玛丽卡·海因莱因/绘. 贵州教育出版社

3.《学会管自己幼儿学前儿童版——歪歪兔自控力教育系列绘本》（全10册），歪歪兔关键期早教项目组/著，海豚出版社

4.《时间真好玩》（全6册），［中］乐凡/著，［中］段张取艺/绘，电子工业出版社

5.《一分一秒一世纪》，［法］卡特琳·格里韦/著，北京科学技术出版社

第五章 ／

学前儿童社会认知能力的
发展与教育

　　刚上幼儿园的阳阳经常被小朋友们告状："老师，阳阳又打我的头！""阳阳非要说幼儿园的玩具是他一个人的，那是大家的！""他来娃娃家大吵大闹！"……老师试图和阳阳沟通："如果别人打髅或者抢了你的东西，你会怎么样？会痛、会生气吗？你还愿意跟打你的小朋友玩吗？"阳阳不吱声，老师接着说："我知道你是希望和小朋友们一起玩的，只是方法不对，老师教你几种方法，以后想跟大家一起玩的时候可以尝试这样说：'我可以跟你们一起做游戏吗？你的玩具可以借我玩一会儿吗？我们可以轮流玩吗？'……做错了要学会说对不起，试试看！"一段时间后，来告状的小朋友果然少了很多，晨间谈话时，老师甚至还听到了许多小朋友夸赞阳阳，有的夸他会分享玩具，有的说他最近会说礼貌用语了，有的说他最近说话变温柔了……阳阳听完后，露出了害羞的笑容。渐渐地，在老师和小朋友的不断鼓励和赞赏下，爱打人的阳阳不见了，大家只看见一个喜欢帮助伙伴、乐于分享、自信大方的小男孩。

　　刚入园的儿童正处于自我中心阶段，缺乏一定的移情能力和交往技能，教师可以通过引导儿童进行换位思考和学习一定的交往技能，激发儿童愉悦的自尊体验，从而帮助他们提升自我认知、移情能力、人际关系及社会规则认知。这些都属于学前儿童社会认知的范畴。本章将从学前儿童社会认知能力的发展理论以及一日生活中的社会认知能力培养这两方面，来具体阐述学前儿童社会认知能力的发展与教育。

第一节　学前儿童社会认知能力的发展

儿童从出生开始便与世界接触，并受到周围世界的影响，在与周围世界的互动中，形成对世界的认识。儿童通过与他人交往和观察理解他人的行为，形成对社会的认知。本节将从学前儿童社会认知能力的理论概述、学前儿童社会认知的年龄特征、社会认知能力对学前儿童发展的价值等方面展开论述。

一、学前儿童社会认知能力概述

"社会认知"从 20 世纪 70—80 年代开始进入研究者的视野，是一门新兴的学科，20 世纪 90 年代开始迅速发展，由于社会认知与心理学涉及多方面的交叉，例如社会心理学、认知心理学以及发展心理学，因此引起了诸多研究者的关注。学前儿童的社会认知能力与其自我意识、人际交往、情绪情感、社会行为等之间有着密切的关系，因此涉及的内容繁杂。从广义上说，社会认知能力包括儿童对社会经验的认知过程，也包括儿童经过认知过程获得的社会认知经验，这些经验包括儿童的自我认知、他人认知（包括人际交往中对他人观点的认知，即移情、观点采择能力）、人际关系认知、社会环境认知、社会角色认知、社会规则认知、社会事件认知。对人的认知又包括对人的情感、意图、知觉、态度、动机等心理特征和过程的认知。本章主要从社会-情绪学习的角度，探讨学前儿童的社会认知能力，包括儿童的自我认知、移情及观点采择能力、人际关系认知、社会规则认知。

（一）自我认知

社会认知首先包括儿童对自己的认知。学前儿童的自我认知，即自我意识，是指作为主体的我对于自己以及自己与周围事物的关系，尤其是对人我关系的认识，主要包括自我认识、自我体验和自我调控三个方面（钱文，2015）。

自我认识　是自我意识中的认知成分。儿童对自己的认识，是个体对自己身心特征和活动状态等的认知与评价，在学前期主要包括自我概念、自我评价和性别意识等。自我概念是个人心目中对自己的印象，包括对自身存在以及个人身体、能力、性格、态度和思想等方面的认识。自我评价是儿童通过对自己外部行为以及行为结果的分析，对自己内心活动的分析，以及对周围人对自己态度的分析来全面地认识自己，进而在自我认识的基础上，做出相应的自我评价。性别意识包括性别概念的认识、性别角色的理解以及性别特征行为。

自我体验，是自我意识中的情感成分，主要包括自尊、自我接纳、自我效能感的发展。其中，自尊是个体通过自我评价对自身某些人格品质或者能力的肯定和尊重，并期望得到他人或者群体的尊重而产生的一种积极的情感体验，与个体的自信心、进取心、责任心、荣誉感等密切相关的一种积极的个性品质，也是不断激励自己奋发向上的原动力。

自我调控，是自我意识中的意志成分，主要包括自我控制的发展。自我控制是个体对自身心理与行为的主动掌握，个体自觉地选择目标，在无外界监督的情况下，抑制冲动、抵抗诱惑、延迟满足，控制自己的行为，从而保证目标实现的综合系统（杨丽珠，吴文菊，2005）。儿童自我控制表现为意识对自我的协调、组织、监督、校正、调节的作用，使自己作为一个能动的主体，与客观现实相互作用，从而较好地适应社会。

自我认识、自我体验、自我调控在本书其他章节中已有详细的理论、案例介绍，本章不再重复。

（二）移情与观点采择能力

移情和观点采择作为一种心理品质，对幼儿形成良好的人际关系和道德品质，保持心理健康，乃至走向成功都有重要作用。大科学家爱因斯坦说过："人生的意义就在于设身处地为别人着想，乐别人之乐，忧别人之忧。"很多成功的人都具有这种能力，会站在别人的角度观察事物，了解对方的观点，体验对方的情感。

学前儿童的自我认知是基础，为其发展移情和观点采择能力提供保障。一方面，学前儿童的社会认知促进其移情和观点采择能力的发展，另一方面移情和观点采择能力也促进学前儿童社会认知能力的发展，两者相辅相成。

移情能力是一种替代性的情绪反应能力，指儿童能分享别人的情感，对他人的处境感同身受，客观理解、分析他人情感的能力，是个体真实感受与他人情绪相一致的情绪体验。

观点采择能力是指儿童推断别人内部心理活动的能力，即能设身处地地理解他人的思想、愿望、情感等。个体必须首先能发现自己与他人观点之间存在的差异，把自己的观点和他人观点区分开来，进而对他人的观点做出准确的推测（丁芳，2002）。

由此可见，移情和观点采择的本质特征在于个体认识上的去自我中心化，即能够站在他人的角度看待问题。学前儿童只有具有了一定的移情及观点采择能力，才能进一步提升其社会认知。

学前儿童移情和同情的发展，见本书第二章相关内容。

（三）人际关系认知

人际关系是人们在生产或生活活动过程中所建立的一种社会关系，是人与人在交往中建立的心理上的直接联系。人际关系认知是指个体对他人、对与他人关系的理解和认识，是社会认知非常重要的部分。

学前儿童的社会认知是在人际交往活动中发展的，认知所获得的经验反过来又会影响人际关系。对人际关系的认知能够提升社会能力、人际感受力以及在复杂社会中对自我和他人、自我和群体关系的意识（Damon，2015）。在人际认知中，儿童开始理解行为怎样与目标、情感、愿望、思维和信念相关，理解社会交互作用如何受到两个或两个以上个体之间并行心理状态的影响。具体来说，学前儿童的人际关系认知包括儿童对他人的认知（如：从最初的重要他人，到邻居、幼儿园教师、同伴等），儿童对他人的理解（如：对他人行为心理的解释、对他人个性的理解），以及儿童的换位思考能力。心理学家皮亚杰认为，儿童会出现以自我为中心的思维方式，但后皮亚杰时代认知发展研究发现，儿童有强烈的兴趣来理解他人的心理世界以及不同人的心理状态差异（劳拉·E. 贝克，2014）。心理学研究也发现，婴幼儿在早期同样拥有共情和移情的能力。通过成人的有效引导，儿童会逐渐强化换位思考的能力。

（四）社会规则认知

社会规则是社会认知的重要部分，学前儿童只有了解社会规则并养成遵守社会规则的行为习惯，才能更好地适应社会生活。学前儿童对社会规则的学习是一个外部活动向内部活动转化的过程，要经过相当长的时间才可以完成。我国的一些学者把儿童对社会规则的认知分为三个阶段：服从、模仿和理解。

社会规则认知的内容具体包括：（1）基本道德规则，即对是与非、对与错、爱和憎等道德问题的认知与判断；（2）文明礼貌行为规则，包括个体的素质和修养，人际交往与言谈举止的礼仪与规则等；（3）公共场所行为规则，包括公共卫生规则、公共交通规则、公共财产保护和爱护规则等；（4）集体活动的规则，包括学习、游戏和生活等集体活动应遵守的规则，如排队、轮流、等待、礼让等；（5）安全规则，是用以保护学前儿童安全的行为规则（钱文，2015）。以上这些社会行为规则，包含了人际交往的规则，学前儿童只有认知、遵守和维护这些规则，才能在交往中被群体接纳和认可。

视野拓展

材料一：道德两难故事——海因茨两难事件

科尔伯格当时采用的道德两难（Moral Dilemma）问题情境，是要儿童对"海因茨题"（Heinz's Dilemma）的故事做出判断并陈述自己如此判断的理由。他的研究目的不在于了解儿童对行为是非的认知表现，而在于探讨儿童对道德判断的内在认知心理历程。

该故事大意为：欧洲某地的一位妇女海太太罹患严重癌症，医师诊断只有一种新制镭锭药物可治。海先生奔赴药店时，店主将成本仅200美元的药物，提价到2 000美元。海先生因为妻子久病已用尽所有积蓄，向亲友借贷只能凑得1 000美元。他恳求店主允许其先付此数取药回去救他妻子一命，余款保证稍后补足。店主拒绝并称卖药只求赚钱，不考虑其他问题。海太太性命危在旦夕，海先生走投无路，就在当天夜间撬开药店窗户偷得药物，救了妻子一命。在讲完这则故事之后，科尔伯格要被试回答："你认为海先生偷药救妻的行为对不对？如果说他对，为什么？如果说他错，为什么？"

材料二：科尔伯格道德认知发展理论

1. 前习俗水平（出现在幼儿园及小学低中年级）

这一水平的儿童的道德判断着眼于人物行为的具体结果和自身的利害关系，包括两个阶段：

（1）服从于惩罚的道德定向阶段（惩罚和服从的定向阶段）

这一阶段的儿童以惩罚与服从为导向，由于害怕惩罚而盲目服从成人或权威。道德判断的根据为是否受到惩罚，认为凡是免受惩罚的行为都是好的，遭到批评、指责的行为都是坏的，缺乏是非善恶的观念。

（2）相对的功利主义的道德定向阶段（工具性的相对主义定向阶段）

这一阶段的儿童对行为的好坏的评价首先是看能否满足自己的需要，有时也包括是否符合别人的需要，稍稍反映了人与人之间的关系，但把这种关系看成类似买卖的关系，认为有利益的就是好的。

2. 习俗水平（小学中年级以上）

这一水平的儿童的特点是：能了解、认识社会行为规范，意识到人的行为要符合社会舆论的希望和规范的要求，并遵守、执行这些规范。包括以下两个阶段：

（1）人际和谐（或好孩子）的道德定向阶段

此阶段的儿童以人际关系的和谐为导向，对道德行为的评价标准为是否被人喜欢，是否对别人有帮助，是否会受到赞扬。为了赢得别人的赞同，当个好孩子，就应当遵守规则。

（2）维护权威或秩序的道德定向阶段

此阶段的儿童以服从权威为导向，服从社会规范，遵守公共秩序，尊重法律的权威，以法制观念判断是非，知法守法。

3. 后习俗水平

该水平的特点是：道德判断超出世俗的法律与权威的标准，而以普遍的道德原则和良心为行为的基本依据。包括以下两个阶段：

（1）社会契约的道德定向阶段

这一阶段的儿童认识到法律、社会道德准则仅仅是一种社会契约，是大家商定的，是可以改变的，一般他们不违反法律和道德准则，但不用单一的规则去评价人的行为，表现出一定的灵活性。

（2）普遍原则的道德定向阶段

此阶段的个体判断是非不受外界的法律和规则的限制，而是以不成文的、带有普遍意义的道德原则，如正义、公平、平等、个人的尊严、良心、良知、生命的价值、自由等为依据。

规则意识是规则教育的重要方面，人在社会中只有遵循了规则，才能被群体接纳，而规则的遵守需要幼儿的坚持性、自制力，需要幼儿支配和控制自己的行为。下面案例中的教师通过让幼儿自己讨论，强调规则对于游戏公平的重要性，从而使幼儿逐渐学会遵守规则，做法值得借鉴。

理论应用于实际

我们都要讲规则

某位老师组织的集体游戏中，幼儿分成四队进行比赛。老师介绍了比赛规则：1. 每个队员一次只能拿走一个学具，2. 不能超过起跑线，3. 最后一名小朋友做完后报名次。第一轮比赛结束后，第二组的幼儿比赛速度最快。但是老师却把小红花奖给了速度第二的第四组。为什么呢？老师立即组织幼儿进行讨论，有的幼儿说第二组的某某小朋友一次拿了三个学具，没有遵守规则；有的幼儿说有小朋友超过了起跑线，没有遵守游戏规则；还有的幼儿说第四组幼儿一点也没有违反规则，所以应该得第一名。通过讨论，幼儿明确了比赛既要追求速度，也要遵守规则，才能获得胜利。经过一段时间的实践与讨论，幼儿通过自身参与游戏的体验和感受增强了规则意识。

二、学前儿童社会认知的年龄特点

学前儿童的社会认知既有其总体特征，体现社会认知发展的总体方向、核心内容、发展顺序及与幼儿其他方面发展的关系，也有其年龄阶段特征，体现不同年龄幼儿的发展过程与发展重点。

（一）学前儿童社会认知发展的总体特征

社会认知是个体对社会性客体和社会现象及其关系的感知和理解活动。庞丽娟和田瑞清（2002）认为学前儿童社会认知发展具有如下特点：（1）学前儿童社会认知的发展是一个逐步区分认识社会性客体的过程。（2）学前儿童社会认知发展的核心是观点采择能力的发展。（3）学前儿童社会认知各方面的发展是非同步、不等速的。研究表明，学前儿童社会认知发展的总体趋势是从认识他人到认识自我，再到认识相互关系；先认识情绪，然后认识行为，最后认识心理状态；先认知身体，然后认知心理，最后认知社会。（4）学前儿童社会认知的发展具有认知发展的普遍规律，但不完全受认知发展的影响。（5）学前儿童社会认知的发展与社会交往密切相关。

（二）学前儿童社会认知的具体年龄特点

3—6 岁的儿童生活范围进一步扩大，与成人和同伴的互动也进一步增加，社会认知的水平总体呈上升趋势，但体现在不同年龄阶段的儿童身上，又有其各自的发展特点，具体小班、中班、大班儿童的社会认知特点如下。

1. 小班

根据皮亚杰的认知发展理论，小班的儿童处于还未分化的"自我中心"时期，例如自己喜欢红色的裙子，她会认为别的女孩也会喜欢红色的裙子，但他们能逐渐认识到自己和他人有不同的想法和情感，也学会用自己的想法和感受代替他人的想法和感受。

3 岁以后，学前儿童的自尊开始逐渐形成和发展。对于 3 岁的幼儿来说，生活能力的获得、学习能力的增长、自我成长都会促进自尊的发展。整个学前期，儿童自尊的发展呈现出先扬后抑的趋势。3 岁左右的儿童有了最初的自尊感，例如，犯了错误会感到羞愧，怕被别人嘲笑，不愿被当众训斥等。3—4 岁呈上升趋势，并且在 4 岁达到儿童自尊发展的最高水平（张丽华，杨丽珠，2005）。因为儿童自我评价开始发生的年龄在 3.5—4 岁，归功于这种伴随年龄增长而带来的自我评价能力的发展，自尊作为自我情绪体验的一种重要形式得到初步发展，并且达到了第一个高的峰点（林崇德，1997）。

人际关系的认知方面，根据美国学者帕顿（Parten）的游戏水平理论，小班的儿童处于独自游戏或平行游戏阶段，又由于语言能力发展不足、缺乏交往技能、以自我为中心等特点，小班的学前儿童朋友意识十分淡薄，友谊不能持久，对人际关系的认知较为薄弱。

社会规则认知方面，3 岁的儿童以服从规则为主（张明红，2014），但开始区分道德和习俗，尤其在允许性标准上，他们认为违背道德规则更不被允许，4 岁时达到较为稳定的水平（冯天荃等，2010）。国外也有研究发现，不到 3 岁的儿童即能在"允许性"标准上，对主体的行为做出符合道德规则的判断，如认为小朋友打人是不对的，而且他们往往根据行为本身或行为的客观后果来判断主体的行为；

年龄稍大一些，如 3 岁半的幼儿则更可以在多个不同的"判断标准"上对个体的道德行为做出较为灵活的判断，理解道德规则并非是固定不变的（Smetana & Braeges，1990）。

2. 中班

中班的幼儿能初步站在他人角度看待问题，如知道同伴摔跤会很疼，玩具被抢会很生气。自我认知方面，首先对自己的外貌特征、兴趣、优缺点等有了进一步的认识，其次对他人有了更进一步的关注和认知，如对父母职业的理解、对爱的感受、对同伴和老师的角色的感受、对社会各种其他职业的认识等。

人际关系的认知方面，由于中班的联合性游戏增多，儿童开始学习合作游戏，因此更愿意和同伴一起游戏，并开始进行简单的角色分配。

社会规则的认知方面，中班的儿童处于模仿水平，也处于服从规则和理解规则的过渡阶段。在游戏中能够初步抑制自己的冲动行为或愿望，通过模仿成人和同伴的行为来遵守游戏规则，懂得遵守公共场所规则的原因和必要性。另外，随着社会经验的不断累积，儿童对道德和习俗做出的判断也越来越灵活，他们考虑的因素也越来越多，如，随着年龄的增长儿童在习俗违规事件中给出的避免惩罚的理由逐步减少，给出的与习俗相关的理由则逐步增多（Yau & Smetana，2003）。

因此，中班儿童经过教师的教育指导后，能够理解、接受和遵守各种规则，人际交往能力逐步发展，开始有固定的朋友，具有初步的移情和观点采择能力。

3. 大班

大班的儿童开始意识到自己与他人的不同，并开始接受这样的差异，在一定程度上能主动站在他人角度思考和感受，但不能理解产生这种差异的原因。在他人认知方面，尽管有时候，大班儿童还是会在某些情境中将自己的观点投放到他人身上，但他们已经逐渐认识到，每个人都有自己的主观意识，能表现出对他人心理状态的关心。比如，大班儿童能辨别他人的感受，并思考为什么他们与自己的感受可能会不同；还能在成人引导下，预测他人的感受、反应和行为并做出决定。

社会规则的认知方面，大班的儿童对社会规则的认知处于理解水平，该水平的幼儿对于社会规则有自己的看法，能主动遵守社会规则（张明红，2014）。按照皮亚杰的理论，儿童的规则意识和规则理论是"从规则他律走向规律自律"的过程，即从规则的外部强制性走向规则的内在自觉性，且皮亚杰也特别指出，"规则内化"是在与玩伴自由交往的过程中实现的，因为总是在权威强制下执行规则的幼儿，一旦离开了权威就会违反规则，而能自由交往的幼儿能够自觉按照规则行事，因为规则的公正性常常使他们受益（华爱华，

2012)。大班儿童自由交往活动增多，合作游戏的水平提升，在同伴交往中逐渐形成规则意识，开始学习控制自己的情绪、语言和行为，遵守集体的共同规则，并初步学会制定游戏规则，对于活动中违反规则的行为，儿童常常会"群起而攻之"。

自尊方面，4—7岁的儿童自尊水平开始下降，7岁时发展水平降到最低（张丽华，杨丽珠，2015）。这是因为随着年龄增长，幼儿的抽象逻辑思维能力开始萌芽，观点采择能力、合作能力、道德感和责任感都在渐渐发展，他们不再盲目相信自己的能力，而是会比较客观地来判断自我价值。另一个原因是，7岁以后儿童进入小学，学习活动逐步取代游戏活动成为儿童的主导活动形式，这种发展变化所带来的挑战导致了部分儿童的不适应，他们必然会对自我价值产生消极的评价和体验，从而导致其自尊水平的下降（林崇德，1997）。

总体而言，大班的儿童规则意识逐渐形成，合作意识逐渐增强，具有较为成熟的社会交往技能，因此人际关系相对稳定，大多数儿童在班级中有固定的朋友。

三、社会认知能力与学前儿童发展

社会认知发展影响儿童的自我意识、社会交往、情绪情感等的发展，也进一步影响着学前儿童的人际关系、社会行为和社会化进程。

（一）社会认知帮助学前儿童建立人际关系

婴儿最初的社会关系——依恋的形成机制便是以社会认知为基础的。之后，儿童的人际交往都建立在对他人的认知基础上，只有看懂他人的表情、行为，才能理解对方，继而发生有效的人际互动。因此，社会认知能力帮助儿童建立起最初的人际关系，并随着年龄的增长，逐步建立亲子关系、同伴关系、师幼关系以及与其他社会成员的关系。

（二）社会认知帮助学前儿童发展社会行为水平

儿童的社会行为水平与其社会认知水平高度相关，行为水平有赖于社会认知的水平（庞丽娟，2002）。社会认知的核心是幼儿观点采择能力的发展（庞丽娟，田瑞清，2002），包括情绪情感认知、他人整体认知、社会关系认知与社会规则认知等，学前儿童通过学习获得内化的行为准则，从而自主调节社会行为。学前儿童亲社会行为的养成正是需要其使用这些准则去建构和形成良好的人与人、人与社会之间的关系。一般而言，一个不能理解周围社会关系，不能对自己和他人的行为做出合理解释与评价的儿童，难以在人际交往中做出合理的行为，反之，良好的社会认知能力能帮助儿童获得正确的相关信息，并以此指导、协调自己的社会性行为。由此可见，社会认知对于学前儿童社会性发展，尤其是社会性行为的获得具有非常重要的意义（戋文，2015）。

（三）社会认知促进学前儿童社会化进程

社会化是由自然人到社会人的转变过程，学前儿童必须经过社会化才能使外在的社会行为规范、准则内化为自己的行为标准，这是社会交往的基础，而社会化与儿童的社会认知能力紧密相关。儿童只有自我接纳，关心、理解他人的言语和行为，了解所生活的社会环境，理解不同社会角色的作用，学会与不同的人交往，认识并遵守不同场合的社会规则，才会更好地了解社会，对所生活的社会产生认同感，从而不断地加速社会化进程。总而言之，社会认知水平促进学前儿童的社会化进程，并遵循着"学前儿童与自身的关系——学前儿童与他人的关系——学前儿童与群体或集体的关系——学前儿童与社会的关系"这一基本的发展线索。

第二节　一日生活中学前儿童社会认知能力的培养

《幼儿园教育指导纲要（试行）》中明确提出："教育活动的组织应充分考虑幼儿的学习方式和特点，注重整体性、综合性、自然性、趣味性，寓教育于生活、游戏中。"幼儿园的一日生活中蕴藏着大量的教育契机，包含着丰富的教育资源，把社会认知教育渗透到幼儿园的一日生活中，是促进学前儿童社会性发展的重要途径。以下分别从谈话活动、情境问题、环境创设、有效反馈和表扬、游戏组织等方面阐述学前儿童社会认知能力的培养。

一、进行开放式的谈话活动

谈话活动是儿童一日活动中过渡性较强的环节，也是儿童一日活动的重要内容之一，是教师和儿童情感交流的最好时机，又是了解和教育儿童重要的途径。它不仅对儿童语言发展有所帮助，也是促进学前儿童社会性发展的重要途径。谈话活动可分为专门的谈话活动，如晨间谈话，和随意的谈话互动，如散步谈话、盥洗谈话等。教师与学前儿童的谈话话题范围很广，社会领域的谈话包括儿童对自我的认知、人际关系和人际角色的认知、交往技能的认知、社会情感的认知、规则与礼仪的认知等，除了社会领域，还包括学前儿童健康、科学、语言领域的各种话题。因此，教师需要对每个领域的核心经验有十分明确的目标，在与学前儿童谈话的过程中才能系统、明确地给予其一定的引导。

如在关于自我认知的谈话中，教师首先应有意识地帮助学前儿童了解自己的感受并学会调节自己的能力，具体可包括学前儿童对自己的长相、兴趣、爱好、优点、能力、品德、行为等的认知，使儿童获得自我体验，从而逐渐形成准确、客观、积极的自我评价，同时能根据具体的情境问题自主进行行为调节。

以一次关于"我"的谈话为例。

谈话主题：我很特别

谈话准备：

收集幼儿的照片，涉及他们的兴趣、爱好、性格特点、能力等。可由教师在幼儿园一日活动中抓拍，也可请家长提供。比如，幼儿专注画画、互相帮忙、自己穿衣穿鞋、打扫卫生、自己添饭添菜、帮妈妈晒衣服等的活动照片。

谈话目标：

幼儿在说说玩玩中了解到每个幼儿都有不同的兴趣和长处。在自我描述和他人评价之后，能增添自己的自信心和自豪感。

谈话提纲：

1. 什么叫作特别？特别既可以是外表的不一样，也可以是兴趣、性格、擅长的事不一样。

2. 你有特别的地方吗？你的同伴有什么特别之处？（注意照顾大家忽视的幼儿。老师可代替同伴的角色夸夸被忽视的幼儿）你和同伴的特别之处一样吗？你觉得每个人的特别之处有没有高低之分？

3. 老师这里有一些小朋友们的照片，找一找自己，说说自己在干什么，想对自己说些什么，看到这样的自己，你有什么感想？

学前儿童的自我认知来源于他人对自己的评价和自我探索。开展关于"我"的谈话活动，既能帮助学前儿童寻找自己的优点、特征和成长变化，也有助于培养儿童积极的自我评价和自尊。

二、采用情境式互动方式模拟练习

儿童的思维方式多为具体、形象思维，因此，对儿童的社会认知教育应多采用具有故事情节的、画面内容丰富的情境式互动方式，如故事、绘本和日常生活情境的视频、图片等。在培养学前儿童的人际关系认知、移情和观点采择认知、社会规则认知时都可以用情境式的讲述活动来开展师幼互动。如，教师可搜集关于人际冲突的典型事例（争抢玩具、攻击行为、扰乱规则等），与儿童在情境中共同讨论解决问题的方法，在讨论和问题解决的过程中提升其社会认知。

具体的步骤为：

1. 搜集素材。包括绘本、故事、拍摄的视频等。

2. 观看素材并分析讨论。主要讨论内容包括：人物心情、表情和内心的想法，可能需要的帮助，你能想到的办法等。

3. 总结和提升。主要包括的提问内容有：还有哪些类似的情境？遇到类似的情境可以怎么做？解决问题后故事人物的心情怎样？

以下提供具体的问题情境解决方案，供参考。

情境一：多替别人想一想（现实情境）

谈话目标：

1. 知道别人的想法与自己的不一样。

2. 学会关注他人的情绪和想法。

3. 能初步站在别人的角度感受和思考。

谈话准备：

收集不同场景的图片，如：幼儿被欺负、被抢玩具、心爱的物品被弄坏、穿得特别少、受伤了……

谈话提纲：

1. 这些小朋友怎么了？你有过这样的遭遇吗？你的感觉怎么样？猜猜图片中的小朋友现在是什么感觉？

2. 当你有这样的遭遇时，谁能让你心里好受些？他们是怎么做的？

3. 你觉得图片中的小朋友可能需要什么样的帮助？你能尝试对他/她说些什么、做些什么吗？在你的帮助下，你觉得图片中的小朋友心情怎样？你帮助了他/她，你的心情怎样？

4. 你见过周围的同伴有过这些遭遇吗？你能尝试用刚才的方式去帮助他们吗？

情境二：《让我安静五分钟》（绘本情境）

设计思考：

绘本讲述了大象妈妈想要在照顾孩子、做家务等繁琐的事务中，获得短暂的休息。但最终不断被孩子们的各种事情所打扰。这是一本非常适合亲子阅读的绘本，因为书中描绘的故事是很多家庭每天都会上演的。孩子出生后，作为妈妈想要安静地待一会儿或者安心地睡一觉实在是太奢侈了，正如故事中的大象妈妈。但是幼儿以自我为中心的特点决定了他们很难体会妈妈的感受，因此借绘本进行分享阅读，帮助幼儿初步体验妈妈这个角色。

谈话目标：

1. 感受和体谅妈妈的辛苦。

2. 能适时给家人安静和休息的空间。

谈话准备：

绘本《让我安静五分钟》

谈话提纲：

1. 阅读和理解绘本

关键提问：妈妈怎么了？她需要什么？为什么？你觉得你们的妈妈有需要安静的时候吗？什么时候？你愿意让自己的妈妈安静一会儿吗？

2. 总结提升

总结：你们的妈妈都有想要安静一会儿的时候，她仍然爱你，只是她需要休息一会儿补充能量，然后更好地陪你。

三、有效利用环境创设

三岁半的小杰静静地坐在毯子上，聚精会神地为自己造的塔添积木。一个举着"五分钟整理干净"牌子的小朋友从他身边走过，并按响一个小铃，小杰审视了自己的建筑后，小心翼翼地移去了积木，把它们放回标有积木标记的空架子上。

七岁的华华看着一张很长的图表，确定自己已经完成了本周所有标有星号的活动。今天是星期四，所有的工作都已经完成，现在他可以做他想做的事情了。一想到这里，他心满意足地笑了。他观察了一会儿其他孩子，就走进了科学区，在那里，他的一个朋友正在用显微镜观察什么。华华用蜡笔在科学图表上做了参与的记录，便开始仔细观察摆放在这个区的物品。

上面提到的每个孩子都在教师创设的环境里独立活动，标记清晰的、开放的积木存放架提醒小杰按照规则把他的东西放进去。图表的使用简化了华华的记录方式，并且给他提供了足够的信息来了解他人和计划自己的活动。

幼儿园的环境是指幼儿园内儿童身心发展所必须具备的一切物质条件和精神条件的总和。学前儿童的成长离不开环境，它对幼儿发展的影响是极其深远的。幼儿园的环境创设，给予幼儿生动、直观、形象、综合的教育，让幼儿直接获得情感体验或知识的启迪，从而促进幼儿的全面发展。3—6岁的儿童还不具备像成人那样的对环境的选择、适应、改造等能力，所以学前儿童对环境具有广泛的接受性和依赖性，因此创设科学的幼儿园教育环境显得十分必要。下表5-1呈现出社会认识领域中儿童社会认知技能与成人环境创设的关系（马乔里·J. 克斯特尔尼克，2009）。

表5-1　社会认知技能与成人环境创设的关系

社会认知领域	儿童获得的具体技能	环境创设要点
自我认知	儿童能够看管好自己的物品	成人安排易于儿童取放的物架
	能为小组做贡献，积极地自我认同	成人为儿童提供展示作品、物品和艺术品的空间
	关注与自己相关的人、事、物	成人提供儿童展示自我的空间和机会
人际关系认知	儿童可以为一个共同的目标一起工作	成人为儿童提供以小组为单位一起工作的空间
移情和观点采择	儿童能够明白人们可能有不同的想法	成人在房间各处张贴不同人物的表情、场景图片
社会规则认知	儿童能够按照社会规范的要求合理行事	成人为儿童提供讨论、制定和制作规则的机会

除了以上体现在环境创设中的隐性教师支持外，环境创设的内容本身也会提升学前儿童的社会认知，以下分别以"自我认知——关注与自己相关的人、事、物""社会规则认知——儿童能够按照社会规范的要求合理行事"这两个社会认知领域为例进行环境创设，具体创设方法和内容如下。

案例一：幼儿自我认知的环境创设

创设"我长大了"主题墙：收集幼儿成长过程中的照片。让幼儿说说和自己相关的内容，包括：身体的变化、自己的优缺点、兴趣爱好、好朋友是谁等。具体可分为以下几个部分：我的表情（认识五官及其作用、保护五官、认识表情）、我的名字（名字的由来）、我的身体（认识身体、身体各部位功能、保护身体）、我的生日、我的家庭（我的家人、我的家庭住址、如何关心家人）、我的幼儿园、我的朋友、我喜欢的人（食物、动物、地方、音乐……）、令我骄傲（羞愧、自信……）的事有这些、我能控制的行为和情绪有这些……

案例二：幼儿规则认知的环境创设

幼儿有了对自我、他人的认知后，将这些认知联系起来便形成了幼儿的人际关系。而维持和提升人际关系便是靠着社会规则，因此，幼儿也应该认识、认可和遵守各项社会规则。以下，将重点从班级规则的制定着手（班级区域游戏规则、班级集体活动规则、户外游戏规则、盥洗及午睡规则等）进行环境创设。

以班级区域游戏为例，具体环境创设的步骤可分为：

1. 观察：引导幼儿观察生活中各公共场所的规则指示牌，如：禁止吸烟、禁止喧哗、不要看手机以及各种交通规则指示牌等。

2. 制定：和幼儿一起制定幼儿园区角游戏的规则，包括娃娃家、小医院、超市、益智区、美工区等，让幼儿通过讨论明确班级中各个区角游戏的游戏规则。

3. 制作：引导幼儿根据生活中公共场所的规则及相关的规则指示牌、标识，动手动脑，和教师一起以图文并茂的方式制作班级区域游戏规则牌。

四、使用有效反馈和表扬

在一日生活中，教师和儿童之间会产生许多互动，包括儿童向教师发起的提问、交流，也包括教师向儿童发起的提问、反馈和表扬等。其中，教师的反馈和表扬是教师与儿童建立信任关系的重要纽带，它直接影响了学前儿童的认知方式和认知结果。因此，有效的成人反馈和表扬对于学前儿童的社会认知，乃至社会性发展的其他方面都会产生重要的影响。

有效的反馈和表扬必须符合三个标准，即有选择的、特定的和积极的。有选择的表扬应用于真正值得表扬的场合，这种表扬不是针对所有的场合，也不是对所有的儿童进行表扬，它更像是在特定的时刻针对某个人或一小群儿童，而不是针对全班的表扬。特定的表扬，指的是给予明晰信息的行为，让儿童知道因为什么而受到表扬。积极的表扬，是指它不存在消极的对比，不能由于抬高了一个人而贬低了另一个人或另一个群体。

有效反馈、表扬与无效反馈、表扬之间的比较和相关案例如下表 5 - 2（马乔里·J.克斯特尔尼克等，2009）。

表 5 - 2　有效反馈、表扬与无效反馈、表扬之间的案例比较

无效反馈和表扬	有效反馈和表扬	与社会认知的联结
评价儿童（"你画得很好"）	欣赏儿童（"你始终坚持用自己的方法完成了作品"）	自我认知——自我评价和调节
把儿童和另一个儿童相比较（"你讲了一个比任何人都有趣的故事"）	把儿童的进步和他们的过去表现相比较（"你的故事中用了两个你从来没有用过的新词"）	自我认知——自我认识

无效反馈和表扬	有效反馈和表扬	与社会认知的联结
把儿童的行为与外部奖励相联系（"你读了三本书，可以吃一块巧克力"）	把儿童的行为和他们愉快满足的经历相联系（"你读了三本书，看起来你很高兴自己能读这么多书"）	自我认知——自我体验
语言笼统（"你和同伴相处得很好"）	语言具体（"你懂得用协商、轮流的方法和同伴解决问题"）	人际关系认知——沟通技能
批评或直接建议儿童怎么做行为（"他哭了，你应该安慰他"）	描述儿童的行为（"你站在那里看着他，一定是感受到了他的难过"）	移情和观点采择
无区分的，任何儿童都听过的反馈（"你遵守了规则"）	个别化的，适合特定的儿童和场合（"你刚才一听到铃声，就赶紧收拾玩具，非常守时"）	社会规则认知

五、在游戏中进行渗透教育

游戏是幼儿的基本活动，它是愉悦的、自愿的，从游戏者的角度来看，游戏是过程而不是结果，是有价值的。游戏是幼儿园的重要教育手段，是学前儿童独立自主地按照自己的意愿、充分表现自我的活动。游戏的种类很多，包括运动游戏、建构游戏、假想游戏等，通过游戏，不仅儿童的语言、运动能力得到丰富，交往能力得到提高，还能增进其对人际关系、人物角色、游戏规则等的社会认知，对学前儿童各方面发展都起着至关重要的作用。

（一）在游戏中培养幼儿对社会角色的认知

学前儿童在游戏中能运用想象，创造性地反映个人生活印象，凡是儿童能够接触到的社会领域，如家庭、超市、银行、医院和公交车等，在游戏中都有可能得以体现。随着游戏情节的开展，儿童便能把自己在现实生活中获得的知识经验拿到游戏中去演练，进一步感受、体验和理解周围的人与人际关系，并逐步尝试站在他人角度进行思考自己的语言和行动，从而大大加深学前儿童的社会认知水平。

教师在游戏中的作用通常是建立一个对游戏有利的环境，提供合适的材料，对观察到的儿童行为做出反应及进行交流，促进儿童更高水平技能的发展。以角色游戏为例，通常教师在组织游戏的步骤包括：

1. 导入讨论——与学前儿童讨论游戏的玩法、规则，了解儿童的游戏认知。

2. 认知提升——引导儿童了解游戏人物及相关职责。

3. 情境体验——儿童进行游戏，体验人物角色，处理角色关系。

4. 交流分享——儿童分享游戏经验，教师帮助其总结提升，梳理经验。

5. 再次游戏——运用前一次的经验，再次进行游戏。

以下以幼儿园某一个角色游戏的组织为例，呈现学前儿童角色游戏中教师对儿童人际关系、移情能力的培养。

游戏：今天我来做妈妈（爸爸、爷爷、奶奶……）

活动目标：

1. 在游戏活动中体验家人的角色。

2. 在游戏中进一步了解家中成员之间的关系及相关的家庭职责、相关工作。

3. 通过角色扮演，感受家人对自己的爱和付出。

活动准备：

娃娃家相关角色游戏材料，提前收集幼儿和家人之间的照片。

活动建议：

1. 导入讨论。在开始角色游戏前与幼儿共同讨论"家人"的话题，引导幼儿观察家人的言行，使幼儿提前熟悉与家人相关的内容。

2. 认知提升。让幼儿在开始角色游戏之前学会说相关的礼貌用语，指导幼儿在角色游戏中有序、文明地使用礼貌用语；让幼儿熟悉与父母、长辈相处的相关礼仪，指导幼儿在角色游戏中扮演相关角色，并引导幼儿模仿家人们的言语、行为和做事方式。

3. 情境体验。教师可创设一些为难情景：如幼儿扮演妈妈，教师可创设"孩子非要买玩具""奶奶受伤了""妈妈工作太忙没空接孩子"等情景，以此考验"妈妈"的应对方式，从而促进幼儿对家人的理解，发展移情。

4. 分享交流。角色游戏结束后，组织幼儿交流角色游戏心得、体会，可以问问幼儿：游戏中的妈妈辛苦吗？从什么地方感受到的？你们的妈妈呢？回去可以对妈妈说些什么、做些什么？

（二）在游戏中培养幼儿对社会规则的认知

学前儿童进行游戏的过程中，需要建立起一定的规则来维持游戏，这些规则中，部分由教师以直接或间接的方式告知儿童，部分是在儿童游戏中逐渐形成的含蓄的规则。对于游戏进行中需要遵守的基本规则，教师可以在游戏前后引导儿童进行正确认知，并得到儿童的认同；对于游戏中生成的规则，则需要教师进行细致观察，以满足儿童的个性化需求。以下列举游戏中的规则认知（马乔里·J.克斯特尔尼克等，2009）。

表 5 - 3　游戏中的规则认知

外 在 的 规 则	含 蓄 的 规 则
第一个到区域的儿童，或经常为游戏提出自己建议的儿童，成为游戏的主导者	儿童在游戏中需要区分真实和幻想之间的区别
所有儿童必须公平地游戏（虽然公平的定义并不是很清楚，但攻击行为是不被接受的，而轮流、清拳等方式是普遍被接受的）	儿童通常通过建立和继续一个足够长的故事、接受别人的建议等方法来保持游戏的进行
每个儿童想加入游戏必须提出请求并获得允许，才能进行共同游戏	遇到问题最好组内解决，告状不是长久之计
关注游戏开始和结束的标志	帮助同伴共同收拾整理玩具，会赢得同伴的好感
……	……

　　除了以上表格所示，教师还可以根据不同种类的游戏特点、不同学前儿童的年龄特点等进行规则认知的其他引导，尤其是利用儿童的同伴冲突、认知误区、问题行为等教育契机进行科学、有效的引导，帮助学前儿童建立正确的规则意识和规则认同。

本章内容回顾

　　社会认知的范围宽广，学前儿童的自我认知、移情与观点采择能力、人际关系认知、社会规则认知等都是其社会认知发展中不可或缺的部分。自我认知中的自我认识、自我体验、自我调控等为学前儿童与他人交往、更好地进行社会化提供了前提条件；移情与观点采择能力帮助学前儿童更好地理解他人，与人交往；人际关系认知中，学前儿童对自我与他人、他人与他人关系的认知为其社会认知提供了人与关系的认知；社会规则认知中，学前儿童对社会法律、道德要求、风俗习惯、规范要求等的认知促进学前儿童养成良好的社会行为，也为其社会认知、人际交往等提供了规则保障。教师应从以上几个方面着手，开展学前儿童社会认知教育的日常谈话、环境创设、游戏设置、情境解决等活动，并积极进行家园共育，携手家长共同进行学前儿童的社会认知引导。

本章思考题

　　1. 儿童的自我认知和社会认知的关系是什么？

　　2. 移情及观点采择能力对儿童社会认知的影响有哪些？

3. 举例说明社会认知与学前儿童发展的关系。

4. 案例分析

明明今年 4 岁了，总乱扔垃圾，妈妈对他说："乱扔垃圾不是文明的行为，也会给别人带来麻烦。"明明不明白自己扔垃圾为什么会给别人带来麻烦，还是我行我素。请你根据本章所学，从社会规则认知、社会角色认知、移情能力培养等角度谈谈应该如何帮助明明的妈妈。

 ## 相关资源推荐

书籍推荐

1.《儿童社会性发展指南：理论到实践》，（美）马乔里·J. 克斯特尔尼克等著，邹晓燕等译，人民教育出版社

2.《学前儿童社会教育（第 2 版）》，张明红著，华东师范大学出版社

3.《学前儿童社会教育》，周世华，耿志涛著，高等教育出版社

4.《学前幼儿社会教育与活动指导》，彭海蕾著，教育科学出版社

绘本推荐

1.《鼠小弟和鼠小妹》，文/［日］中江嘉男，图/［日］上野纪子，译/赵静，文纪子，南海出版社

2.《我们是朋友》，文/［日］中川宏贵，图/［日］广川沙映子，二十一世纪出版社

3.《我们和好吧》，文/［奥地利］奥布丽吉特·威宁格，图/［法］伊芙·塔勒，译/邢培建，南海出版社

4.《逃家小兔》，文/玛格丽特·怀兹·布朗，图/克雷门·赫德，译/黄逎毓，明天出版社

5.《别想欺负我》，文/［德］伊丽莎白·崔勒，图/达柯玛尔盖斯恩民勒，译/康萍萍，辽宁人民出版社

第六章 ／

学前儿童人际交往能力的
发展与教育

　　5 岁的婷婷在同伴中总是沉默而安静的，她会带很多有趣的玩具来幼儿园，她会把玩具借给其他的孩子玩，当孩子们围在一起开心地讨论交流她的玩具如何玩时，她却选择站在一旁看着或者是默默地走开。

　　6 岁的辰辰在幼儿园没有朋友，因为他经常打、掐、推同伴。当他因不遵守集体规则被其他孩子告状时，他会很生气地大吼大叫："我再也不跟你玩了。"他的坏脾气和攻击行为让所有小伙伴都躲着他，玩游戏或分组学习时，也没有人愿意和他在一起。

　　学前儿童人际交往能力的发展存在个体差异。在交往中，有的儿童被同伴喜欢，能够顺利发展友谊；有的总是被拒绝，很难找到朋友。婷婷和辰辰的交往困难与他们的人际交往能力密切相关，面对他们的人际交往困难，教育者可以提供支持，帮助他们形成正常的人际交往能力。本章将讨论学前儿童人际交往能力的具体表现，发展特点，并提供一日生活中培养学前儿童人际交往能力的教育策略。

第一节 学前儿童人际交往能力的发展

人际交往能力对个体的发展具有重要影响。相关研究表明，人际交往能力对于个体的人际关系、心理健康、学业适应等都有重要影响（王英春，邹泓，2009）。成功的人际交往互动是发展完成的关键，它能预测个体长期的生活适应状况（Gresham，2002）。人际交往能力强的儿童比交往能力差的儿童更快乐，他们更受欢迎，对生活更满意。缺乏人际交往能力的儿童会产生多种高风险和适应问题（Masten，Morrison，& Pelligrini，1985）。那些不受欢迎或被同伴拒绝的儿童有更少的社交能力，有更少的积极期望和社会成功，感觉到更多的压力，并出现更多的社交焦虑和社交逃避。这些因素会严重影响到儿童的幸福感并会对其长期发展造成不良结果（Parker & Asher，1993）。为了更好地帮助学前儿童人际交往能力的发展，我们需要深入了解人际交往能力的内涵以及儿童人际交往的发展特点、影响因素。

一、人际交往能力的概述

人际交往作为人与人之间一种基本普遍的现象，它可以是语言和非语言的交往，可以是正式和非正式的交往，也可以是直接和间接的交往。而与之相关的概念——人际关系是指"人与人之间通过交往、互动形成的直接的心理关系"。人际交往和人际关系是一种共生关系，交往是动态的过程，关系是静态的表征，而在它们之间起重要作用的就是人际交往能力。

（一）人际交往能力的概念

关于人际交往能力最早可以追溯到著名心理学家桑代克在 1920 年提出的"社会智能"（Social Intelligence）。桑代克把社会智能定义为理解他人并且明智地处理与他人之间的关系的能力。之后，心理学研究者提出了"社会能力"（Social Competence）。随着对各种具体能力的不断深入的研究，人们开始提出"人际交往能力"（Interpersonal Competence）。

研究者们从不同的角度对人际交往能力的定义进行了界定。

从发展人际交往能力的过程和结果角度来看，斯宾斯伯格（Spitzberg，1989）将人际交往能力定义为个体有效地与他人相处的能力。郭晓均、徐雁和林大勇（2006）认为，人际交往能力是指对人际关系的感受、适应、协调和处理能力。王英春（2007）认为人际交往能力是在人际交往过程中，个体具有交往意愿，积极主动参与交往，并且表现出有效和适宜的交往行为，从而使自身与他人的关系处于和谐状态的能力。哈佛教育学院心理学家霍德华·加德纳在其多元智能理论中指出人际交往能力就是"能够理解他人的情绪、气质、动机以及欲望，并能做出适度的反应"。从这些含义来看，人际交往能力的过程就是能积极有效地相处、感受并协调行为反应，从而形成和谐稳定的人际关系。

从人际交往能力包含的能力结构角度来看，布赫梅斯特（Buhrmester，1988）认为，人际交往能力包含五种能力特质，即人际关系建立能力、自我表露能力、表达不满与适度拒绝的能力、提供情感支持的能力、管理人际冲突的能力。霍德华·加德纳将人际关系能力分为四种：领导能力、发展人际关系并保持友谊的能力、化解冲突的能力，以及善于分析社会关系的能力。也有研究者从人际交往能力包含的三种成分来定义：一是外在的行为，二是认知过程，三是认知结构。认知结构是指在认知过程和外在行为下的扩大的动机和情感结构（Mechenbaum，Butler，Gruson，1981）。郭晓均、徐雁和林大勇（2006）认为，人际交往能力主要包括人际认知能力、人际情绪控制能力和人际语言沟通能力三个层次。由此可见，人际交往能力的结构包括：情绪理解和分析社会关系的能力、有效的沟通交流能力、发展并保持友谊的能力、控制和化解冲突的能力。

综上，人际交往能力是指个体积极地与他人相处，建立并保持良好的人际关系的能力，包括情绪理解和分析社会关系的能力、有效的沟通交流能力、发展并保持友谊的能力，控制和化解冲突的能力。

（二）学前儿童人际交往能力的具体表现

在探讨学前儿童人际交往能力的过程中，主要关注学前儿童与长辈、与父母、与教师、与同伴的相处。除此之外，还有与熟悉的成人或多子女家庭中的同胞的相处。学前儿童人际交往能力主要包括健康的人际互动、分享和参与、对他人的同理心。

1. 健康的人际互动

具体表现包括但不限于：

学前儿童表现出对父母/教师或其他熟悉的成人、小朋友的喜爱。比如，会对其他孩子笑，会拥抱好朋友，会给老师或小朋友送一些自制的小礼物，节假日与老师通过保持微信联系，经常主动帮助老师做一些力所能及的事情。

学前儿童会与父母/教师以及其他熟悉的成人、小朋友说话和玩耍。比如，会跟老师分享小秘密，聊家常和身边趣事；邀请老师或好朋友一起玩；和好朋友一起聊自己喜欢的动画片。

当学前儿童需要帮助、关心或安慰时，会告诉父母/教师。比如，找不到玩具时请求帮助；受伤时会去寻求安慰，要抱抱或要创可贴；可以用语言解决一些冲突，如"轮到我玩了"；和小朋友吵架、不会穿衣服、在家受到委屈、被蚊子咬、玩游戏需要帮助等时刻，会向老师或其他成人倾诉或寻求帮助。

学前儿童会和其他小朋友一起玩。比如，在其他小朋友旁边玩沙，与其他小朋友一起玩装扮游戏、假装游戏、虚拟游戏等，主动和其他班级小朋友一起进行节日游园活动，会创设一些新游戏等。

学前儿童愿意和其他小朋友分享和轮流玩。比如，在成人提醒下轮流荡秋千；玩简单的轮流游戏，如抓人游戏；绘画时向朋友提供颜料或蜡笔；愿意把自己喜欢的图书借给其他小朋友；在"你画我猜""老狼老狼几点了"游戏中轮流担任主要角色；轮流等待老师扎头发等。

在幼儿园，在别人需要帮助时主动提供帮助或安慰。比如，看到别人哭的时候会用语言安慰或者递上餐巾纸，会为老师做力所能及的事情，帮助别人穿衣服，小朋友之间相互检查服装、鞋子。

在与人交往时保持良好的语言态度。比如，能倾听别人说话；需要帮助时，使用礼貌用语；用善意的语气和表情回应他人。

会主动与他人合作。比如，在生活活动中一起合作，如搬桌子等；一起合作进行美术创作或搭建活动。

2. 分享和参与

具体表现包括但不限于：

关心或参与活动。比如，当其他孩子指着图片时，会跟着看；会帮忙做一些力所能及的事情（擦桌子、喂小动物等）；会主动询问教师"你在做什么"或者"我们今天玩什么"；在集体教学活动中举手发言，参与集体讨论；做操时精神状态饱满、投入。

会向成人或同伴打招呼。比如，会叫朋友和老师的名字；向幼儿园的工作人员打招呼；遇到同学家长会问好。

会在进行游戏或执行任务时与人合作。比如，帮其他孩子搭积木或建高塔，参与其他孩子的角色扮演游戏，值日时合作搬桌子、合作叠被子、合作搬运器械等。

在一日生活中行为得当。比如，参加合唱时音量合适，玩做饭游戏时能和其他孩子轮流搅拌食物，别人发言时认真倾听。

分享自己的观点。比如，同伴发生争吵时，能够表达自己的观点；分享自己旅游时的见闻；评价他人作品等。

3. 对他人的同理心

具体表现包括但不限于：

对他人的情绪反应适当。比如，看到一群孩子在开心地游戏时，会笑；看到小伙伴不开心，会自己把玩具还给人家；朋友或照顾者伤心或生气时，会询问原因。

会在他人难过时安慰人。比如，用玩具或宽慰的话安慰正在哭的孩子，如"你还好吗"；询问大人为什么伤心并倾听回答；看到别的小朋友哭了，会递给他/她纸巾，或者帮他/她擦眼泪。

能理解他人感受。比如，理解他人的多重情绪，并能评论同伴，如"她很伤心和生气"；当别人生气或害怕时，会告诉老师；当老师生气时，能提醒同伴安静下来；会关心小动物的感受，如当小猫被收养时，担心猫妈妈会伤心。

在《马萨诸塞州学前班与幼儿园标准》中把冲突管理和寻求帮助、提供帮助以及负责任地做决定也囊括在人际交往技能中。具体表现如下：

在冲突管理方面，幼儿园阶段结束时，可以在大多数认知冲突发生时，以积极的方式促成冲突解决（如，客观解释情况，聆听别人的观点或解决方案）；会辨别何时寻求成人帮助是合适的，何时冲突可以由同龄人应对；能够发起和参与折中妥协或谈判策略以寻求中间立场或共同满意的结果。

在寻求帮助方面，幼儿园阶段结束时，可以知道何时需要协助；能识别外部支持（受信任的成人，以及在哪里可以寻求帮助和支持）；能以可接受的方式寻求同龄人或成人的帮助；知道何时别人需要帮助并提供协助。

在负责任地做决定方面，幼儿园阶段结束时，可以交流设定规则的原因（对双方都有利）；在最小程度的鼓励或协助下，理解并遵守规则、限制和期待；承担责任并坚持下去；能识别安全与危险的情况，并知道采取何种措施（如，来自陌生人的危险、安全等）；采取措施阻止戏弄/欺凌，或有效处理该问题（说出来，从成人那里寻求帮助）。

二、学前儿童同伴交往的发展特点

学前儿童在幼儿园环境中的重要人际关系之一是同伴关系。学前儿童同伴交往发展特点在不同的年龄阶段会有不同的表现。另外，不同性别幼儿的同伴交往发展也会在交往对象范围、交往对象性别取向偏好等方面有所不同。

（一）学前儿童同伴交往的年龄特点

学前儿童同伴交往的年龄差异方面，两岁至六七岁的同伴交往随着幼儿认知能力、言语技能和社交技能的发展，在数量和质量上都有很大变化。在交往方式上，他们开始较多地采用语言的方式接近同伴，而不是之前身体上和其他方式的接近（王春燕，卢乐珍，2002）；在交往策略的使用上，中班幼儿明显比小班幼儿多，但是和大班幼儿并无明显差异，这进一步表明随着年龄的增长，幼儿同伴交往的质量也有了相应的提高。

视野拓展

从儿童发展友谊的角度，塞尔曼（Selwan，1980）提出了发展的四阶段：第一阶段（3—7岁）是暂时的游戏伙伴阶段，该时期幼儿以是否有玩具，住得近不近来作为衡量是否做朋友的标准。第二阶段（4—9岁）为单向帮助阶段，这一阶段儿童衡量朋友的标准是是否能够服从自己的意愿。第三阶段（6—12岁）是双向帮助阶段，这一时期儿童对友谊有了初步的了解，但是具有功利性。第四阶段（9—15岁）是亲密共享阶段，这一时期的友谊具有了稳定性，并且有很强的排他性和占有性。

（二）学前儿童同伴交往的性别特点

学前儿童同伴交往性别差异的研究方面，哈吐普（Hartup，1983）的研究表明，5—8岁的女孩倾向于和一到两个伙伴交往，而这一时期的男孩子则更倾向于和一个大的群体、与更多的伙伴交往。班纳森（Benenson，1993）的两项实验研究结果表明，男孩对于小组交往有种特殊的偏爱，且他们比女孩拥有更大的人际关系网，这是由他们的性别决定的，与4—5岁这个年龄阶段无关。对与同性伙伴共同游戏的偏爱在幼儿3岁前就已经表现出来（Maccoby，1988），且男女幼儿喜欢的交往类型也各不相同（Maccoby，1990）。克里克和道奇（Crick & Dodge，1996）的一项研究表明，在攻击性行为上，男孩与女孩在本质上没有太大差别，只是在表达或展现方式上表现出了性别差异。通常来说，女孩较多地采用间接的方式来实现自身的攻击行为，如试图破坏某个同伴的声誉或该同伴和其他同伴之间的关系，相较于女孩而言，男孩则更为直接，他们多采用殴打、欺辱等方式来展现。

帕克和西尔（Parler J. G & Seal J，1996）的研究表明，男孩和女孩有着相同的友伴经历，男孩通过与朋友的互动不断延伸和扩大友谊网；而女孩的友谊则较为集中，友谊网的作用相对较弱，她们更愿与最好的朋友在一起，而不大愿意处在三者或以上的团体中。

三、学前儿童人际交往能力发展的影响因素

影响学前儿童人际交往能力发展的因素既包含学前儿童的自身因素，也包含

环境因素，其中自身因素主要包括幼儿的社会认知、情绪理解与调节，以及语言能力。从生态环境观来看，影响学前儿童人际交往能力发展的影响因素还包括微观系统中的幼儿家庭、同伴群体和幼儿期教育。

（一）幼儿自身因素

在以往的研究中，学前儿童个人气质、社会认知、情绪能力的发展以及语言沟通交流能力是探讨较多的影响因素。

1. 个人气质

学前儿童气质的稳定性使同伴的交往方式、态度具有一定的倾向性。庞丽娟（1991）研究发现，积极友好、外向、活泼、较大胆、爱说话的儿童比较受欢迎；很外向、性子急、脾气大、易冲动、非常活泼好动的儿童容易被拒绝；内向、好静、慢性、脾气小、不易兴奋与冲动、胆子较小的儿童则易被忽视。刘文（2002）研究发现，受欢迎的儿童其气质特点为情绪稳定、不激烈，活动的强度和速度适中；而被拒绝的儿童其气质特点为情绪不稳定，爱冲动，情绪激烈，适应性一般，注意力易分散。

2. 社会认知

社会认知是指个体对人、自我、人际关系、社会群体、社会角色和规则的认知，以及对这些观点与社会行为的关系的认识与推论。学前儿童的社会认知能力主要表现在观点采择、移情能力和心理理论等方面（张文新，郑金香，1999），社会认知能力的发展可以使儿童根据他人的社会行为推断出他人的想法、信念和情绪，从而使自己能够站在他人的角度看问题。因此，一个孩子表现出的社会认知程度越高，意味着在人际交往中他/她更有可能对他人的行为做出合理的解释并表现出适宜的交往行为，他/她就会越受欢迎，更容易与他人成为玩伴（Rubin，Bukowski，& Parker，2006）。

3. 情绪理解与调节

儿童的情绪理解与调节能力与人际交往能力密切相关。那些能更好理解自己的情绪并能适当调节情绪以适应社会环境的儿童，在情绪调节策略选择上会更积极。相比之下，他们在人际交往中能表现出更好的社会行为，获得更多积极的反馈，在同伴中也更加受欢迎（Rubin，Bukowski，& Parker，2006）。

4. 语言沟通交流能力

有效的沟通交流能力在人际交往中扮演着重要角色，有研究表明，在与同伴的互动中幼儿之间的交流有利于与同伴分享经验、传递信息、沟通情感，在交流中相互启迪，建构知识，发展语言表达能力及人际交往能力等（洪素云，2007）。拥有较高水平语言能力的儿童能很好地理解和使用语言，在人际互动中能更好地回应他人，把自己的情绪和观点传达给其他孩子，从而更好地解决人际交往中的问题。因此语言能力发展较好的儿童有更高水平的同伴接纳度（Hay，Payne，& Chadwick，2004）。

（二）家庭因素

家庭承担着满足幼儿身体发展需要、养育和完成个体社会化的职责。家庭成员与幼儿长期接触，是幼儿的第一任老师，能提供给幼儿最初的社会关系、行为和角色模式，准许或禁止其与同伴、社区接触的机会。所以，家庭在向幼儿传递行为方式、观念、信仰和所有能被他们生活在其中的社会接受的看法方面起到了第一位的作用（Garbarino，1992）。家庭中友好的交往氛围和长辈科学的教育方式会有效促进幼儿交往能力的发展，为幼儿初步的人际交往奠定良好的基础（曹珂瑶，2013）。

研究者认为父母对儿童同伴联系的总量会产生影响，儿童的同伴联系有赖于父母作为中间人，是否鼓励他们寻找玩伴、是否鼓励他们上幼儿园、是否鼓励他们经常参加同伴间的活动。（Blaton，Gibbons，Gerrard，Conger，& Smith，1997）如果父母经常鼓励幼儿参加非正式的同伴游戏，就会为儿童提供更多与他人交往的机会，从而使他获得良好的人际关系与社交技能（Ladd，LeSieur & Profilet，1993）。如果父母能够对儿童同伴间的交往进行监控，对孩子的冲突进行及时的介入指导，能让儿童获得更好的社会交往技能，获得较高的同伴接受度（Bullock，Xiao，Liu，Coplan，& Chen，2022）。如果父母经常发脾气、下命令，通常会引发儿童的消极反应，抑制儿童社会性交往的发展（Isley，O'Neil，Clatfelter，& Parke，1999）。父母对幼儿的感情投入，经常性的交流与互动可以预测幼儿亲社会行为和积极的同伴关系（Clark & Ladd，2000）。

（三）同伴群体的影响

儿童同伴关系的发展是社会性发展的开端，可以促进儿童某些社会性和人际交往能力的发展，而这些能力是难以在亲子互动中获得的。在托幼机构、幼儿园和邻近地方与同龄幼儿接触时，有大量的社会习得发生。经常与同伴接触可以让儿童练习基本的互动规则，掌握人际交往的技巧，并发展出良好的社会行为（Hartup，1989）。同伴交往中的社会协商、讨论和解决冲突能够帮助幼儿学习理解他人的想法、情绪、动机和意图，这种理解使幼儿能够考虑他们的行为对自己和他人所产生的后果（Rubin & Rose-Krasnor，1992）。

在儿童同伴团体中，研究者发现与拥有良好同伴关系的儿童相比，在幼儿园中被拒绝的儿童在进入小学、中学和大学后更容易出现辍学、使用暴力或参与犯罪活动，并可能产生严重的心理问题。

（四）教育者的影响

教育者以多种方式影响幼儿的人际交往能力：教导幼儿、示范社会行为和态度、设计自然环境、制定常规原则、训练幼儿等。这些策略相互结合为社会习得创造了环境，当这一环境是积极的，并且幼儿与教育者有着积极的互动关系，那么幼儿就会获得较强的人际交往能力。文霞（2011）采用游戏、模拟情景和真实环境中的交往训练等方法，对两名被拒绝和被忽视的幼儿进行了个案干预研究。结果表明，幼儿在真实的生活、学习环境下接受干预计划，能够更有效地提高幼儿的同伴交往能力，增强幼儿交往的自信心。刘丽娟（2017）在系统梳理了国外优秀社会与情绪学习项目的内容与实施的基础上，结合我国部分政策和纲领性文件对幼儿社会性发展的要求，设计并实施了以人际交往为核心的社会与情绪学习课程。结果发现，在以人际交往为核心的社会与情绪学习课程实施之后，实验班幼儿对伤心、生气等情绪的理解水平显著提高，实验班幼儿的情绪症状明显减少，亲社会行为明显增多，人际交往能力和人际问题解决能力显著增强。

第二节　一日生活中学前儿童人际交往能力的培养

同伴互动、同伴关系和友谊为学前儿童提供了大量人际交往经验。在一日生活中，为学前儿童创设积极的人际互动机会，提供与同伴友好相处的经验和体验，并支持学前儿童的友谊行为，是培养学前儿童人际交往能力的重要途径。

一、一日活动中创设积极人际互动的机会

为了培养学前儿童的人际交往能力，教师可以在一日活动中开展各类活动，营造尊重和鼓励儿童与他人积极交往的环境。

（一）创设合适的环境，给予机会让学前儿童自主结伴

《指南》在"愿意与人交往"这一目标中提出"幼儿园应多为幼儿提供自由交往和游戏的机会，鼓励他们自主选择、自由结伴开展活动"的教育建议。教师不仅要为幼儿提供机会，还要创设合适的物质环境和心理环境，鼓励幼儿自主结伴、游戏。

1. 充足适宜的场地、材料和时间有利于儿童之间开展游戏

学前儿童在幼儿园的基本活动是游戏，他们通常在游戏中交友。给予充足的

游戏材料有利于幼儿之间发生沟通，了解对方和结成好朋友，同时也可避免幼儿之间的争抢和无意的碰撞，避免发生冲突；给予幼儿充足的时间，有利于他们与好朋友在游戏中深化友谊，促进幼儿间的交往和亲社会行为的发展，匆匆结束的游戏没法提供幼儿充足的时间与同伴深入沟通。

2. 为学前儿童营造宽松、友爱的精神氛围

鼓励幼儿接受班级中可能会出现的特殊儿童，并愿意给予帮助；不在集体面前经常批评或消极评价某个孩子；分组时鼓励男孩和女孩一起游戏，而不是为了组织方便刻意将男孩一组，女孩一组。在和谐的精神氛围中，幼儿之间的关系和谐友爱，有利于他们发现身边同伴的长处，进而形成深厚的友谊关系。

（二）科学介入区角活动，引导学前儿童掌握不同的交往策略

在观察中，除了处理儿童间的冲突，幼儿教师在区域内最常说的话是："你（们）在做什么呀？"而教师的这种问话通常会导致儿童正在进行的活动和交往中断，这样既不利于教师和幼儿之间的积极互动，也阻碍了他们之间的交往。

在区角活动中，幼儿教师要以观察和倾听为基础，了解学前儿童正在进行的活动、学前儿童的需求、意愿，以及学前儿童的中心话题，适时介入。除了在活动过程中介入之外，教师还可适时加入区角活动，以"伙伴"的身份加入到游戏中，潜移默化地教给幼儿一些交往的技能。如，当幼儿为了争抢玩具和同伴发生冲突时，和幼儿一起去寻找原因，一起商量解决办法；在游戏的过程中主动用自己手里的材料发起和幼儿之间的交换；在有幼儿向其他幼儿借取材料时主动将自己手里的材料借于他；给幼儿建立清楚表达自己意愿的榜样等。在教师参与建构活动的过程中，通过创设情境和角色，回应幼儿的想法，在共同游戏的过程中通过榜样示范告诉幼儿怎么和同伴交往，而不是直接灌输给他们怎么做，以培养他们谦虚、宽容、与人为善的品质和灵活使用多种交往策略的本领。

（三）正确评价学前儿童，促进儿童间的积极交往

在对学前儿童进行评价时，教师一定要树立正确的评价观，对其进行恰当的、多元化的评价。评价的首要前提就是要细心观察儿童，善于发现他们的优点，尤其是那些容易引起他人消极评价的儿童；同时要善于调节自身的情绪，克服不了幼儿一时的不良表现给自己带来的消极情绪而作出的负面评价会对幼儿自尊和其同伴接纳产生无法估量的后果。

同时，教师还要善于引导学前儿童积极评价同伴，如对待龙龙这种经常喜欢打人的小朋友，教师可以说："小朋友们，除了老师发现的龙龙很像个男子汉的特点，你们还有没有发现龙龙其他的优点呢？"锻炼儿童积极发现身边同伴优点的能力，培养幼儿之间的亲同伴关系。

除此之外，教师还可以运用自己的评价来引导幼儿多与异性同伴交往。除了

对幼儿进行正确的评价之外，区域活动中教师的察觉能力是非常重要的，具有良好察觉力的教师不仅可以及时了解目前的区域设置和材料投放是否能满足幼儿需要并能促进他们的发展，还可以发现区域内幼儿交往之间的问题，及目前区域规则、设置、材料对幼儿同伴交往产生的影响，以便及时调整策略。

（四）注重游戏和随机教育，引导学前儿童积累交往的技巧

首先，教师可以通过开展相关主题活动，借助情景表现、互换角色等生动有趣的形式，教给学前儿童一些交往的常用语言，丰富幼儿语言交往的形式、交往策略。还可以利用相关图书、故事，教给幼儿恰当的交往方式，结合幼儿的交往经验，将故事中的方法与现实相结合，引起幼儿的共鸣。与他们讨论什么样的行为受大家欢迎，想要得到其他人的接纳应该怎样做，请幼儿演一演，说一说。

其次，利用日常生活中的随机教育，培养和锻炼学前儿童的交往能力。幼儿的一日生活中包含了十分丰富的社会教育内容，可以请幼儿轮流做小老师，让他们在为大家服务的同时，产生光荣感，得到交往的乐趣。利用跨班游戏联动、户外活动等时间，多开展跨年龄段的相互交往活动，拓宽幼儿的交往范围，发挥混龄教育的作用，引导幼儿使用合适的交往行为方式，进一步提高幼儿的交往能力。

当幼儿发生争抢玩具等不友好行为时，引导幼儿换位思考，进行随机教育，引导他们想一想"假如你是那个小朋友，你有什么感受"。还可以将一些典型的事件，通过全班讨论的形式，让幼儿自由讨论，引导幼儿找到解决办法，教育幼儿多考虑别人的想法和感受，多以商量的口吻来解决问题，这样才能得到其他小朋友的宽容和理解。

最后，发挥游戏的作用。幼儿在游戏中交往，在游戏中与同伴发生互动。如在结构游戏中，幼儿可以发展合作能力和协商能力，有利于增强幼儿的团队合作意识与分享谦让的精神。因为在结构游戏过程中，常会出现两人或多人需要同一种材料的情况，为解决这种矛盾，幼儿会自发学会交换和谦让，也有利于幼儿克服以自我为中心的思想，锻炼语言协商能力。结构游戏中的消极行为不可避免，教师可把游戏中的消极行为作为典型案例展示，并通过教育挖掘引发幼儿的积极行为。教师可在游戏后通过语言描述、请当事人表演，或利用图片、视频展示的方式重新建构还原矛盾场景，采用移情的方式，请主人公进行换位思考，让幼儿学会从别人的角度看问题。

（五）组织相关活动，为幼儿扩大交友圈创造条件

幼儿的交友范围多为幼儿园内部，尤其是班级内部。对幼儿园来说，管理者或教师可以打破班级界限，鼓励年级组或者各年龄段混龄游戏，增加幼儿与非本班级幼儿的互动。除此之外，家长也可以利用自身人际圈帮助幼儿扩大交友圈。

比如,《指南》中提到利用家长走亲戚、到朋友家做客或者家中有客人来访的时机来创造幼儿交往的机会。

视野拓展

家长支持儿童园外友谊发展的小策略

首先,从儿童年龄、性别、邻近性、在活动中的人际关系、兴趣、发展友谊的阶段等方面来考虑为自己的孩子找一个新朋友,提议邀请该朋友来家里做客。有可能在家长没有开始实施之前,孩子就已经不断询问:"我可以邀请××来家里玩吗?"

接下来,需要联系要邀请的孩子家长,确保对方家长知晓这样的安排。其中包括见面的时间,可能持续的时间,谁去接送孩子(如果对方不方便接送的话),以及计划安排的活动。

然后,与自己的孩子演练诸如和邀请的朋友陷入争执等较常出现的交往冲突问题情境。和孩子一起商量哪些东西是想和朋友一起分享的,哪些是不想分享需要收起来的。

最后,和孩子演示朋友来了,作为小主人需要做些什么:热情欢迎小朋友来家里玩,准备好吃的水果、点心,一起愉快地玩游戏,介绍家里的卫生间在哪,欢迎小朋友下次还来我们家里玩等。

另外,社区可多组织同社区小朋友参加亲子活动、幼儿假期活动等,有利于幼儿寻找志同道合的朋友,同时还能克服现代小区生活相对封闭的弊端,拉近社区内小朋友间的距离。政府和社会相关组织可开展不同的见面活动,如组织不同地域幼儿家庭之间互访,或共同参加活动等。这些不同层面的措施都有利于扩大幼儿的交友圈,让幼儿热爱交友,不断练习使用交往方式。

二、改善学前儿童同伴关系的策略

同伴对学前儿童来说具有重要的社会化作用。在与同伴的交往中,学前儿童能够练习不同的技能,知道什么行为是被接受的,什么行为是不被接受的。同伴关系为学前儿童提供了学习新技能、改进已有技能的机会。在同伴交往中,存在一些交往困难的现象,如被拒绝和被忽视。但是,一些研究证明,在接受相应交往技能训练后,他们的交往技能是有所改善的(Coie & Koeppl,1990;Erwin,1998;Murphy & Schneider,1994)。

能够帮助改善学前儿童同伴关系的六种策略分别是:塑造、示范、训练、同伴指导、社会问题解决、合作活动。

（一）塑造

塑造是指使用奖励或鼓励维持一种期望的行为。如，小米处在与新同伴交往需要帮助的阶段，当她对同伴说"你好，我叫小米"的时候，老师投以微笑，并对她说："说'你好'是一种有礼貌的打招呼方式。"教师此时用微笑和言语鼓励小米维持与人有礼貌地打招呼的行为就是塑造策略。

（二）示范

示范就是在行动上演示一种技能的过程。这种演示可以通过情景剧的形式，用木偶、手指娃娃或者人将学前儿童在日常生活中合适的或不适宜的人际交往表现呈现在儿童面前。木偶或手指娃娃在表演中呈现的行为实际上是儿童人际交往行为表现的综合体。当儿童观看表演的时候，也是在看自己。成人在观看时或观看后，可与儿童讨论指出有效的行为。示范的内容、场景、人物与儿童生活越贴近，效果会越显著。

案例：促进幼儿友谊技能发展的表演脚本

老师：小朋友们，大家好。我是你们的露露老师。今天啊，我给大家请来了两个小娃娃。一个是美美（动动左手手偶，并跟小朋友打招呼："你好，我是美美。"该部分可以变声表达）。一个是闹闹（动动右手手偶："你好，我是闹闹。"）。小朋友们，跟美美和闹闹打个招呼吧。

（美美和闹闹同时鞠躬）谢谢大家喜欢我们。

老师：美美和闹闹在玩游戏的时候遇到了点小麻烦，小朋友们来帮他们评评理，看看怎么解决才好。

（手偶表演）美美正在搭建她的冰雪城堡，她玩得很开心。闹闹看见了，也想加入和美美一起玩。然后他一直看着美美。而美美呢，一直在摆弄爱莎和雪宝，她没有抬头。闹闹很伤心，他认为美美不想和他做朋友。

小朋友，美美在干什么呀？闹闹呢？闹闹想做什么？美美知道闹闹想要和她玩吗？你是怎么知道的？如果你是闹闹，你觉得闹闹可以做什么来让美美知道自己也想跟她玩呢？

请小朋友来帮助闹闹，告诉闹闹可以怎么做。

教师可以根据闹闹的行为，帮助美美做出反应。如果有条件的话，可以多提供一些手偶帮助小朋友两两对话进行练习。

注意表演脚本需要包括人物介绍。其中技巧以及缺失技巧行为的示范可以帮助儿童看到自己的日常交往行为，或者为幼儿更好地呈现合适的人际交往行为。另外，幼儿讨论和成人的解释可帮助幼儿理清事情的发展脉络和解读其中的交往信息。尽可能鼓励幼儿抓住机会使用道具创作自己的脚本。

（三）训练

训练就是直接告诉学前儿童怎样使用技能和策略，并对学前儿童的表现提供反馈。训练可以提高学前儿童对社会策略的认识，训练的过程包括：讨论、示范技能、练习、评价。比如，为了让孩子学习轮流，可以设计日常游戏中玩具不够的情境，请孩子们参与讨论怎么办。教师接着提供其中一个策略——轮流玩，并示范技能。先用语言表达："我们轮流玩吧。你玩3分钟，我玩3分钟。"之后利用沙漏计时。接着请孩子们练习，每组1—2个玩具，请他们尝试用轮流玩策略。活动后教师评价学前儿童表现及讨论练习中遇到的问题。

（四）同伴指导

同伴指导就是把一个善于交往的学前儿童与不善于交往的学前儿童放在一组，这样的配对能够提高被忽视儿童的社会技能和地位。通过给小组分配一定的任务，让他们一起完成任务并报告结果。还可以把被忽视儿童与年龄较小的儿童配对，帮助其练习适当的交往行为。

（五）社会问题解决

社会问题解决的能力和技巧与人际交往能力息息相关，教师可以直接教授学前儿童社会问题解决的技能，也可以通过角色扮演、演绎社会情境、儿童提出问题并讨论解决方法等方式培养他们的这项能力。

（六）合作活动

合作活动涉及讨论、交流、赞成、反对等行为，能够有效提高学前儿童的交往技能。要注意加强学前儿童在合作中的互动，避免其过于关注竞争。可以使用如合作拿取体育器材，合作叠被子、脱穿衣服，合作搭积木等方法。

案例：合作游戏快乐多（大班 社会）

活动目标：

1. 知道合作是两人或多人共同完成一件事。

2. 初步学习协商、分工、配合的合作技巧。

3. 喜欢与同伴一起游戏，感受合作游戏的快乐。

活动准备：

1. 经验准备：玩过跳绳，能进行单人跳绳游戏。

2. 物质准备：合作运球视频、合作搭建视频、合作游戏相关图片、长绳。

活动过程：

1. 观看视频并引导幼儿讨论，了解合作的含义

教师播放幼儿合作运球（两人用身体运球，不能用手帮忙）视频。

提问：视频中的小朋友遇到了什么困难？让我们一起来看一看，他们是怎样解决困难的吧！

小结：当我们遇到一个人完成不了的事情的时候，我们需要相互合作去完成。合作成功后我们会感到很高兴。

2. 学习合作中的技能

视频一：小朋友一起用积木搭小学

提问：我们一起来看看幼儿园发生了什么。视频中的小朋友们在搭建之前做了什么？

小结：在同伴合作之前，先进行协商，明确目标，才能更好地进行合作。

视频二：小朋友在搭建过程中各自分工进行搭建

提问：他们在做什么？

小结：在合作中不仅要协商，还要分工，才能更好地完成合作。

视频三：小朋友一起努力，相互配合搭建小学

提问：你看到他们是怎样搭建的了吗？

小结：合作的过程中，我们要相互配合，分工合作，为完成搭建小学共同努力。

最后，观看小朋友的搭建成果，体验合作游戏的乐趣。

3. 游戏实践中体验如何合作

（1）游戏前协商分工。

游戏：合作跳绳，幼儿讨论如何分工。

（2）游戏中感受协调配合。

第一次跳，失败时提出问题：为什么没有成功？谁没跳过去？应该怎样做？

第二次跳，失败时提出问题：怎样才能让所有人节奏一致呢？

游戏成功时感受合作游戏的乐趣。

小结：经过我们游戏前的协商分工，游戏中的调整配合，我们终于成功啦，小朋友们都感到很开心。这就是合作游戏的乐趣。在小朋友的生活中还有很多需要合作的时候，希望小朋友们能主动与同伴进行合作，体会合作的乐趣。

活动延伸：

在家和爸爸妈妈合作完成一道美味的点心或菜肴。

本教案改编自南京师范大学出版社 张明红《学前儿童社会学习与发展核心经验》

三、支持学前儿童友谊发展的方法

和同伴关系一样，友谊能够为学前儿童提供人人平等的机会，同伴是定期在一起从事共同的活动的人，而友谊就是与专门选择的玩伴及活动伙伴之间的感情。友谊为学前儿童的社会性发展提供更多的机会，因此我们要支持学前儿童的友谊发展。

（一）帮助学前儿童理解友谊发展中的意图和行为

除了给儿童提供建立与维持友谊的策略，成人还应当关注儿童在生活中与同伴的互动行为，并在必要时进行介入，帮助儿童理解同伴的行为以及自己的行为会对友谊关系产生的影响，以促进学前儿童友谊的发展。

首先，成人可以解释同伴之间的友好意图。当学前儿童投入到自己的游戏中时，由于担心自己的游戏空间或游戏材料被争夺，他们常常忽视或误解其他小朋友的友好举动并拒绝他们加入游戏。当成人看到一个孩子没有理由就直接拒绝另一个孩子的游戏请求，可以帮助向他们解释新来的小朋友对游戏感兴趣，想与他成为玩伴，然后让孩子自己决定是否愿意接受。一旦幼儿明确了同伴的友好意图，他们通常会更容易接受别人的提议。

其次，在与伙伴的交往过程中，成人可以帮助儿童意识到自己的行为和他人反应之间的联系。如孩子通过推玩伴来引起注意，但是玩伴表现出了不满，这让孩子有些沮丧。这时成人可以说："看起来你好像想和他做朋友，但当你推他时，他会感到生气，不想和你一起玩。朋友是不会伤害彼此的，下次你可以直呼他的名字，告诉他你想要什么。"通过这种方式，成人可以帮助幼儿预测自己行为的后果，提高幼儿的社会认知能力，从而促进幼儿之间友谊关系的建立。

（二）鼓励和促进友谊的发展

成人需要为学前儿童建立一个尊重友谊的环境，鼓励和促进友谊的发展。当两名儿童即将成为朋友时，成人可以鼓励他们谈论共同的喜好，表扬他们的分享、轮流、互相帮助等积极行为，提醒儿童在游戏开始之前就邀请朋友加入。

（三）示范维持友谊的技能

用情景剧或小短剧的形式示范维持友谊的技能。成人可以先引出一个话题，比如"朋友的朋友"，然后用手指娃娃示范故事情景，并请儿童讨论"发生了什么，他们想要做什么，你猜他/她会怎么做，你有什么好办法"，通过讨论得出一些建议，再添加到故事的结局中。

建立和维持友谊

建立和维持友谊是人际交往能力的主要内容之一，友谊关系能为幼儿提供练习解决社会问题技能的机会。随着儿童认知水平的发展，儿童对友谊的理解从一开始"拥有暂时的玩伴"（3岁）逐步转变为"友谊是一种包含信任和支持的纽带"（12岁以上），在建立与维持友谊的过程中儿童学会关心朋友的想法，评估自己的行为，并运用一些交往策略，如物质的交换、互相帮助、情感上的分享来发起互动，以建立与维持关系。友谊的状态包括：接触、维持积极的关系、运用谈判解决冲突，有时还包括结束友谊。

1. 接触

在建立友谊之初，其中一个人必须发出积极接触的请求，另一人要给予回应。积极的接触可以是微笑与主动问好、询问对方的名字、邀请参加游戏和模仿同伴的行为等。只有积极的接触，才能被同伴更好地接受。

2. 维持积极的关系

积极的行为产生积极的反应，幼儿在同伴交往中使用积极策略能够更容易被认定为朋友，并维持这段积极的关系。这些积极的策略包括：轮流、分享、合作、接受同伴建议、表达感情、提供帮助和赞扬同伴等。

3. 运用谈判解决冲突

在交往的过程中，很难避免冲突，冲突也是对友谊的严峻考验。只有用建设性的方法解决冲突，友谊才能维持。在解决冲突时幼儿可以使用一些谈判策略，包括：表达自己的需要和想法、聆听别人的需要和想法、提出一些解决方案、反对不合理要求、接受合理的不同意见、选择折中的解决方案。

4. 结束友谊

因为生活变故，幼儿会面临一些友谊结束的情况，比如搬家或者换幼儿园。这时，幼儿需要学习一些方法，如了解和认识分离、说再见、用其他活动和人来代替朋友等，以便较好地结束这段友谊并开始另一段新的友谊。

四、家园合作

家庭教育的作用是不容忽视的，家长一定要充分考虑幼儿的实际需要和心理发展水平，配合幼儿园的日常教育工作，培养幼儿主动交往和积极交往的行为习惯。只有家庭和幼儿园共同作用，才能使幼儿同伴交往能力获得长足发展。

（一）创设和谐、亲密、友爱的家庭环境，扩大学前儿童的交往范围

幼儿掌握良好交往技能的表现之一是可以主动和同伴交往，并且勇敢自如地与人交谈。父母要创造一种民主、和谐、开放的家庭氛围，耐心倾听孩子的心声，并用言语表达出自己对他/她的理解和鼓励，让孩子敢于表达自己内心的真实想法，做孩子最好的朋友和最忠实的听众。只有可以在父母面前自由表达自己意愿的孩子，才会在与同伴交往的过程中拥有良好的自信，敢于主动发起和同性、异性同伴之间的交往。

另外，幼儿同伴交往的能力是在交往中逐渐培养起来的，家长应经常带幼儿走出家门，鼓励他们与更多的同伴交往，例如，可以经常带孩子在小区内玩，结识小区里同龄的伙伴，经常带孩子去公园等公共场所，接触更多的同伴，让幼儿在和不同的人进行交往中提高自身交往能力。同时教会幼儿基本的交际用语，如，在游戏中用商量的语气："我和你一起玩好吗？""请你借我玩玩好吗？"

从各个方面培养幼儿主动与他人交往和交流的能力。

（二）与儿童共同游戏，引导学前儿童练习同伴交往的策略

正确地加入同伴游戏的策略是需要练习的，"教练"就是家长。家长可以在与孩子游戏的时候有意识地示范孩子需要掌握的正确方式。比如，在和孩子游戏之前询问孩子"我可以和你一起玩吗"。家长通常在加入孩子的游戏时一声不吭地坐在孩子面前，拿走孩子玩具时也什么都不说。家长内心默认孩子是愿意的。如此，这样的行为会被孩子带入与其他同伴的互动中，可是其他小伙伴却不同意了。所以，如果家长希望孩子在同伴交往中能与他人友好相处，掌握相关技能和策略，请与孩子游戏时，也如此对待孩子。

另外，为帮助孩子学会换位思考，体验不同人之间不同的立场、观点和感受，家长可以创设不同的交往情境，和孩子一起扮演不同情境里的不同角色，以教会孩子在不同的情境中应该怎么样和同伴进行交往，并且学会考虑他人的感受。但是在创设情境和幼儿进行游戏的过程中，家长一定不要为了让孩子高兴而处处让他/她获胜，有意识地让孩子体验失败，并且言传身教地告诉他们失败后应该怎么样，引导他们向同伴吸取经验，这样就会避免孩子在同伴交往中因为输赢问题而产生的冲突，让他们慢慢学会同伴交往的方式。

（三）发挥榜样作用，培养学前儿童与同伴进行积极交往

父母是孩子的第一任教师，幼儿在观察父母之间、父母和他人之间相处的过程中逐渐习得与人相处的方式。因此，父母一定要时刻注意自己的行为，父亲和母亲之间一定要相互关爱、共同分享、相互尊重，在和他人相处时也要充分尊重他人，在他人有困难时伸出援手。让幼儿从父母的交往方式中感受爱和尊重，逐渐学会分享、协商和合作等积极的交往行为。

（四）鼓励学前儿童独立解决同伴之间的冲突

同伴之间的冲突发生之后，家长不应该迅速地介入并制止，而应引导孩子主动去交涉，鼓励他们自己解决矛盾，让他们在交往中体验到解决困难的成就感与满足感，从而增进社会交往技能。如，在两个幼儿闹矛盾时，家长不是立刻冲过去拉开，而是告诉他们"你们应该想想为什么会闹矛盾，有没有办法两个人一起解决，如果这么一直闹下去游戏就永远无法继续下去了"。其次，让幼儿接触不同个性特征的同伴也是培养幼儿解决同伴交往中的问题的重要途径。

 ## 本章内容回顾

人际交往能力是指个体积极地与他人相处，建立并保持良好的人际关系的能力。它包括情绪理解和分析社会关系的能力、有效的沟通交流能力、发展并保持友谊的能力、控制和化解冲突的能力。它对个体的社会性发展有着重要的作用，幼儿从出生就开始发展人际交往能力，但个体的发展是有差异的。交往水平较低的幼儿很难发展友谊，教育者可以通过一些支持和帮助促进幼儿人际交往能力的发展。比如，为幼儿创设积极的人际互动机会，提供与同伴友好相处的经验和体验，并支持幼儿的友谊行为等。

 ## 本章思考题

1. 回忆你童年时期的人际交往表现，尝试分析影响你人际交往能力的因素有哪些。

2. 假如你所在班级中有交往水平较低的幼儿，请列出你的支持计划。

3. 面对被忽视和被拒绝的幼儿，你之前是怎么做的？你看到的教师的做法是怎样的？你现在又会怎么做？

 ## 相关资源推荐

书籍推荐

1.《如何培养孩子的社会能力1+2》，[美]默娜·R·舒尔，[美]特里萨·弗伊·迪吉若尼莫著，张雪兰译，北京联合出版公司

2.《非暴力沟通（亲子篇）》，[美]苏拉·哈特，[美]维多利亚.霍德森著，李红燕译，华夏出版社

3.《婴幼儿的人际世界（精神分析与发展心理学视角）》，[瑞士]斯腾著，张

庆译,华东师范大学出版社

绘本推荐

1.《我的兔子朋友》，文/埃里克·罗曼，译/柯倩华，河北教育出版社

2.《亲爱的，我永远在你身边》，文/［德］安可·瓦格纳，图/［瑞典］爱娃·艾瑞克松，译/曾旋，长江少年儿童出版社

3.《我是彩虹鱼》，图文/［瑞士］马克斯·菲斯特，译/彭懿，接力出版社

4.《三叶草带来的幸福》，图文/［日］仁科幸子，译/［日］文纪子，北京联合出版公司

5.《萝卜回来了》，文/方轶群，图/严个凡，长江少年儿童出版社

第七章／

学前儿童人际问题解决能力的
发展与教育

天气晴朗的周末，冬冬和爸爸妈妈一起去公园玩。在公园里，冬冬看见有好几个小朋友在玩丢手绢的游戏，很有趣。她很想加入，但是又不认识她们，她不知道该怎么办才好。

又到玩角色扮演的时间了，云云快速来到角色扮演区，拿起白雪公主的衣服，因为她想做白雪公主。在她准备穿衣服的时候，小美走过来一把抢过云云手里的衣服，嘴里还说着："这是我的，我要演白雪公主。"云云委屈地哭了。

学前儿童在人际交往过程中，往往会遇到上述案例中的问题，如冬冬不知道如何加入其他小朋友的游戏，云云不知道如何应对小美的争抢。他们由于知识和经验的缺乏，遇到此类问题时往往无所适从，或采用一些消极的应对方式，如大声号哭、打架等。这就需要成人帮助他们去学习和掌握相应的人际问题解决技能，在遇到人际问题时能采取适宜的应对方式，从而成为一名受欢迎的社会人。

本章内容聚焦于学前儿童人际问题解决能力的发展与教育，包括学前儿童人际问题解决能力的发展、一日生活中学前儿童人际问题解决能力的培养，以及促进学前儿童人际问题解决能力发展的活动设计。

第一节 学前儿童人际问题解决能力的发展

婴儿自诞生开始，便开启了人际交往之旅。随着人际交往对象的扩大、交往情境的日益复杂，人际交往问题也会相伴而来。面对和解决这些人际问题的能力并不是一出生就拥有的，而是儿童在具体的人际交往中逐渐学习并掌握的。

一、人际问题解决能力

人际问题即个体在与他人交往时会遇到因需求或目的没有达成但又无法做出适当有效的反应而产生的人际交往困境。此时，个体能够运用知识、经验，并结合情境的需要，对问题进行界定，进行问题归因，设想出多种解决方案，并从中选出最适宜、最有效的解决方法的过程就是人际问题解决。

人际问题解决能力（ICPS，Interpersonal Cognitive Problem Solving Skills），又被称为人际问题解决技能，是个体在面临人际问题时，不仅能运用有效的或者是适宜的方式应对自己所面临的问题情境，而且能运用多种认知技能和行为技能去解决问题的能力。人际问题解决能力包括界定问题的能力、替代思考的能力、后果思考的能力、做决定的能力和实施问题解决策略的能力。

（一）界定问题的能力

指在面对人际问题时，对问题情境进行定义，透过对人际线索的觉察，分辨与情境有关以及无关的信息，进而确定人际交往问题解决目标，找出问题发生原因的能力（陈岑蓉，2008）。

（二）替代思考的能力

指个体在面对人际交往问题时，能够设想多种解决问题的策略的能力。对这种能力进行评价时，我们要同时考查儿童提出的问题解决策略的数量和质量，高水平的替代思考能力，意味着儿童能提出多个有效的解决问题的策略。

（三）后果思考的能力

指个体能对自己所拟定的人际问题解决方法，从更宽广的角度来预测每一种解决问题的方法造成的不同后果的能力。即个体在提供问题解决方案的同时，也会考

129

虑到不同解决问题的方案可能产生的后果。而这些后果能为接下来的决定提供参考依据，并依此预测这样的选择对自己和他人的影响，以及他人可能产生的反应。

（四）做决定的能力

指个体经过对问题的界定，设想出各种问题解决策略，并充分考虑各种策略的后果，再比较不同策略的结果，最终选出最佳策略的能力。

（五）实施问题解决策略的能力

指个体选择了最佳问题解决策略并真正用来解决问题的能力。这一能力重点强调的是策略的执行力。

二、人际问题解决能力与学前儿童发展

人际交往是学前儿童成长为社会人的重要途径，在其生活中扮演着极为重要的角色。但交往过程并不是一帆风顺的，难免会遇到各式各样的人际问题。如果儿童掌握了较好的人际问题解决能力，能够妥善处理人际问题的话，那么他将在人际交往中游刃有余，但如果处理不当的话，可能会带来各种消极的影响。

1. 儿童的人际问题解决能力会影响他/她的人际关系，主要体现在同伴关系和师幼关系上。

（1）同伴关系。经常运用问题解决策略来处理人际冲突和人际矛盾的儿童在同伴中更受欢迎，也更易被接受，且较少卷入欺负行为问题中（陈世平，2001）。而在人际问题解决技能方面存在不足的儿童可能会在社会交往中遭到同伴的拒绝，且更容易卷入欺负行为当中（Malloy & McMurray，1996）。无论是欺负还是被欺负，从某种程度上来说都与儿童不善于处理人际关系问题有关。缺乏问题解决能力的儿童很难交到朋友，他们很少关心处于困境的同伴，也很少主动与他人分享、合作。

（2）师幼关系。儿童解决人际问题的能力同样影响良好师幼关系的建立。人际问题解决能力强的儿童，对人际问题的解读和归因更积极，对问题的处理更理性，也更容易表现出合作与担当，因此他们更有可能与成人建立更积极、相互支持和相互信赖的关系。研究发现，问题解决能力低的儿童与冲突的师幼关系相关；儿童采用攻击性的问题解决策略，更容易引发教师与其之间的冲突，而儿童亲社会的问题解决策略使用得越多，师幼冲突水平越低（Ocak，2010）。

2. 儿童的人际问题解决能力会影响他的学业成就和学业成绩。舒尔（Shure，1992）在研究中发现，无论男孩女孩，较差的人际问题解决能力都与学生较差的学业成就相关（Rooney，Drescher，& Frantz，1993）。对儿童进行人际问题解决能力的相关训练，能显著提高他们的学业准备状况和入学后的学业成绩。

3. 人际问题解决能力低的学前儿童更容易出现内化问题行为和外化问题行为。

（1）内化问题行为。焦虑是儿童较为常见的心理卫生问题，也是常见的内化性问题。儿童的焦虑与人际交往问题解决能力密切相关，高焦虑的儿童生成替代性问题解决策略的数量少，策略的有效性、适当性低，理解行为原因的能力也差（赵金霞，2006）。

另外，儿童的抑郁与其人际交往问题解决能力有密切联系。抑郁的儿童与非抑郁儿童相比，提出的有效且恰当的问题解决策略的数量较少。这表明抑郁的儿童在解决人际交往问题的过程中可能存在以下的不足：无法正确解码所收集到的信息，偏好于消极的归因，能给出的恰当且有效的策略少，不能正确预期不恰当的问题解决策略的后果。

（2）外化问题行为。缺乏问题解决能力的儿童有更多的外化问题：不耐烦，易冲动，过于情绪化，容易产生身体、语言攻击。提高儿童的问题解决能力，可以减少相应的外化问题行为。有研究者对 8 岁的儿童进行使用认知问题解决方法的训练后，发现攻击性行为显著降低（Pitkanen，1974）；训练那些攻击性较强儿童的替代思考的能力，也发现这些儿童的攻击性行为明显降低，而合作行为却得到了提高（Zahavi & Asher，1978）。

三、学前儿童人际问题解决能力的发展特点

学前儿童人际问题解决能力的发展表现出年龄特点和性别特点，主要聚焦在人际问题解决策略上。人际问题解决策略是个体在面临人际问题情境时所提出的解决方法。人际问题解决策略主要包括策略的数量、策略的类型、策略的有效性和策略的适当性。策略的数量是指不同的人际问题解决策略，策略的有效性是指策略成功地达到特定交往目标的可能性，策略的适当性是指在特定情境中该策略对于社会交往的适当程度。

（一）年龄差异

年龄对人际问题解决能力的发展会产生影响，这在人际问题解决策略的发展中得到充分的体现。不同年龄阶段，人际问题解决策略的发展的不同方面会有不同的特点。但整体来看，人际问题解决策略的发展水平随年龄的增长而呈上升趋势。

策略的数量随年龄的增长而增长（李秀妍，伍珍，2021），年长儿童人际问题解决策略的有效性也高于年幼儿童（Mayeux & Cillessen，2003），策略的适当性也高于年幼儿童（于海琴，周宗奎，2002；赵金霞，2006；赵金霞，王美芳，2011；刘超，2017）。策略类型的选择，也表现出明显的年龄差异。如年长儿童比年幼儿童更多采用分享/合作等亲社会策略，逐渐减少武力/攻击等消极策略（Green, Cillessen,

Rechis，Patterson，& Hughes，2008）；6 岁儿童在发起交往情境的"交友"策略显著高于 4 岁组，在维持交往、冲突解决情境的"言语沟通"策略显著高于 4、5 岁儿童，冲突解决情境中的"让步或脱离冲突"策略显著高于 4 岁儿童（赵金霞，2006）。

（二）性别差异

不同性别的儿童，其人际问题解决策略的应用也存在差异。就人际问题解决策略类型而言，有研究发现，女孩比男孩更少使用攻击性策略，更多使用人际问题解决策略和亲社会策略（Walker，Zrving，& Berthelsen，2002）；（Rubin & Krasonor，1983）；在解决冲突情境中，男生比女生更少使用"言语策略"，更多使用"通过第三方"策略，更加依赖外在力量（刘超，2017）。就人际问题解决策略的适当性而言，周宗奎和林崇德（1998）发现，小学生中男孩解决冲突采用策略的适当性明显低于女生。赵金霞（2006）的研究进一步发现，在发起交往情境中，4—6 岁的女孩使用策略的适当性显著高于男孩。在选择人际问题解决策略的原因上，女生更倾向于使用"道德规则"和"维持和谐"，即考虑策略对他人的义务及双方和谐关系的维持，而男孩更多倾向于基于过去已有的经验，较少考虑互动情境及互动中的双方（刘超，2017）。

第二节 一日生活中学前儿童人际问题解决能力的培养

幼儿园一日生活是指幼儿园满足儿童一天基本生活需要的活动，主要包括入园、早操、教育活动、自由游戏、盥洗、进餐、睡眠、户外活动、离园等。在一日生活中，儿童会和同伴、教师及园内管理人员有着频繁且亲密的接触，尤其是同伴。在频繁的接触中，他们很可能就会面临相应的人际问题，也为我们提供了培养儿童人际问题解决能力的契机。

一、一日生活中常见的学前儿童之间的人际问题

国内外学者对儿童人际问题解决能力的研究主要是基于儿童的同伴交往，针对同伴交往的三个维度进行研究，即发起交往（How children enter groups）、回应不明确的激怒情境（Respond to ambiguous provocation situation）和处理冲突（Manage conflict）。基于此，我们将分别介绍三个维度中儿童将在一日生活中遇到

的常见的与同伴之间的人际交往问题。

（一）发起交往

发起交往主要包括儿童如何进入群体，与群体成员互动，并能坦然面对拒绝。儿童会遇到的常见问题有不知道如何加入同伴游戏、如何发起交往和同伴成为好朋友、如何面对同伴的拒绝等。

（二）回应不明确的激怒情境

回应不明确的激怒情境主要是指儿童是否能有效应对不明确的又可能激怒自己的情境。儿童会遇到的常见问题有突然的肢体碰撞、同伴的推搡、看到朋友被欺负、自己被误会、被同伴嘲笑等。

（三）处理冲突

处理冲突主要是指儿童是否能有效地处理人际交往过程中常出现的人际冲突问题，尤其是同伴之间的冲突。这些冲突主要是同伴之间因观点、利益等各方面的不同而引起的不一致的状态（魏晓娟，2003）。

儿童常见的冲突问题有物品争抢或扮演角色争抢、意见不一致（如制定游戏规则的意见不同、玩具的玩法不一致等）、拒绝或被动合作、推搡他人或独占行为，以及出现小圈子或你是我的好朋友就不能和别人玩等。

二、一日生活中学前儿童人际问题解决能力的培养

如何在一日生活中培养学前儿童人际问题解决能力呢？教师可以设计以解决人际问题为中心的谈话活动，并以突发性的人际问题为契机来开展相应活动。

（一）以解决人际问题为中心的谈话活动

谈话活动是幼儿园一日生活的环节之一，不同的幼儿园时间安排不同，有些是晨间谈话，有些是午饭前谈话。谈话活动中，教师一方面可以和儿童进行深入的情感交流，构建良好的师幼关系。另一方面也可以根据教育的需要，创设相应的谈话主题，在潜移默化中培养儿童各方面的能力。因而，教师可以充分利用谈话活动来培养儿童的人际问题解决能力，创设以解决人际问题为中心的谈话活动。

1. 创建温馨的谈话氛围

谈话氛围对于谈话活动的顺利进行尤其重要，在轻松、自由的氛围中儿童喜欢说，想说，也更敢说。那么，如何营造温馨的谈话氛围呢？

（1）创设轻松的谈话环境

在开始谈话前，教师可以创设轻松的交谈环境，播放舒缓的音乐，或者带领儿童玩小游戏让他们的身心得到放松，如手指游戏、语言游戏都是值得推荐的。无论是音乐还是游戏的选择，都需要注意既要让儿童放松，但又不能过度调动其

情绪。因为过于激动、兴奋的情绪不利于谈话活动的顺利进行。

（2）耐心倾听，适时追问

谈话活动中，教师要给儿童足够的时间自由表达观点，并做到耐心倾听。多说"还有其他的办法吗"，少说"我认为……"。当儿童的观点错误的时候，教师不要急着纠错，如此会让儿童感到挫败，丧失继续谈话的信心。相反，要认真倾听儿童的回答，听完后继续追问"那么，如果采用这种方法，可能会导致怎样的结果"或者"你认为这种方法有用吗"，鼓励孩子深入探讨。

（3）鼓励自由随意的表达

谈话活动中允许儿童自由表达观点，即使遇到不规范的语言表达也不贸然打断。因为贸然打断不仅会干扰儿童思考让其无所适从，也会使他们因为轻松的氛围被破坏而感到紧张。可以在他们回答结束后，教师再通过重复的方式来纠正错误。如此既能让儿童学会正确的语言表达，也能让谈话活动轻松地进行下去。

2. 谈话主题的选择

在设计以解决问题为中心的谈话活动时，谈话主题的选择很重要。谈话主题可以是来源于儿童的日常生活，也可以来源于他们的兴趣关注点。越是与儿童已有经验紧密相连的主题，越能引发儿童的兴趣。如老师发现孩子们在角色扮演活动中，经常会因为想要扮演的角色而发生冲突，于是将孩子争抢角色衣服的过程拍了下来，随后开展了主题为"我想演王子，他也想演"的谈话活动。

3. 以解决人际问题为中心的谈话

开启以解决人际问题为中心的谈话，可通过创设相似情境以唤醒儿童相关的生活经验。如下面示范案例中燕子老师拍摄的视频是源于真实区角游戏中发生的事件，这类真实事件极易唤起儿童已有的经验，瞬间就打开了他们的话匣子。

谈话活动的目的是通过谈话培养儿童解决人际问题的思维，进而使其掌握解决人际问题的技能。所以，儿童既是解决问题的主体，也是谈话活动的主体。因此，教师要给儿童充足的时间和机会自主发现问题，讨论问题产生的原因，寻找解决问题的办法。

虽然在整个谈话活动中儿童是主体，但教师的引导同样至关重要。教师可以根据儿童的回答，通过不断的提问和引导，启发他们思考。

一般以解决问题为中心的谈话活动，教师可在谈话中采用以下问题进行提问，如：

- 这是什么问题？发生了什么？你发现了什么（问题）？
- 这样做可能会产生什么后果？
- 这是个好的解决问题的方法吗？
- 如果你是他（她），你会怎么做？你有不同的办法吗？
- 如果这样做，可能会产生什么后果？

- 这是个好办法吗？
- 如果下次你遇到这种情况，你会采用这种办法吗？

在整个活动中，教师既不直接给予儿童解决问题的办法，也不评价解决问题的办法。而是让儿童自己思考解决办法和预测每种解决办法可能产生的后果，进而判断是不是个好办法。

示范案例：

在谈话活动中，燕子老师将提前拍摄好的视频播放给小朋友们看，视频内容为丁丁和昊昊两个人因为都想演王子，但王子的衣服只有一套，所以发生了争抢。燕子老师带领孩子一起讨论问题的解决办法：

燕子老师：小朋友们，从视频中你们发现了什么问题？

儿童：丁丁和昊昊（视频中的儿童）抢衣服。

燕子老师：那他们为什么要抢衣服？

儿童：衣服只有一套，他们都想当王子。

燕子老师：那他们这样做，可能会产生怎样的结果？

儿童1：可能会撕坏衣服。

儿童2：丁丁可能会受伤。

儿童3：昊昊也可能会受伤。

燕子老师：那这是一个好的解决问题的办法吗？

儿童：不是。

燕子老师：那如果你是丁丁或是昊昊的话，会怎么做？

儿童：我是丁丁的话，会让昊昊先玩，等他玩好我再玩。

燕子老师：如果这样做的话，会产生什么结果？

儿童：我们会一起玩，会玩得开心。

燕子老师：那你觉得这是一个好办法吗？

儿童：是的。

燕子老师：那如果下次你遇到这样的问题，你会采用这个方法吗？

儿童：嗯。

燕子老师：那其他小朋友还有什么不一样的办法？

儿童：可以石头剪刀布，谁赢了谁玩。

……

视野拓展

在现实生活中，当儿童遇到问题时，无论家长还是教师，第一反应就是帮助儿童解决问题，或者教给儿童解决问题的方法。这样做，虽然可以快速地解决问题，但对于培养儿童的人际问题解决能力成效不大。他们在问题出现时，很容易忘记老师教给他们的办法，而回归本能，采用原来一些消极的方法、策略。因而，我们要给予孩子的，不仅是帮他们解决问题，更重要的是培养他们以解决人际问题为中心的思维。如下图所示：

界定问题　发现原因　解决问题的方法　最佳方法　运用方法

在面对人际问题时，能够根据线索判断情境，明确问题。　根据问题线索，发现产生人际问题的原因。　根据产生问题的原因，思考多种解决问题的方法。　在众多解决问题的方法中找出最佳的解决方法。　把最佳的方法运用到实践问题情境中以解决实际问题。

图 7-1

（二）突发性的人际问题的解决

"老师，君君把蓉蓉推倒了，蓉蓉哭得很伤心！"

"老师，丁丁与军军两个人在抢玩具。"

"老师，晨晨他打我……"

……

类似的话语和状况在幼儿园里每天都会重复上演，经常让教师感到措手不及，但同时也为教师提供了良好的教育契机。因为，创设的问题情境远没有真实情境来得生动和丰富，真实情境中具体的人际问题的解决，容易凸显教育活动的成效。那么，教师如何抓住教育契机，从容应对儿童突发的人际问题呢？

1. 冷静判断，及时制止

教师面对儿童突发的人际问题时，首先要保持冷静。冲突发生时儿童的情绪往往是十分激动的，教师如果能够冷静面对，就给儿童做了良好的示范，使其也能够逐渐冷静下来。冷静可以帮助教师快速地判断冲突的性质、发生的原因，因而做到心中有数。如果冲突比较激烈导致儿童受伤，教师则要及时制止，迅速分离儿童，避免造成进一步的伤害。

2. 引导儿童自己解决

在儿童情绪平复下来后，教师要与儿童一起开启人际问题解决谈话，引导儿童自己解决问题。在具体对话情境中，可根据情境对六组人际问题解决基础问题进行选择。六组人际问题解决基础问题如下（舒尔，2009）：

● 发生了什么事？怎么回事？怎么了？

通过客观的询问，帮助儿童明确问题所在，提高儿童界定问题的能力。

● 你有什么感觉？（对另一个孩子）你有什么感觉？

通过让孩子关注自己的感受来帮助儿童了解问题所引发的行为给自己及他人带来的影响，考虑自己行为的后果。

- 那你认为这是个好方法吗？

帮助儿童进一步认识到原来采用的方法并非是一个好方法，为引导孩子主动思考一个更妙地方法做铺垫。

- 你（我们）可以想一个让大家都不会生气的不同的方法吗？你（我们）可以想一个不同的方法来解决问题吗？这个方法不会让你们发生争吵（或者打架等）。

通过提问，让儿童主动去选择一个新的方法。此时不同的是，儿童在选择新方法的时候会主动思考这个方法所带来的后果，这个新方法是要让彼此双方都接受且不会受到伤害的方法。这样，孩子在思考的过程中会主动舍弃可能会引起不好结果的方法。

- 这是不是一个好方法呢？

进一步引发孩子去思考解决问题的方法可能引发的后果。

- 如果是个好方法，"那就去试试看吧！"；如果不是个好方法，"看来你得再想个不司的方法"。

在这个环节中，教师要鼓励儿童主动去尝试运用和实践解决问题的方法，提高儿童实施问题解决方法的能力。

视野拓展

在突发人际问题出现后的时候，教师和儿童开展人际问题解决对话的时候，教师需要注意的是：

（1）突发人际问题出现时，情绪处理很重要。一方面要关注孩子的情绪，往往这个时候他们的情绪比较激烈。要想办法舒缓他们的情绪，使他们逐渐冷静下来。另一方面，教师也要尽量控制好自己的情绪，保持理性，在提出问题时尽量不带指责、批评的情绪，否则可能会让儿童害怕，影响其主动思考的能力。

（2）明确引发问题的是儿童，解决问题的主体也应该是儿童。切忌越俎代庖，直接给予儿童解决问题的方法，或帮助儿童直接解决问题。重视孩子思考的过程，在耐心提问中让儿童主动找到问题所在，明确产生该问题的原因，理解不同的解决问题的方法可能引发不同的结果，并找到一个更好的解决问题的好方法。好的方法是让大家都感到愉快、可接受的方法。这个好方法是儿童通过在教师的提问，自己思考所寻找到的。

（3）在对话中，教师要慎重使用评价性语言。无论是表扬还是批评性的语言，都会在无形中影响孩子思考问题的主动性，影响他们对问题的判断、对问题解决方法的寻找。教师可多采用鼓励性的语言，引导孩子自己去发现问题，寻找解决问题的方法，并主动去实践。

3. 总结经验

突发人际问题解决之后一定要做好经验总结，这不仅包括教师对问题处理过程的反思，也包括对突发事件延伸的认识，因而显得尤其重要。一方面，教师可以借助儿童人际问题解决记录表来帮助自己进一步总结反思（见表7-1）。另一方面，教师也可以趁热打铁，把儿童间出现的人际问题作为下一次谈话活动的主题，让儿童再一次讨论"如果遇到这样的问题，怎么办"，引导他们进一步思考，掌握类似问题的处理能力。

表7-1　儿童人际问题解决记录表（教师版）

观察时间		观察者	
观察对象			
实况记录			
起　因			
过　程			
结　果			
教师行为			
处理过程			
总结与思考			

示范案例1：

【场景】自由游戏环节，妞妞和欣欣两个人突然开始争抢一个娃娃，妞妞的手一把抓了欣欣的脸，欣欣哇哇大哭。

解决示范：

1. 在此情境下，教师第一时间分开妞妞和欣欣，防止出现更严重的身体伤害。同时，安抚欣欣的情绪，帮助其稳定情绪。

2. 开启"人际问题解决"的对话，引导儿童自己去解决问题。

　　教师：发生了什么事？

　　妞妞：她（欣欣）抢我的玩具。

教师：妞妞，欣欣抢了你的玩具你是什么感觉？

妞妞：生气。

教师：欣欣，你抢妞妞的玩具后发生了什么？

欣欣：妞妞抓我。

教师：妞妞抓你，你什么感觉？

欣欣：生气、痛。

教师：欣欣想玩妞妞的玩具，就去抢，妞妞很生气，就抓了欣欣。欣欣被抓后觉得很痛，也很生气。你们觉得这是一个好办法吗？

欣欣：不是。

妞妞：不是。

教师：那你们可不可以一起想个办法，可以让你们两个都不会生气，也不会打架？

妞妞：我可以把娃娃给欣欣玩。

欣欣：我可以先玩会儿别的，等她不玩的时候再玩。

教师：你们可以去试试这些办法。

3. 在问题解决后，教师进一步总结反思。

示范案例 2：

【场景】 在玩过家家进行角色分配时，丽丽想做妈妈，但强强不同意，他觉得应该芳芳做妈妈，他们争吵起来，丽丽难过地哭了起来。

解决示范：

1. 在丽丽和强强争吵无果，且丽丽难过地哭了起来时，教师介入干预。在该情境中，教师需要先安抚丽丽的情绪，帮助她将情绪逐渐平稳下来。

2. 在丽丽情绪稳定下来之后，组织强强和丽丽一起开启"人际问题解决"对话。

教师：发生什么事了？

强强：丽丽想做妈妈，可是我觉得芳芳更适合做妈妈，她说不过我就哭了。

教师：为什么你觉得芳芳更适合做妈妈呢？

强强：她会温柔地照顾小宝宝。

教师：强强，当你不同意丽丽做妈妈后，你认为丽丽的心情是怎样的？

强强：伤心、难过。

教师：丽丽，强强认为芳芳更适合做妈妈是因为她会温柔地照顾小宝宝。那么，你们能想个办法既可以让丽丽不那么伤心，又可以让强强觉得妈妈可以照顾好小宝宝？

丽丽：我可以像芳芳一样温柔。

强强：这一次可以先让丽丽做妈妈，她做得不好再找芳芳吧。

教师：你们可以一起去试试看。

3. 在问题解决后，教师进一步总结反思。

第三节　促进学前儿童人际问题解决能力发展的活动设计

以解决人际问题为核心的社会与情绪学习是面向大班儿童开展的实践课程，通过干预活动，提高儿童的人际问题解决能力。本节将分别介绍课程框架、课程目标的制定、课程的实施以及具体的活动方案。

一、课程框架

通过对大班教师开展儿童人际问题解决访谈，梳理结果发现在儿童与同伴交往过程中，教师认为最容易发生意见不一致、争抢玩具、角色分配不均、交友（发起交往和维持友谊等）和肢体碰撞、推搡等问题。

以同伴交往的三个维度（发起交往、回应不明确的激怒情境和处理冲突）为基础，结合教师访谈结果，确定单元主题分别为"我会交朋友""我会化解'误会'"和"我会解决问题"，建构了以解决人际问题为核心的社会与情绪学习课程的基本框架，如图7-2所示。

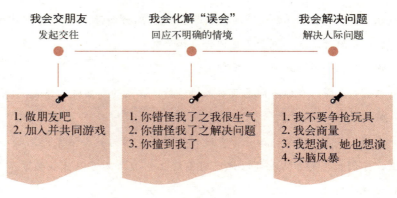

图7-2

二、课程目标的制定

幼儿园教育目标是教育目的在幼儿园的具体化，反映出幼儿园人才培养的规格和要求，其目标对儿童的全面发展提出更具体的标准，明确了在教育影响下儿童的发展变化，全面指导着幼儿园教育教学工作。

本课程在教育目标的基础上，综合国内外有关儿童人际问题解决干预活动的研究，从大班儿童的身心发展水平、学习特点和兴趣需求出发，遵从儿童教育目标的层次性和递进性，制定出总目标、单元目标和具体活动目标。

（一）课程总目标及单元目标

总目标是提升大班儿童人际问题解决的五大能力（即界定问题能力、替代思考能力、后果思考能力、做决定能力和问题解决能力）和培养儿童以解决人际问题为中心的思维模式。总目标决定着单元目标和具体活动目标的制定，贯穿于整个大班儿童人际问题解决干预课程中。下表罗列了课程的总目标和单元目标。

表 7 - 2　课程的总目标和单元目标

总　目　标	课程单元	单元目标
1. 提升识别人际问题的能力，理解问题产生的原因，并学会控制问题情境所引起的情绪。 2. 通过具体人际问题情境，思考多种解决人际问题的办法。 3. 能够思考每种解决办法可能导致的后果。 4. 能够做出正确的决定，选择解决问题的最佳办法。 5. 尝试在日常生活中运用人际问题解决策略，并乐于与朋友们分享。 6. 培养以解决人际问题为中心的思维模式。	我会交朋友	1. 学习并掌握应对交朋友所面临的问题情境的方法，能够主动发起交往。 2. 乐于与人交往，体验与人交往的快乐。
	我会化解"误会"	1. 能够正确认识、接纳、表达自己生气的情绪，学习用多种方法调节自己的情绪。 2. 学会用多种方法来应对可能激怒自己的情境，并能选择最佳方法。
	我会解决问题	1. 面对冲突情境，能够学会控制自己的情绪，运用多种方法来解决冲突，并结合可能会发生的后果，选择最佳方法。 2. 感受解决问题带来的快乐，喜欢自己主动去解决问题。

（二）具体教学活动目标的制定

具体教学活动目标是总目标和单元目标的具体化，对教师教学过程的评价有着直接影响。因而，在设计具体教学活动目标时，需要依据儿童的实际发展水平，阐述需具体明确、重点突出且操作性强。以第一单元"我会交朋友"为例来制定具体教学活动目标，见表7-3。

表7-3 "我会交朋友"具体活动目标

单元目标	具体教学活动	具体教学活动目标
1. 学习并掌握应对交朋友所面临的问题情境的方法，能够主动发起交往。 2. 乐于与人交往，体验与人交往的快乐。	做朋友吧	1. 学会思考和处理交新朋友的人际问题，使用多种方法主动交朋友。 2. 体验交朋友和一起玩的快乐，并乐于主动与人交流。
	加入并共同游戏	1. 能够掌握多种加入同伴游戏的方法。 2. 能够想办法应对同伴的拒绝。 3. 体验和朋友们一起玩的乐趣。

三、课程的实施

在不影响幼儿园正常一日活动的前提下，本课程共开展了九次干预活动，每周一次，每次活动时间为35—45分钟。每次活动由准备活动、出示问题情境、自主讨论和体验活动四部分组成，既要培养儿童人际问题解决的五大能力，也要培养以解决人际问题为核心的思维模式。

图7-3 课程实施流程图

（一）准备活动

准备活动是一堂课的开始阶段，主要目的是诱发儿童已有经验，激发学习兴趣，调动其积极性与主动性，让他们能够全身心投入到学习活动中。由于儿童注意力集中时间较短，因而，需要通过教学活动开展的多样性来保持儿童的注意力，并严格控制活动的时间。

该环节主要采取经验分享、游戏、观看视频等形式进行教学。如第一课时"做朋友吧"，教师让儿童说一说好朋友的名字、好朋友最喜欢玩的游戏以及两个人在一起最喜欢玩的游戏，通过这种经验分享的方式来诱发儿童已有经验，帮助其较快地应对后面出现的相应情境。在第二课时"加入并共同游戏"中，教师采用"寻找花瓣"的游戏，让儿童体验和朋友们一起玩的快乐，为"加入并共同游戏"的教学活动做好铺垫。在第八课时"我想演，她也想演"中采取观看视频的形式，由于视频内容来源于真实生活，所以能够较快吸引儿童的注意力，引发他们的共鸣。

第二课时 "加入并共同游戏"教学实录

（以下呈现相应部分的教学实录，T代表教师，S代表儿童，涉及儿童的名字均为化名）

T：小朋友们，今天我们要玩个游戏叫"花儿朵朵开"。怎么玩呢？请仔细听：现在每个小朋友手里都拿着1片不同颜色的花瓣，每5片相同颜色的花瓣可以组成一朵漂亮的花儿。那么，你们现在就需要找到其他4个拿着和你手上花瓣颜色一样的小朋友，然后一起拼成一朵花。听明白了吗？

S：明白。

T：好的，接下来听到"开始"你们就可以去找花瓣了。开始！

（二）出示问题情境

该阶段主要是出示问题情境，一般用幻灯片播放与情境相吻合的图片来展示。情境图片主要来自于绘本"长大我最棒"系列丛书、以及《我不想生气》和《做朋友吧》。根据活动的需要和儿童的实际生活，从这些图画书中选取相应的图片，创设相应的情境。如第一课时"做朋友吧"，根据图画书《做朋友吧》，选取小蛇在新小区交不到朋友的故事情境。第三、四课时"你错怪我了之我很生气"和"你错怪我了之解决问题"选取了图画书《我不想生气》中的情境——妈妈错怪了毛毛兔，以为它在墙上画画，毛毛兔很生气。

教师通过幻灯片出示相应的图片，创设情境，引导儿童仔细观察图片，从图片中发现问题，并能根据线索自主思考或一起探讨，找到引起问题的原因。教师在整个过程中充当引导者的角色，通过提问来引导儿童进一步地思考和发现问题。因而，教师提问的重要性不言而喻，尤其当儿童的思考脱离情境时，可以帮助儿童把握思考的正确方向。在这个过程中，教师需避免直接告诉儿童产生问题情境的原因，一切强调儿童的自主发现、自主思考。

第三课时 "我很生气"教学实录

（以下呈现相应部分的教学实录，T代表教师，S代表儿童，涉及的儿童名字均为化名）

T：那接下来老师要介绍一位新朋友给你们认识，它是谁呢？（呈现幻灯片）

S：小兔。

T：这是一只小兔，它的名字叫毛毛兔。大家一起来看看，毛毛兔怎么了？

S：它生气了。

T：你是怎么知道的？

S1：从它的脸看出来的。

T：它的脸怎么了？

S1：它的脸变红了。

T：其他小朋友有不一样的答案吗？

S2：它的头上冒火了。

T：哦，这个小朋友发现的是它头上冒火了，还有其他不一样的回答吗？

S3：它的肚子里面好像有个大火球。

T：嗯，这是一个不一样的发现，它的肚子里面好像有个大火球，还有其他不一样的发现吗？

S4：从它的表情知道的。

……

（三）自主讨论

该环节以讨论模式为主，让儿童根据情境自主思考，讨论解决问题的策略，以及对每个策略可能造成的后果进行预测，从而判断策略正确与否，并引导儿童根据个人的喜好选择最适合自己的好方法。整个过程教师不干预、不提供策略、不做判断，全部由儿童自己思考、讨论、判断，并选出自己最喜欢的方法。当然，教师会提前根据问题情境设计核心问题，通过提问来引导儿童思考。见第六课时"我不要争抢玩具"示例。

教师根据菲菲和姐姐抢大猩猩玩具的故事情境设置核心问题：

1. 菲菲遇到了什么问题？为什么会发生这个问题？

2. 菲菲选择和姐姐抢玩具，这个方法好不好？为什么不好？

3. 如果你是菲菲，有什么好方法？用这个方法会发生什么事情呢？

4. 你最喜欢用哪个好方法？

儿童的讨论分为集体讨论和小组讨论。集体讨论由教师根据儿童在观察情境时发现的主人公所遇到的问题进行预设提问，比如："当毛毛兔被妈妈错怪了，它有什么办法向妈妈解释清楚呢？"然后邀请想好答案的儿童站起来回答。集体讨论容易组织，儿童之间的回答也会相互激发，甚至会相互质疑，从而想出新的办法。小组讨论，即把班级儿童分成几个小组，让其互相讨论，把自己的好办法分享给周围的儿童，并站起来分享讨论出的好办法。如此能够有效保护儿童的积极性，也弥补了集体讨论不能关注到每位儿童的不足。

（四）体验活动

体验活动，即通过角色扮演、绘画等形式来加深儿童的情感体验，让儿童练习、巩固所学的知识，以及培养儿童的人际问题解决能力。如第一课时"做朋友吧"，儿童通过扮演小蛇，体会小蛇交不到朋友的悲伤心情，以及想办法后成功交到朋友的喜悦。第四课时"你错怪我了之解决问题"中通过绘画活动"被别人错怪的我"，儿童可以仔细回忆被别人错怪时的心情、肢体动作、表情等，深入体会情境中主人公的情绪，思考如何缓解这些不良情绪，最终解决问题。

四、具体活动方案

活动方案的设计是教学的重要环节之一，体现了教师的教育思想、教育观念，能有效指导教师的教学。因而，教师在开展教学活动前，要做好教学活动方案的设计。下面是以解决人际问题为核心的社会与情绪学习课程各单元活动方案设计的目的、理念以及具体的教学案例。

（一）单元活动方案设计的目的、理念

1. 我会交朋友

"我会交朋友"这一单元主要围绕儿童日常生活中发起交往时遇到的人际问题展开，主要包括"做朋友吧"和"加入并共同游戏"两节课。

● 课程目标

培养儿童学习并掌握多种交新朋友的方法、技能，并能够想办法、有办法应对他人的拒绝。

● 设计理念

如何发起交往、主动交新朋友是儿童生活中常会遇到的人际问题，会对儿童的自尊心以及良好同伴关系的建立产生一定的影响。"做朋友吧"活动选取绘本《做朋友吧》中小蛇交朋友的情境，通过让儿童观察、思考小蛇被朋友拒绝的难处，以及想办法帮助小蛇交朋友，帮助儿童学习交朋友的方法，以及学习如何应对他人的拒绝。"加入并共同游戏"活动通过呈现小丽想和朋友一起玩，但不知道怎么加入朋友一起游戏的困境，引发儿童想办法帮助小丽摆脱困境，从而掌握多种交朋友的方法。

2. 我会化解"误会"

本单元主要围绕儿童在生活中经常遇到的被误会、被错怪这一人际问题展开，主要包括"你错怪我了之我很生气""你错怪我了之解决问题"以及"你撞到我了"三节课。

● 课程目标

培养儿童学习并掌握缓解生气这一消极情绪的方法；引导儿童当面临被错怪

的情境时，能够想办法解决问题，并掌握解决该问题的方法。

● 设计理念

被误会、被错怪是儿童常会遇到的人际问题。当儿童没有很好地处理这一消极情绪时，就会被情绪主导，表现出哭、闹、丢东西等不良行为。因此儿童需要掌握处理该人际问题的方法。"你错怪我了之我很生气"是帮助儿童学习、掌握处理消极情绪的方法，"你错怪我了之解决问题"是帮助儿童学习并掌握解决人际问题的方法，"你撞到我了"是在意外被撞到这一情境中让儿童运用自己所掌握的方法。

3. 我会解决问题

本单元主要围绕儿童生活中常见的冲突问题展开，如争抢玩具、意见不一致等。该单元主要包括"我不要争抢玩具""我会商量""我想演，她也想演"以及"头脑风暴"四节课。

● 课程目标

在玩具、服装、道具等有限的情境下，培养儿童学习并运用积极、有效的方法来解决问题；培养儿童学会用正确的方法和他人商量，尤其是当意见不一致的时候。

● 设计理念

儿童交往中，经常发生争抢玩具、角色和服装道具，以及意见不一致的现象。儿童遇到此类问题时，常会采取消极的处理方法，如抢、推、咬，这些不仅不利于问题的解决，可能还会引起安全问题。因而，教育儿童如何应对这些问题情境十分重要。这些课程中，"我不要争抢玩具""我会商量""我想演，她也想演"三节课程分别依据具体问题情境引发儿童讨论，培养儿童处理具体问题的能力；"头脑风暴"主要培养儿童运用所掌握的解决人际问题的方法来处理具体问题情境的能力。

（二）具体活动教案示例

做朋友吧（大班）

活动目标：

1. 尝试和同龄人交朋友，学习交新朋友的方法、技能。

2. 学习应对他人的拒绝，并能坦然面对。

3. 体验交朋友并一起玩游戏的快乐。

活动准备：

绘本《做朋友吧》

活动过程：

（一）谈话导入，引出朋友话题

通过让儿童说一说"你有好朋友吗""你能聊一聊你的好朋友吗"，导入绘本《交朋友吧》的学习。

（二）帮助小蛇交朋友

故事概要：

小蛇想要和大家交朋友，它决定先和大家打个招呼，大家都被它吓跑了，而且还十分害怕它。小蛇很难过，后来它决定做一条温柔的蛇、热情的蛇，成功交到了朋友。

1.观察阅读，发现问题

（1）小蛇最近搬家了，搬到一个新小区，它很想和它的新邻居们一起玩。我们一起来看看它的邻居都有谁。（出示封面幻灯片）

（2）小蛇想要和它们交朋友，它们愿意和小蛇玩吗？

2.引发讨论，寻找原因

（1）小乌龟、小蝌蚪愿意和它做朋友吗？为什么呢？

（2）小青蛙愿意和它做朋友吗？为什么呢？

（3）小老鼠愿意和它做朋友吗？为什么呢？

（4）小朋友愿意和它做朋友吗？为什么呢？

（5）小猫愿意和它做朋友吗？它们成为朋友了吗？为什么呢？

（6）小鸟愿意和它做朋友吗？为什么呢？

小结：大家因为害怕小蛇，所以不敢和它交朋友。

3. 感知情绪，寻找解决问题的办法

（1）大家都害怕小蛇，不愿和它交朋友，小蛇的心情是怎样的？

（2）小朋友们来帮助小蛇一起想办法，小蛇怎样才能交到朋友呢？

（3）如果采用这个办法，可能会发生什么事情？

（4）小朋友想了这么多方法，你们觉得哪个方法最好？

（5）在小朋友的帮助之下，小蛇交到了很多好朋友，它现在的心情是什么样的？

小结：在小朋友的帮助下，小蛇找到了交朋友的好方法，和大家成为了好朋友，它非常高兴，交新朋友真是一件快乐的事情啊。

（三）角色扮演，内化交友经验

表演《小蛇交朋友》，请小朋友分别饰演小蛇、小蝌蚪、小青蛙、小老鼠、小猫、小鸟，再现小蛇交朋友片段。

活动延伸：

请小朋友们运用小蛇交朋友的方法尝试在户外晨练时结交新的朋友，并在班级里分享。

本章内容回顾

学前儿童在成长的过程中会面临各种复杂的人际关系，而这些关系在维系中会产生各种各样的问题，如何去更好地解决这些人际问题会直接影响他/她的人际交往及日后的学业成就等。

学前儿童人际问题解决能力包括界定问题能力、替代思考能力、后果思考能力、做决定能力和实施问题解决策略能力。这种能力是可培养的。在一日生活中，教师可围绕儿童遇到的常见的人际问题，通过发起以解决人际问题为中心的谈话活动，抓住突发的人际问题，通过情境导入，引发儿童思考、讨论，帮助他们形成以解决问题为中心的思维模式。在教育教学中，教师也可通过创设情境、借助绘本等方法，巧妙设计活动方案，提升儿童的人际问题解决能力。

本章思考题

1. 面对儿童突发的人际问题，作为教师应该如何处理？

2. 请根据儿童的人际冲突情境，设计一份以解决儿童人际问题为中心的谈话活动方案。

相关资源推荐

绘本推荐

1.《菲菲生气了，非常、非常的生气》，图文/莫莉·卞，译/李坤珊，河北教育出版社

2.《我的情绪管理图画书》，[新西兰]特蕾西·莫洛尼/著，程玮/译，南京大学出版社

3.《做朋友吧》，松冈达英/著，连环画出版社

4.《和朋友们一起想办法》，[英]戈尔德萨克/著，[英]斯莫尔曼/绘，柳漾/译，长江少年儿童出版社

5.《朋友桥》，[巴西]埃利安多·罗恰/著，[巴西]保罗·瑟米/绘，彭懿，杨玲玲/译，国家开放大学出版社

第八章 ／

学前儿童亲社会行为的
发展与培养

在一场模拟的足球赛中，两个班级各选六名幼儿，比赛刚开始时本班幼儿处于上风，比分为1∶0，快到中场休息时孩子们都明显体力下降，守门员守门失败丢掉一分。下半场开始后，在场地中间位置经过一番争抢，对方球员抓住机会又进一球。比赛结束后，幼儿A（守门员）因为输掉比赛有些内疚，就哭了起来，坐在旁边的同伴B（前锋）看见过去问A怎么了，A说："我们输了，我没守好大门。"B拥抱A安慰道："没关系的，你已经很厉害了，你都挡住那么多球了，下次我们多进球就好了。"在这个案例中我们看到幼儿B会考虑幼儿A的感受，表现出安慰的行为。学前儿童在社会交往中会表现出亲社会行为，比如同情、帮助、分享、合作、关心等。

学前阶段是培养亲社会态度和行为发展的最佳阶段。亲社会行为发展是学前儿童社会性发展和个性形成的重要方面。本章主要围绕亲社会行为的概念、价值、发展及如何在一日生活中培养学前儿童的亲社会行为等方面展开讨论。

第一节　学前儿童亲社会行为及其发展

亲社会行为对学前儿童积极的社会适应与良好的发展影响重大，是社会能力的重要要素。亲社会行为较多的学前儿童获得了更多的满足感和胜任感，也会得到其他孩子的帮助和合作，同时会对别人所表现出的帮助和合作倾向发出积极的回应。亲社会行为的发生必须经历从思想到行动的一系列步骤，并且受到个体、家庭和同伴等外部因素的影响。

一、学前儿童亲社会行为的概念

亲社会行为指个体试图帮助他人或者群体，并使其受益，但是在进行这些活动时，不以获得任何的外部奖励为目的，甚至在某种程度下会付出一定的代价或承担一定的风险（Eisenberg & Mussen，1989）。可以看出，亲社会行为本质上不需要他人的回报，是完全意义上的利他行为，如助人、同情、安慰、给予、分享、合作、鼓励等。亲社会行为是个体适应社会过程中较常见的一种社会行为，是儿童社会化发展的一个重要表现。有证据表明，每个儿童都有关心他人、分享、帮助和合作的本性。不仅年龄较大的儿童能表现出范围更广的亲社会行为，年龄较小的儿童也能在许多不同的情境中表现出亲社会行为。

亲社会行为是同伴之间形成和维持良好关系的重要基础，是一种积极的社会行为。受到他人帮助的儿童会受益，同时，给予他人帮助、分享、合作、安慰的儿童也会受益。

二、亲社会行为对学前儿童发展的意义

儿童亲社会行为的发展是其成年后建立良好人际关系及心理健康发展的重要基础，也是儿童社会性发展和个性形成的重要方面。亲社会行为对儿童的社会性、情感和认知方面的发展都有积极作用。

（一）促进积极社交关系的发展

儿童愿意向他人表现出亲社会行为，是爱和友好的象征，这种意识有助于激发实施者和接受者的积极情感，促进其融入社会情境并增进彼此的关系，这也会增加儿童以后出现积极行为的可能性，帮助他们发展积极的社交关系。

（二）获得满足感，建立能力感知

实施亲社会行为的儿童能从帮助他人中获得满足感和成就感。当儿童帮忙摆放餐具，与朋友分享故事，安慰不开心的同伴，或与他人合作完成某件事情时，他们会认为"我是有用的，我是能做点什么的，我是重要的"。由此产生对自己能力和价值的自我认知，有助于形成积极的自我评价。

（三）增加接受帮助或合作的机会

亲社会行为还能增加儿童在需要帮助时获得帮助或合作的机会。不经常帮助别人或不与他人合作的儿童在遇到困难时只能独自应对。受益于亲社会行为的儿童可以更清楚地了解如何实施亲社会行为，并将获取的经验和模式运用到将来的人际交往情境中。亲社会行为的接受者也有机会学习如何积极回应他人的友好互动。而不愿意或不能积极寻求他人帮助或合作的孩子则可能较少获得安慰和支持的机会。

（四）获得良好的同伴关系

亲社会行为较多的儿童更有可能处于互助的同伴关系中。他们往往有比较多的好朋友，很少与他人发生冲突，更受同龄人的欢迎。因为亲社会行为较多的孩子一般也具有较高的社会技能，他们更懂得如何发起交往、维持友谊，发展积极的社交关系。

（五）提高社会适应能力

相比于缺少亲社会行为的儿童，表现出更多亲社会行为的儿童能更好地适应社会。早期的亲社会行为可以预测他们当前和未来的社会成就。因为亲社会的儿童更能向同伴和成年人寻求帮助，从而进一步发展他们的认知能力，为自身创造一个更积极的学习和社交氛围。

（六）营造积极的团体氛围

亲社会行为除了对个体有利外，也对群体有益。鼓励儿童表现出合作和助人行为的团体比不关注这些方面的团体更能产生友好的互动和有效的合作行为。团结合作的团体会使得任务目标更轻松地达成，并逐步形成一种积极的群体形象，认为自己和其他群体成员都是友好的、有能力的。

三、学前儿童亲社会行为的发展

在成长过程中，我们经常被鼓励要帮助别人、和别人合作或分享等。能关怀他人和表达关怀的意愿，是许多成人希望儿童能够拥有的特质。但是儿童亲社会行为的发展存在怎样的特点？在不同年龄阶段存在怎样的差异？是否一致稳定不变？

（一）亲社会行为发展的年龄特征及稳定性

1. 亲社会行为的年龄差异

3—4岁学前儿童移情能力有了很大的发展，他们开始能站在他人的立场上感受情境，理解他人的情绪情感。看见生病的同伴、摔跤的弟弟妹妹，会表示同情，在老师的启发下，会做出安慰、关心、帮助等关切他人的行为。该年龄阶段学前儿童对别人的意见、别人感情反应的敏感性增强，做错事受到成人批评时，会感到害羞、难为情。在羞耻感的体验和表现上，女孩比男孩更为明显。羞耻感的出现，为儿童自觉遵守集体规则提供了动力基础。

4—5岁学前儿童不仅开始表现出自信，而且由于规则意识的萌芽，懂得要排队洗手、依次玩玩具等。当他们与人相处时，表现得更有礼貌，会主动说"谢谢""对不起"等。此时儿童的是非观念仍很模糊，只知道受表扬的是好事，受指责的是坏事，喜欢受表扬，听到批评会不高兴或感到难为情。同时，该年龄阶段学前儿童喜欢和同伴一起玩，在活动中他们逐渐学会了如何交往，会与同伴共同分享快乐，还获得了领导同伴及服从同伴的经验。此时他们开始有了嫉妒心，能感受到强烈的愤怒与挫败感。有时，他们还喜欢炫耀自己所拥有的东西。当然，在集体活动中他们也了解并学会了与人交往及合作的方式。

5—6岁学前儿童的情感虽然仍会因外界事物的影响而发生变化，但他们情感的稳定性开始增强，大多数儿童在班上有了相对稳定的好朋友。儿童开始能够有意识地控制自己情感的外部表现，例如，摔痛了能忍着不哭。在相互交往中，该年龄段的儿童开始表现出较多的合作行为。他们会选择自己喜欢的玩伴，也能与三五个小朋友一起开展合作性游戏。他们逐渐明白公平的原则和需要服从集体决定的意见，也能向其他伙伴介绍、解释游戏规则。比如，在小舞台表演游戏中几个小朋友能一起分配角色、道具，能以语言、动作等进行表演，并有一定的合作水平。

2. 亲社会行为的稳定性

许多亲社会行为在婴幼儿时期已经出现了，但亲社会行为在不同情境下具有一致性吗？一个愿意与玩伴分享饼干的孩子，是否也愿意与来他家玩的表弟分享他的脚踏车呢？

对此问题的回答，不同研究给出的答案不尽相同。有一些研究发现，在不同情境下，儿童的亲社会行为确实有明显的一致性。在某种情境下愿意助人或与人分享的儿童，在相似情境下也愿意助人或与人分享。而且各种不同的亲社会行为之间也存在一致性。例如，有怜悯心的 4 岁学前儿童比较为缺乏怜悯心较低的同龄同伴更愿与同伴分享或协助同伴；经常照顾年幼弟妹的儿童，也比没有负担照顾责任的儿童更加慷慨、乐于助人及富有同情心。各种不同的亲社会行为之间存在中等程度的相关性，所以儿童在各种不同亲社会行为中表现出一定的一致性。另外，也有一些研究发现，儿童的各种亲社会行为之间不存在相关关系或存在微弱的相关关系。

（二）亲社会行为发展的心理机制

为了更好地探寻亲社会行为的心理发展机制，我们从儿童亲社会行为的动机、儿童亲社会行为的表现步骤出发，进一步解释儿童亲社会行为。

1. 儿童亲社会行为的动机

儿童为什么表现出亲社会行为？他们出于什么样的动机表现出该行为？有研究者（Hastings et al., 2007）将儿童表现亲社会行为的原因分成以下几种（见表 8-1）。从该表中我们发现，儿童的亲社会行为动机表现有利他的、利己的和互惠的。

表 8-1　儿童表现亲社会行为的几种原因

儿童表现亲社会行为的原因	举　　例
防止可能出现的伤害事件	邀请同伴一起玩耍，这样同伴不会被冷落。
自发地对事件做出反应	明明跑步摔跤了，阳阳跑过来大喊："你还好吗？"
弥补自身过错	小米把小杰撞倒在一边，得到了他想要的玩具，然后他注意到小杰快要哭了，就把另一个玩具递给小杰，微笑着说："你可以玩这个。"
受他人指导	"请给她一些你的雪花片。"
寻求帮助	"你能帮我把老师叫来吗？"
单纯地为了他人的利益	公交车上让座。

亲社会行为的动机受到诸如年龄、移情能力以及道德发展水平等因素的影响。同时也会受到经验的影响——包括观察亲社会行为的经历，获得帮助的经历以及努力表现亲社会行为时他人的反应。学前儿童和小学早期的儿童会以自我为中心或自我需求为导向来实施亲社会行为（例如停止哭泣，以从成年人那里得到表扬），且更愿意帮助与自己关系亲近的人。这种需求导向从小学高年级开始就逐步减弱。随着时间的推移，亲社会行为的动机越来越依赖原则和道德标准作为采取行动的指南（Eisenberg, 2007）。

2. 儿童亲社会行为的表现步骤

早期人们认为如果能教会儿童亲社会行为的思维方式，亲社会行为就会发生。

事实却并非如此，助人想法与助人行为并没有显著的联系。虽然学龄前儿童都能理解分享、轮流和合作是件好事，但当他们遇到这样的情况时，却并不一定会这样做。例如：在角色扮演中，悠悠能在游戏前清晰地表述规则是"手不是用来打人的，打人会很疼"。然而在接下来的游戏当中，悠悠依然会因为材料的使用等问题出手伤人。

儿童不能只简单思考什么是对的，他们必须经历一系列的步骤使想法转变为行动，包括 （1）认识到分享、帮助或合作的必要性；（2）决定采取行动；（3）表现出亲社会行为（Kostelnik，1993）。

视野拓展

亲社会行为的三个表现步骤

第一步：认识

在儿童帮助他人之前，必须首先意识到别人会从亲社会行为中受益。要做到这一点，就需要准确地理解他人的情绪和需要，如哭泣、叹息、皱眉或挣扎，同时要注意识别语言暗示："我一个人做太多了"或"如果我们一起努力，我们会完成得更快"。对他人观点进行采择的倾向往往可以增加儿童对他人需求的觉知。在他人需求不太明显时，一定水平的推理能力是识别出他人需要的必要条件。积极普遍的他人定向有助于儿童觉察并辨别他人需要的细微线索等。

同时，儿童识别这些需求的容易程度取决于帮助信号的清晰程度。对儿童来说，含糊或微妙的信号比直接清晰的信号更难理解。例如，如果阳阳观察到明明跌倒和呻吟，她可能不清楚明明是需要援助的。然而，如果明明哭喊求救，阳阳会更容易理解她的困难处境。同样，如果成人向阳阳指出明明表现出的求助信号，阳阳也可能进入亲社会行为的意识阶段。在某些情况下，遇到问题情境的人会通过观察受害者和周围人的反应来确定问题是否真的存在。当情况不确定或模糊时更是如此。如果旁观者没有表现和反应，帮助者就不会认识到帮助行为的必要性。例如：当球球的管道建筑掉到地板上时，球球似乎不高兴，但没有说什么。附近的几个孩子抬起头来看，但没有发现球球哭或其他明显的难过迹象，就继续玩耍。楠楠观察了整个过程，看到其他人没有采取行动，因此可能认为这时候并不需要提供帮助。但此时，如果一个成人或其他孩子说"你还好吗"或"天呐，你的管道塌了"之类的话，楠楠可能会有不同的想法，认识到球球确实处在困境中需要帮助。因此，成人的提醒和引导能帮助儿童注意到他人困难情境的发生，并进一步产生亲社会意识。

步骤二：决定

一旦儿童发现了他人的需要，就要决定是否助人。这个决定受四个因素的影响：儿童与需要帮助的人之间的关系、儿童的情绪状态、认知因素和人格因素。

关系因素

儿童最有可能对他们喜欢的人和已经建立关系的人表现出亲社会行为。虽然儿童可能会同情他们不认识的人，但朋友之间往往比与陌生人之间更亲近友善。如果两人之间曾经有过分享行为，或者这种分享伴有回报期望，那么分享或其他亲社会行为很有可能再次出现。在这种情况下，儿童会基于公平互惠的观念认为自己有义务对对方表现出亲社会行为。

情绪因素

情绪状态会影响儿童采取亲社会行为的决定。与处于消极或中性情绪的儿童相比，处于积极情绪的儿童更容易采取亲社会行为。当儿童开心时，他们会更加乐观，甚至愿意实施有难度或需要付出代价的亲社会行为，以期取得成功。与此相对，愤怒或悲伤的儿童往往无法摆脱自己不愉快的处境去帮助他人，或者表现出更加悲观的状态，认为失败的可能性更大。另外，年长的儿童处于消极的情绪状态时会认为，亲社会行为的表现可以改善其当下的情绪状态。他们帮助别人可能是为了减轻个人痛苦。然而，如果他们认为这样做对自己没有好处或是可以通过其他更好的方式缓解情绪，就可能不会采取亲社会行为。

认知因素

认知因素对亲社会行为动机的影响包括两个方面：一是对亲社会行为的主观效用分析（Analysis of Subjective Utility），即对亲社会行为的代价和收益的主观评估。例如，如果助人的代价太大（如身体上的伤害、物质上的损失等），即使是富有同情心、乐于助人的人，助人的可能性也会降低。二是对他人需求的归因。如果儿童认为潜在受助者的需求归因是可控的内部因素，就可能萌发不愿意助人的动机（如他明明可以自己做到，但是他懒得做）。

人格因素

儿童决定是否表现出亲社会行为，也可能取决于其亲社会特质的自我认知。那些经常听到自己被描述为善于合作或乐于助人的儿童，会相信且认为自己是这样的人，其亲社会倾向会更强。儿童也会努力保持这种自我形象，并且使自己的行为与之保持一致。没有这种自我认知的儿童可能会难以做出表现出亲社会行为的决定，因为这种行为在他们看来和自己与他人的交往模式不符。同时，儿童的价值观、自尊水平和偏好也会影响是否表现出亲社会行为的决定。例如低自尊的儿童可能会因为害怕被拒绝或想要赢得成人认可而产生亲社会行为动机。

步骤三：行动

如果儿童认为自己有分担、帮助或合作的责任，他们就会选择并表现出一种他们认为适合于这种情境的行为。此时，他们的行为受到两种能力的影响：观点采择能力和工具性知识（Perspective-taking and Instrumental Know-how）。

在观点采择的过程中，儿童会意识到他人需要帮助，但他人的实际需求可能与自身所认为的需求并不一致。学步期的学前儿童因为其角色采择（Role-taking）能力有限，所以不知道对方真正需要的是什么，例如，学步期儿童出于好意把嚼得很烂的饼干递给妈妈，以缓解自己把房间弄得一团糟的歉意，这是好意却不能真正改善现状。随着观点采择能力的提高，学龄前儿童和小学低年级的儿童在遇到熟悉的问题或类似于他们自己经历过的困境时，能更准确地提供帮助和合作。再之后，10 岁及 10 岁以上的儿童已经能在不熟悉的情况下做出恰当的亲社会反应。

工具性知识包括表现相应行为所必需的知识和技能。在某些情况下，有助人意图却没有产生助人行为的原因是潜在助人者认为自己无能为力。那些掌握了更多自我调节技能、有效策略和能力较高的儿童往往更能将助人意图转化为亲社会行为。那些缺乏相关知识和技能的儿童虽有良好的意图，但他们的努力往往无用或适得其反。例如，儿童可能会忽视或误解需要帮助的人传达的暗示。试图帮助别人时，可能选择不适当的行动。一个试图安慰他人的孩子可能会拥抱得太用力以至于让人不适，或者说些不太得体的话。或者由于缺乏经验和能力，认为自己对现状的改变无能为力。随着年龄增长，儿童的工具性知识和技能不断提升，他们会逐渐清楚这两种行为的区别，并能更好地采取有效和恰当的行动。

四、影响学前儿童亲社会行为的因素

儿童的亲社会行为受到性别、年龄、文化、社会等各种因素的影响，以下将从个体因素和外部因素两个大方面来探讨。

（一）个体因素对亲社会行为的影响

1. 观点采择能力

观点采择能力是一种非常重要的社会认知技能，是指人们对某一情境中他人的动机、观念以及需求的推理。儿童的观点采择能力能够帮助他们获取和理解信息，并做出道德判断。具有观点采择能力的儿童才能产生助人的行为。研究表明，观点采择能力的高低与亲社会行为的发生频率呈正相关（贾蕾，李幼穗，2005）。然而，需要注意的是，观点采择并不会必然导致儿童的亲社会行为。儿童理解情境、理解他人需要和他人情感以观点采择的发展为认知前提。但是这种对情境、对他人的理解只是一种关系处理的手段，它本身不具有实质意义上的利他性。个体还需要结合助人者的价值观和个人需要等来决定是否利用已获得的信息帮助他人。

2. 移情因素

在情感因素中，移情对学前儿童亲社会行为具有重要影响。移情是指个体在觉察他人情绪反应时，所体验到的与他人共有的情绪反应。移情是亲社会行为的主要促进因素，并通过"移情—同情—亲社会行为"这一模式对助人行为产生影响。移情能力越高的学前儿童，其表现出亲社会行为的可能性也越大。但移情并不一定是有益的，对他人烦躁情绪的移情会给自身带来痛苦。然而也有研究表明，儿童的移情与亲社会行为并不完全对应。对于学前儿童，移情和亲社会行为的相关度较低，随着年龄增长，移情逐步成为亲社会行为的重要动机。

3. 性格因素

研究表明，外向、积极和热心的性格特征有助于亲社会行为的发生。例如，爱社交、容易对周围事物表现出关心的儿童，其助人行为多于害羞的儿童。具有爱心、自制力强、能够根据活动进行调整和控制自己行为的儿童，能更好地与他人合作，慷慨大方的儿童与同伴的分享行为也较多。有责任心的儿童表现出更多的亲社会行为。在相同情境下，乐观的儿童会认识到他人的痛苦，但又不会因这种痛苦而过分沮丧，他们更有可能做出亲社会行为反应。而悲观的儿童，可能因此变得更加沮丧。研究表明，越是消极的儿童越是待人冷漠、缺乏热情，由此引起同伴交往困难和亲社会行为缺乏等问题。

4. 性别因素

大多数研究表明，性别不影响儿童参与亲社会行为的意愿（马娥，丁继兰，2006）。男孩和女孩具有相同的亲社会行为能力。也有一些研究发现亲社会行为的实施存在性别差异。女孩的亲社会行为比男孩更多（Russell，Hart，Robinson & Olsen，2003）。这可能是因为，女孩的移情能力高于男孩，更具合作性，并乐于通过彼此间的言语交流、协商来达到合作的目的。女孩比较重视亲社会行为过程中的同伴评价与自我评价，而男孩则比较重视亲社会行为中自我的责任。

5. 年龄因素

通常来说，儿童年龄越大，亲社会行为越多。最早在婴儿期就已经出现亲社会行为。较小年龄的学前儿童就能识别哭泣或伤心的儿童，并做出反应。随着年龄的增加，分享、帮助、合作、捐赠、安慰和保护等行为变得越来越常见。这些行为的出现得益于儿童不断提高的对困境信号的准确判断能力（思考他人的想法和感受）、调节情绪的能力（具有一定的同理心和观点采择能力）、言语能力（能够询问对方需求并口头回应）、支持行为的理解力及其他潜在能力。儿童亲社会行为产生的动机也从自我导向的动机转向其他导向的动机，并且逐渐认识到他人要求的合理性，找出更多可选择的解决方案。

（二）外部因素对亲社会行为的影响

儿童在家庭、同伴、学校的社会环境和不同的社会文化中获得的经验在其亲社会行为的发展中发挥着作用。

1. 家庭因素

家庭作为儿童社会化最早的场所，对儿童情绪、社会性以及人格的发展起着至关重要的作用。在家庭因素中，主要是家庭环境对儿童亲社会行为的影响。家庭环境可以分为家庭客观环境和主观环境两个方面。家庭的客观环境主要指家庭社会经济地位（职业、学历和收入）、家庭结构和家庭生活环境等。很多研究显示，父母的受教育水平和家庭收入对幼儿的社会性行为有显著影响，并存在着性别差异（Størksen，Ellingsen，Wanless & Mcclelland，2014；姚春荣，李梅娟，2002）。家庭经济状况也决定了家庭的物质生活水平，以及对孩子教育的经济投入水平。高收入的家庭更可能为孩子提供丰富的环境刺激，如：图书，更多的受教育外出机会等（孙蕾，2007）。低收入家庭的孩子更容易出现孤僻、自卑、较少的亲社会行为等问题（Mcloyd，1998）。也有研究显示，单亲家庭的儿童有更多的情绪、心理问题，往往表现出较少的亲社会行为（王美芳，董会芹，庞维国，武建芬，丁芳，储东升，1998）。但是这种情况也不绝对，在儿童成长的过程中也有很多保护性因素，避免这些孩子受到不利环境的影响。另外，家庭主观环境也是影响幼儿亲社会行为的重要因素。例如，家庭功能、父母教养行为、亲子关系等都直接或间接作用于孩子亲社会行为的发展。在家庭亲密度、家庭适应性较高的家庭中，孩子会表现出更多的亲社会行为。父母权威的教养方式和亲密的亲子关系也会直接促进孩子亲社会行为的发展（Nelson，Padilla-Walker & Christensen，2011；Valiente，Lemery & Reiser，2007）。

2. 同伴

亲社会行为与同伴关系两者之间相互作用，相互影响。同伴之间互相学习的能力为给予和接受亲社会行为提供了巨大的机会。最重要的是，与同伴的互动提供了实践各种积极行为的机会。与亲社会同伴交往会提高儿童亲社会水平。同伴关系良好和同伴接纳水平高的儿童，亲社会行为也较多。同伴关系良好者，人际信任度高。个体如果在班级里有良好的同伴关系，与周围的同伴和谐相处，自然会感觉生活是美好的，人与人之间是可信赖的，并因此愿意为他人做些什么；反之，同伴的拒绝会使个体感觉孤独、无奈，认为生活中的一切都是不可信的，个人只有依靠自己才能得到想得到的东西，由此发展了自私的行为。

同伴关系不良可能导致儿童消极情感的产生，甚至导致社会适应困难，出现退缩、冷漠等问题，儿童则很难表现出亲社会行为。

3. 学校

学校是儿童主要的生活和学习场所。学校环境的整体质量，尤其是教师与儿童之间以及同伴之间的人际互动，与儿童亲社会行为相关。例如，儿童在幼儿园获得的照顾越周全，表现出的亲社会行为越多。在学校环境中，幼儿园教师是除了父母之外的最重要的他人，对幼儿社会性行为的形成与发展至关重要。以温暖、关爱、支持和开放交流为特征的师幼关系已经被证实是与儿童亲社会行为密切相关的（Roorda，Verschueren，Vancraeyveldt，Craeyevelt & Colpin，2014）。而在师幼互动中，建立的师幼冲突关系，不论是行为冲突、语言冲突、回避冲突还是破坏性冲突，都可能是儿童社会适应不良的有力预测因子，也都会影响儿童的亲社会行为（Zhang & Sun，2011）。

4. 文化

每个个体都嵌套在一种特定的文化中，并不可避免地受到那种文化的影响（House，Hanges，Javidan，Dorfman & Gupta，2004）。文化作为生态系统中宏观系统的重要组成部分，是影响儿童亲社会行为的因素之一。亲社会性是文化发展和延续的必要前提，跨文化群体存在着很大的变化空间。在跨文化的相关研究中，最为典型的是在个人主义文化与集体主义文化间进行的差异比较。在不同的文化下，亲社会表现也会有所不同（Triandis，2007）。因为相较于个人主义社会强调鼓励个体独立自主和自我表现，集体主义社会则明显强调相互依赖和群体关系，人们并不是孤立的、自给自足的个体，而是相互联系在一起的，致力于同一个群体或社会，并共同生活。如亚洲幼儿更喜欢共享（胡艺馨，2009）。从进化的角度分析，集体主义强调人际互依与社会责任，对人际关系的高度敏感及关注促使集体主义文化中的个体拥有较强的社会敏感性，从而使他们能够更关注群体内的人际互动质量，因而这一思想被儿童的父母认同及内化，并将相应的内容潜移默化地融入到日常教育中，这促进了儿童与他人的合作，也促进了其亲社会行为的发展。

第二节　一日生活中学前儿童亲社会行为的培养

儿童亲社会行为的发展需要后天的培养，这就要求教育者通过积极的教育活动和科学有效的策略促进学前儿童亲社会行为的形成和发展。促进学前儿童亲社会行为发展的方法主要包括为儿童创设亲社会的环境、教师在一日生活中的策略性指导以及与家长携手做好家园合作共育。

一、创设有利于亲社会发展的环境

在前面部分，我们探讨了环境对于学前儿童亲社会行为发展的重要影响。要创造一种有利于亲社会行为发展的氛围，可以通过以下一些策略开展。

（一）培养学前儿童表现亲社会行为的能力

教师创造儿童表现亲社会行为的机会和条件对亲社会行为的发展有显著的影响，在日常生活中捕捉他们合作的瞬间并及时给予回应和肯定，引导幼儿积极归因，在很大程度上能鼓励亲社会行为的发生。

1. 创设互助任务，丰富学前儿童合作机会

在儿童的一日生活中，教师可以制定一些需要很多人一起努力才能完成的任务，也可以布置一些助人的任务，确保每位儿童都有机会成为帮助者与被帮助者。例如：值日活动中的给班级里的植物浇水、整理桌椅等任务，尽管这些任务对儿童来说并不困难，但如果让几个儿童一起合作去完成，他们就能够获得许多宝贵、有益的合作经验；再比如户外运动结束后，教师可以让儿童轮流帮助同伴把地垫放好；棋类游戏时，可以请已经学会的儿童帮助还没有学会的儿童，让儿童在互帮互助中体会助人行为的乐趣。

2. 培养学前儿童积极归因，增强学前儿童自我意识

归因指人们对自己或他人的所作所为进行分析，指出其性质或推断其原因的过程。积极归因与正向的情感体验、较高的期望、行为的加强相联系，相反，消极的归因让人们情绪低落、期望值降低和行为减弱。积极归因具有引起正向的情绪、增强人们的自我效能感和行为的功效。因此在每天的保教活动中，教师可以通过一些具体事例培养儿童积极归因，从而增强儿童积极的自我认识。比如，"恺恺和小薇，你们在一起搭积木时配合得太棒啦"，"蓉蓉，你能帮助欣然擦眼泪真的很棒。她知道你在关心她，她现在开心多了"。儿童在表扬与鼓励中，增强了亲社会的自我意识。

3. 适时表扬奖励，赞同学前儿童的亲社会行为

在每天的生活与教学中，教师要时刻关注儿童帮助、合作或友善的行为，并通过微笑、积极的肢体语言、积极归因、赠送小贴纸等办法，适时表扬奖励，表示对儿童的亲社会行为的赞同。例如儿童为他人让路、帮着拿东西、一起玩、分享一个想法，或者鼓励别人等。另外，教师要更加注重儿童之间的合作，如果儿童在合作期间做出善意的举动，就要适时给予奖励。例如，之前教师强调每个儿

童都要照顾好自己或他人区域的物品，现在教师要改变这一观念，鼓励儿童协同合作，去管理好更大范围内的物品，如果儿童能够根据教师的要求达成目标，教师应对儿童的合作与帮助行为适时进行表扬，以表达对儿童亲社会行为的欣赏与赞同。

（二）加强日常生活中的移情训练

移情是指从他人的角度来考虑问题。许多研究发现，移情是儿童亲社会行为产生的前提。通过移情训练，能够帮助儿童体察他人的情绪、理解他人的情感，从而与之产生共鸣。

1. 利用日常生活环境中的教育契机

当教师看到班级里有人照顾花花草草时，要告诉孩子这样做是在关心植物；当教师看到幼儿在他人发言时保持安静，要告诉孩子这是在帮助大家集中注意力；当教师看到同伴之间轮流交换玩具时，要告诉孩子这是一种相互合作的方式。所有的这些实例都能使教师不用进行说教或道德解释，就能够清楚地向儿童说明什么是亲社会行为，使儿童摆脱自我中心，产生利他思想，从而促进亲社会行为的产生。

2. 及时指出不友善的举动给他人带来的不良影响

在生活中，当教师发现儿童表现出不体谅人、自私、不合作等情况，可以向儿童指出这种行为对他人的影响，让儿童产生同情心和羞耻感。例如某个孩子被绊倒了，或书包掉在了地上，而其他儿童却在哈哈大笑，这时教师应及时告诉他们这种哈哈大笑的行为是不友善的，会让别人觉得伤心难过，此时主动把他扶起来或者帮他捡东西，才是体谅他人、帮助他人的做法。教师可以为儿童提供一个更恰当、更合适的行为选择，从而增加其亲社会行为，降低其攻击性行为。

3. 具体情境中分享、交流和讨论亲社会行为相关认知

教师可通过分享、交流的方式向儿童解释亲社会行为的动机。例如，"轮流"可以给每个人一个尝试新事物的体验和机会；通过分享一件不开心的事情，帮助不快乐的儿童让情绪变好，也可以让其他儿童懂得怎样缓解消极情绪。

同时，教师在进行交流时要考虑儿童的个体差异，并分析儿童亲社会行为产生的原因，例如，为什么要等到其他人讲完之后才说出自己的想法。教师可以在谈话活动中和孩子们讨论在特定情境中可以如何与他人友善相处，鼓励儿童思考情境的过程，讨论亲社会行为带来的好处。

视野拓展

教孩子学会分享

教孩子如何分享与告诉他们如何分享是不一样的。在他们乐意分享物品和材

料之前，通常需要教给孩子们一些分享的经验。

1. 示范分享是什么样子的。

2. 为孩子提供多种选择的建议："你是想现在与他分享，还是过三分钟再分享给他？"

3. 提供分享的实例。

4. 阅读一些有关分享方式的故事作为讨论的开始。

5. 帮助孩子协商使用物品的顺序，例如，"下一个轮到我，然后轮到壮壮。"

6. 引导排队等待的孩子们询问："我可以知道你什么时候用完吗？"

7. 帮助孩子了解可以分享的合理情况（如使用课堂材料）和不能分享的其他情况（如使用别人的私有财产）。

（三）发挥榜样行为的示范作用

当儿童处在一个随时随地能看到亲社会行为发生的环境当中时，儿童会自然而然地习得亲社会行为。这就需要教师用语言和行为"点亮"生活中的亲社会行为，树立亲社会行为榜样并发挥好示范作用。

1. 树立亲社会行为的榜样

教师可以在日常生活中观察自己及儿童的行为，选择一个合适的榜样，通过解释榜样的亲社会行为，帮助儿童更好地理解他们所看到的榜样行为。教师可以通过这样的方式向儿童提供亲社会行为的信息："佳佳很难想出歌词来唱他的歌，所以晨晨帮他想出了一些优美的词语"，或者"楠楠和小梦决定一起使用操作台。楠楠先用剪刀，小梦用胶棒，然后他们再进行交换"。

2. 教师做好积极回应亲社会行为的示范

由于儿童倾向于模仿乐于助人且愿意合作的成年人，特别是教师的亲社会行为，因此在亲社会的情境中教师要表现出明显的愉悦，面带笑容地说："帮助你让我感觉很好。""你能和我一起收拾整理餐桌，我真是太开心了。"这样，儿童就会将亲社会行为与快乐的情绪相联系。如果儿童面对他人的亲社会行为没有做出积极的回应，教师可以告诉儿童面对他人善意的行为，要对他们的善意行为表达感谢。

二、学前儿童一日生活中的指导

在儿童在园的一日生活中，教师最有效和直接的指导就是通过集体教学活动和幼儿园中持续发生的游戏活动来促进儿童亲社会行为的发展。

（一）开展有计划的集体活动

教师可根据班级特点制定有计划的、培养亲社会行为的集体活动。例如，为儿童精心挑选适合他们阅读的积极正面的亲社会主题故事、绘本、诗歌等。

开始活动之前，教师要明确教给儿童哪种或哪几种亲社会技能，比如意识到某人需要帮助、决定去帮助，或者采取行动去帮助。

在活动进行中，教师要让儿童积极参与到活动当中，例如通过拿道具、讨论故事情节、角色扮演等形式进行互动。此外，教师要帮助儿童用语言将感受表达出来，使他们能够表达自己的情绪，并理解他人的情绪表达。同时，教师要为儿童提供大量正式和非正式的机会，让儿童练习寻找解决问题的方法，培养他们对自己找到积极的解决方法的能力的信心。此外，教师还可以教孩子一些信号，引导他们使用这些信号来寻求他人的帮助或合作。

活动结束后，教师要和儿童通过回顾等方式一起讨论这些亲社会行为带来的影响。例如："你安慰了欣欣后，她感觉好些了吗？""每个人都有五分钟的时间来摆弄显微镜，我们轮流玩，你觉得怎么样？"

如果儿童不能评价自己的表现，教师可以提供一些信息，或者帮助他们从别人那里收集信息。这种评价可以在与儿童私下的谈话中进行，也可以作为对小组努力后的集体评价。无论儿童表现亲社会行为成功与否，教师都要表扬儿童的努力与尝试。

儿童的亲社会技能的培养不是一朝一夕就能够取得成效的，教师要为儿童创设能够帮助他们反复练习亲社会技能的机会。例如鼓励他们在教室里分类和整理材料，在别人拿东西的时候扶住门，用工具修理坏了的玩具和图书等，这些都可以帮助儿童巩固亲社会技能并应用到实际生活中。

集体教学活动案例：我是哥哥姐姐（大班）

活动目标：

1. 说说自己的一些变化，体会成为哥哥姐姐的自豪感。

2. 愿意为弟弟妹妹做一些力所能及的事情。

活动准备：

课件"我是哥哥姐姐"。

活动过程：

一、欣赏图片，谈话引入

1. 播放图片，看看小班的弟弟妹妹是怎么样的。

2. 交流：我们都是大班的哥哥姐姐，和弟弟妹妹有什么不一样？怎样的小朋友才像哥哥姐姐？我们可以为弟弟妹妹做些什么？

二、学习为弟弟妹妹做件事

1. 教师播放关爱弟弟妹妹的四个场景，引导幼儿讨论四个场景，学习如何关心弟弟妹妹。

2.说一说：我还能为弟弟妹妹做什么？

三、欣赏儿歌，进一步体会自豪感

1.播放并请幼儿欣赏儿歌《我来帮助你》。

提问：儿歌里的小朋友是怎么帮助弟弟妹妹的？他们表现得棒不棒？

2.请幼儿念一念儿歌。

四、和弟弟妹妹一起玩

1.讨论后，总结出当哥哥姐姐的标准：不但自己会玩，而且还能带着弟弟妹妹一起高兴地玩，不把他们丢下；征询弟弟妹妹的意见，了解他们想和哥哥姐姐玩什么、做什么。

2.开展"大带小"活动：请幼儿自由地和小班的弟弟妹妹结伴玩。引导幼儿教弟弟妹妹玩玩具，帮助有困难的弟弟妹妹等。

活动延伸：

请幼儿按自己的特长准备一个礼物送给小班的弟弟妹妹（折一架小飞机、讲一个小故事、表演拍球、跳舞等）。

附录：

我来帮助你

我来帮助你，

我来帮助你。

帮你扫扫地，

帮你穿穿衣。

一起做游戏，

一起学本领。

不要哭，不要急。

哥哥姐姐来帮帮你。

（二）充分利用区域游戏活动的教育价值

游戏是幼儿园的基本活动，对幼儿身体、认知、情感和社会性发展等方面都具有极为重要的意义和价值。教师要充分利用区域游戏，尤其是角色扮演游戏，通过社会场景模拟、动画情景再现等方式，让幼儿与同伴在角色扮演中行使权利、承担责任，实践合作、分享等亲社会行为，从而更加适应社会生活。

在进行区域游戏活动时，教师要对角色分配进行把控，让幼儿尝试不同的角色，提升幼儿参与游戏活动的积极性。当幼儿之间出现矛盾和纠纷（如抢玩具）时，教师不要直接进行干预，可在一旁引导幼儿通过演示和表述还原事件过程，或让其他见证此事的幼儿出来"评评理",让幼儿逐渐形成对"先来后到""少数服从多数"等社会规则的认识,养成谦让、分享的好习惯,逐渐提高自己的亲社会程度。

教师还可以通过创设合作游戏来增强幼儿的亲社会行为。例如在进行户外活动时,可组织幼儿进行类似"两人三足接力跑步"等的团队合作类型的竞争比赛,在游戏中,幼儿通过与组员沟通、商讨、解决问题等方式逐渐提高表现亲社会行为的能力。

以下为各年龄阶段的几个游戏活动案例。

游戏一:合作绘画(小班)

观察重点:

1. 观察幼儿和同伴一起合作绘画时有哪些情感变化。

2. 有意识地鼓励幼儿与同伴合作完成绘画。

玩法:

1. 将大纸摊开在桌子上,让不同小组的幼儿能够轻松地绕着桌子走动,并在纸上绘画。

2. 每个小组使用各种颜色的水彩笔、蜡笔一起合作绘画或是做出"记号"。

3. 教师可以提供一个主题或让每个幼儿自由绘画。

游戏延伸:

两人一组绘画。将一张纸一分为二,这样两人可以同时绘画或轮流绘画。

反思与提升:

大家在一张纸上画不同的事物和大家一起合作画一幅画有什么区别吗?

游戏二:如果我们是动物(中班)

观察重点:

1. 观察幼儿能否在模仿动物中体验移情。

2. 观察幼儿的需要并及时给予反馈。

玩法:

1. 每一名幼儿选择一个能从某种程度上代表自己特征的动物。

2. 将幼儿分成两组。一组人假装变成他们选择的动物并四处走动,与其他动物打招呼,表现出自己所扮演的动物的特征。

3. 第二组幼儿坐着观察,他们可以随时站起来,轻拍第一组人的肩膀,猜他们扮演的动物。如果猜对了,扮演动物的人就加入第二组。

4. 游戏继续,直到所有的"动物"都被猜出来,两组互换角色。

游戏延伸:

1. 教师从上述游戏者表演的动物中选择一个,尽量模仿那只动物。上面游戏中,最先选择扮演这个动物的人可以给予指导,例如:"我是只小猴子,我像这样跳来跳去。"探索模仿动物没有"准确"的答案。例如，如果说"我是只小猴子，我喜欢吃巧克力"，这样也是可以的。

2. 每个幼儿都有指导别人如何模仿动物的机会，因此，最好在小团队或两人小组中进行该版本的游戏。

3. 每个幼儿可以选择完全不同的动物，即可以选择和自己最初选择的动物特征完全相反的动物。例如，如果最初选择的是吵闹的动物，也可以尝试安静的动物；如果最初选择的是行动迅速的动物，也可以尝试行动缓慢的动物；如果最初选择的是大动物，也可以尝试小动物等。

4. 幼儿重新变回最初选择的动物，站在或坐在圆圈中间介绍自己扮演的这个动物，并说出这种动物的一个优点。例如："我是一头金钱豹，我跑得很快。"以模仿所选动物行走的方式"走出"大家的视线，结束模仿。每个幼儿伸展四肢，变回自己。

反思与提升：

1. 变成你所选择的动物是什么感觉？你有多像那个动物呢？

2. 你有没有发现别人身上一些新的特征呢？

3. 成为别人有什么感受呢？这样做难不难呢？你自己有时候会那样吗？

游戏三：面具传传传（大班）

观察重点：

1. 观察幼儿能否通过表情表达出自己的感受。

2. 观察幼儿能否理解他人表情的含义并顺利传递。

玩法：

1. 幼儿坐成一排。

2. 第一个幼儿"做鬼脸"，表达一种强烈的情绪，然后用手模仿摘掉面具一样"摘掉"表情，并把"面具"传给他/她左边的人。

3. 第二个幼儿"戴上""面具"，尽量准确地复制第一个幼儿的面部表情。

4. 第二个幼儿再复制面部表情，并把表情传给他/她左边的人，以此类推。

游戏延伸：

1. 教师准备好供幼儿传递的几种情绪，例如，快乐、悲伤和生气。游戏开始前，幼儿先练习这些表情。

2. 限制可以改变的脸部部位，例如，眼睛、眉毛或嘴巴。

反思与提升：

1. 他们会传递什么情绪呢？这些情绪相关吗？

2. 我们怎样表现出情绪的不同程度（例如，通过面部表情、姿势、行为的变化）。有可能只用一部分脸部的变化表现一种情绪吗？

3.什么时候适合给我们的情绪戴上"面具"？什么时候这样做会对别人有积极的影响呢？

三、家园合作共育

著名儿童教育家陈鹤琴先生说："幼稚教育是一件很复杂的事情，不是家庭一方面可以单独胜任的，也不是幼稚园一方面可以单独胜任的，必定要两方面共同合作方能得到充分的功效。"家园同向、同步形成教育合力，才能有效地促进幼儿的发展。

（一）密切家园联系，传递班级合作理念

教师需要帮助儿童和家庭成员理解：幼儿园开展的活动是合作活动，不是竞争活动，无论是集体活动还是个人活动，班级中的每一个成员都在建设良好的集体中起重要作用。教师可以通过家园联系栏、信息群、儿童成长手册等形式向家长介绍亲社会行为的理念、团结合作和互相帮助的方式，以及如何鼓励儿童的亲社会行为，让家长了解同理心、分享、安慰的概念及其对儿童发展的积极促进作用，并让家长意识到在家庭中家长的行为（如夫妻间、与祖辈与父辈之间的互动模式等）示范作用，与家庭一起共同促进学前儿童亲社会行为的培养与发展。

（二）家园相互配合，共同参与合作活动

幼儿园的很多活动都可以请家长参与进来，例如家长进课堂、义卖活动、亲子运动会、节庆活动支持等。在活动中，教师、儿童与家庭成员通过小组分工，使每个成员都能有参与感，感受合作承担任务的快乐。在活动中教师要引导学前儿童通过观察说出其家庭成员所做的帮助行为，但不要开展评比活动，只需要让学前儿童意识到成人所提供的帮助就可以了。

（三）营造积极氛围，鼓励学前儿童承担家务

在许多家庭中，家长会让孩子承担一些力所能及的家务。例如，早上自己铺床、收拾餐桌、整理玩具等。做家务的责任感能够帮助儿童产生一种对家庭生活有所贡献的感觉，也增加了他们对能力和价值的自我认知。

当做家务遇到一些问题时，家长不要一味地将儿童与他人进行消极比较或者恶意竞争，而要通过创造一个有利于亲社会行为的氛围影响儿童。儿童在学会帮助与合作之初可能不会很好地表现自己的亲社会行为，这时可以通过一起做家务的方式来引导儿童，并肯定学前儿童为家庭所做的努力。

最后，家长不要将儿童做家务看作是理所当然的。当孩子们的帮助或者他们的贡献对家庭产生的积极影响得到认可时，他们更有可能继续努力。

小贴士

制定家庭一日家务清单

家长与儿童共同讨论制定一日家务清单，可以让儿童选择他们喜欢的家务并且一起讨论做家务的方法。有时候儿童喜欢一遍遍地做同一件事，有时候儿童喜欢不停地更换任务。在这个过程中，家长需要与儿童讨论哪一种做家务的方式更适合他们自己，并在儿童完成一项家务之后，采用贴纸等一些特定符号进行标记，并对他们的成果给予肯定。

 ## 本章内容回顾

本章学习中我们了解到表现出亲社会行为的儿童能觉察他人需求并乐意提供帮助，同时也会对别人所提供的帮助和合作产生积极的回应。在这个过程中他们个人的满足感和能力感得到发展。儿童要产生亲社会行为，首先必须要认识到在这一情境中需要帮助的信息，然后决定是否要有所行动以及如何行动，最后采取行动。这个过程中儿童的反应受到各种个体因素和外部因素的影响。教师作为儿童学习生活中的支持者、合作者、引导者，要掌握培养儿童亲社会行为的相关策略，并灵活运用到儿童的一日生活中。此外，教师还要注意家园合作，与家长共同培养儿童的亲社会行为。

本章思考题

1. 亲社会行为对儿童发展的意义如何？

2. 请结合自己亲身经历的实施亲社会行为的案例，说一说亲社会行为发展的心理机制。

3. 分别描述成人在班级中和家庭中树立亲社会行为榜样的几种方式，并想一想学前儿童如何将这些技能转化为自己的行为。

4. 选择一种亲社会技能教授给学前儿童，并据此设计一项班级活动。

 ## 相关资源推荐

书籍推荐

1.《共情的力量》，亚瑟·乔拉米卡利，凯瑟琳·柯茜著，中国致公出版社

2.《温暖的孩子》，安东尼·比格兰著，机械工业出版社

绘本推荐

1.《田鼠的故事》，文/［日］小出淡，图/［日］小出保子，译/崔维燕，教育科学出版社

2.《小鼹鼠的故事》，文/［英］乔纳森·埃米特，图/［英］瓦内萨·卡班，译/陈科慧，贵州人民出版社

3.《看看我有什么》，图文/［英］安东尼·布朗，译/阿甲，河北教育出版社

4.《大熊有个小麻烦》，文/［伊朗］米拦弗特毕，图/［德］沃琪顿，译/漪然，湖南少儿出版社

第九章 ／

以减少学前儿童内化问题行为
为核心的社会-情绪学习

琪琪不情愿地跟着妈妈来到幼儿园门口，她拉着妈妈，不肯放手，哭丧着脸说："妈妈，我能不能不来幼儿园呀？"妈妈说："你在幼儿园里跟小朋友们玩一会儿，吃个饭，睡个午觉，再玩一会儿，到了4点钟，我就来接你回家了。"琪琪还是不肯放手，老师安慰琪琪说："刚刚妈妈说了，4点就来接你了，我们先和别的小朋友们玩一会儿好吗？"虽然琪琪跟着老师进了教室，但琪琪不肯坐着，眼睛一直盯着教室里的时钟，整个人愁眉苦脸，焦躁不安，时不时地问老师有没有到4点钟，妈妈什么时候来。

轩轩性格内向、腼腆，每天来园见到老师总是很害羞，不会主动向老师问好，接触到老师的眼神很快会闪开，老师向她问好，她也只是用很轻很轻的声音回应一下。平时较少主动和老师说话，有什么事情会让家长来和老师说。她能够参与各项活动，但是都显得小心翼翼。

焦虑、害羞是学前儿童常见的内化问题，如果成人能及时识别并给予适当支持，将帮助学前儿童适应环境，建立对自己和他人的信任感和对环境的安全感。本章将聚焦学前儿童的内化问题行为　探讨学前儿童内化问题行为的原因和干预实践活动，阐述减少学前儿童内化问题行为的有效策略。

第一节　学前儿童的内化问题行为

内化问题行为是学前儿童常见的问题行为之一，对学前儿童的发展有着深远的影响。那内化问题行为是什么？内化问题行为有哪些典型的行为表现？哪些因素会影响学前儿童的内化问题行为呢？本节将具体阐述这些内容。

一、什么是学前儿童内化问题行为

阿亨巴赫、侯瓦尔将个体问题行为分为两大类：一类是外化问题行为（Externalizing Problem），另一类是内化问题行为（Internalizing Problem）（Achenbach，Howell，Quay，Conners & Bates，1991）。学前儿童内化问题行为是指一组学前儿童所经历或感受到的不愉快的、消极的情绪情感，主要表现为焦虑、抑郁、社会退缩、恐惧等（Reitz，Dekovic & Meijer，2005；徐夫真，张玲玲，魏星，张文新，陈亮，纪林芹 & 陈欣银，2015）。与外化问题相比，内化问题具有"内隐性"，不易被察觉，而且并不能对他人带来即刻的伤害，但对自身发展具有长期的消极影响（McLeod，Weisz & Wood，2007）。

内化问题常与行为抑制有关，如果孩子的行为抑制系统（Behavioral Inhibition System，BIS）比较敏感、经常处于活跃状态，就会引发个体紧张、焦虑、抑郁的情绪体验和与此相关的生理发育（Carver & Bell，2006），并且可能产生过度警觉的行为。对这些有行为抑制的儿童而言，如果这些焦虑和紧张、抑郁不能得到及时的处理，这些消极体验可能会进一步加强，使他们产生更多消极的自我评价，导致自信心和自我效能感降低，在同伴互动中感受到更多的不自在，在建立新的人际关系时也会更加紧张、焦虑，更加谨慎、敏感。

二、学前儿童内化问题行为的具体表现

学前阶段是个体社会性发展的重要时期，学前儿童在社会意识、社会认知、社会交往技能方面都有了巨大的进步。在发展过程中，一些学前儿童受多方面因

素共同作用，会表现出诸多内化问题行为。学前儿童内化问题行为主要表现为焦虑、抑郁、社会退缩、恐惧四个方面。

（一）焦虑

学前儿童焦虑有不同的表现形式，可能表现为容易哭泣、注意力难以集中、坐立不安、找借口离园、念叨、黏人、恋物、怕独处、怕黑、怕高、容易发脾气、攻击他人和咬手指头等。此外，焦虑还能通过学前儿童不适的生理症状表现出来，如心跳加快、气促、流汗、尿频、头痛和肚子疼等。如果焦虑程度适当且主要针对某种特定情境，则可以视为正常反应；若焦虑已泛化且强度过大，则可视为异常的状态。也就是说，适度的焦虑是人们处于应激状态时的正常反应，过度焦虑则会影响正常学习和生活，不利于身体健康。

在幼儿园的一日生活中，学前儿童会产生各种焦虑，如分离焦虑（刚入园时，与父母分开时产生的焦虑）、交往焦虑（不能和其他小朋友友好交往时产生的焦虑）、习得焦虑（家长过度强调幼儿园的注意事项，夸大教师的负面影响让学前儿童产生的焦虑）、自尊焦虑（担心自己不是老师眼中的好孩子时产生的焦虑）、伤害焦虑（被其他小朋友欺负时产生的焦虑）、秩序焦虑（在家建立的秩序感与幼儿园的冲突时产生的焦虑）、等待焦虑（离园时担心家长迟到产生的焦虑）。

（二）抑郁

学前儿童抑郁的表现不同于成年人。成年人抑郁一般表现为目光呆滞，或长久失神地注视着某个地方。学前儿童则不同，由于他们不会像成人一样描述自己的悲伤或抑郁情绪，因此学前儿童一般通过厌烦、孤僻甚至愤怒来表达悲伤。

由于抑郁以情绪低落为主要表现，学前儿童会因为情绪低落而减少活动。因而这类儿童常常不被人注意，容易被家人、老师或同伴忽视。值得注意的是，3岁左右的学前儿童出现情绪低落甚至抑郁时，可能会通过发怒、暴躁、异常依赖父母、身体疼痛或其他症状表现出来，这点应该引起家长和教师的关注。

（三）社会退缩

社会退缩是指一种交往频率低、交往被动或脱离群体的独处行为，常伴随孤单、孤独等情感体验。首先，社会退缩是一种独处行为，指在交往场合中独自一人，不与他人交往的行为表现。其次，社会退缩伴随着孤单、孤独的情感体验，指学前儿童在熟悉环境下的一种行为模式，具有独处性、弥漫性，不同于学前儿童在陌生情境下与人交往时由于自身气质因素所导致的抑制行为。最后，社会退缩是一种交往被动的独处行为，指学前儿童主动从社会交往活动中退出而独自活动，或从不主动发起交往，在与人交往的过程中总是处于被动地位。

（四）恐惧

恐惧是对某一特殊物质、活动或情境产生持续、不合理的神经症性障碍，常伴有植物神经功能紊乱，被迫回避某个害怕的对象或情境。学前儿童恐惧情绪的产生受所处环境与文化的影响。学前儿童常见的恐惧来源于间接接触到的负面信息，尤其是网络媒体信息，其次是学前儿童直接面对的恐惧事件。

学前儿童可能会对上幼儿园产生恐惧情绪，常伴随着身体不舒适（如眩晕、恶心、胃痛、呕吐），一旦允许他们留在家中，这些症状就会消失。

多数学前儿童的恐惧情绪是暂时的，在父母、教师、同伴的支持下，他们逐渐掌握独特的应对策略。随着年龄的增长，10岁以后，学龄儿童的恐惧情绪慢慢减少。但是仍然会有大约5%的学龄儿童会产生强烈的、无法控制的恐惧。气质内向的学前儿童出现恐惧情绪的几率比其他学前儿童高出若干倍。

三、学前儿童内化问题行为产生的影响因素

个体内化问题行为的产生与发展变化的影响因素及其机制非常复杂。根据发展系统理论的观点，内化问题行为是生物、认知、人格等多个水平的个体因素与家庭、教养、同伴、学校、社区等多个水平上的背景因素动态交互作用的结果（董会芹，2012）。

（一）内部因素

内部因素包括学前儿童自身的发育和气质特点。在生理因素上，遗传为个体的身心发展提供了基础。近几年的研究表明，有些行为带有一定的遗传倾向，例如酗酒、沮丧、抑郁症或精神分裂症等。虽然环境对人的行为和心理的发展起着重要的作用，但不可否认遗传在与环境的共同作用下也会使个体产生一些问题行为。

气质也会影响学前儿童的行为和情绪表现。行为抑制是一种重要的气质特征，具有一定的家族遗传性。行为抑制的婴幼儿在面对不熟悉的人或情境时更可能表现出退缩的反应倾向，并且具有一定的稳定性。4个月左右，抑制型婴儿就已经表现出易惊慌的特点。与非抑制型婴儿相比，他们在面对新奇物体（例如色彩鲜艳的移动物体）时的动作幅度会更大，并且对于某些不确定的情境通常伴有强烈的生理唤起（例如心率加快）和负面的情绪体验。到了21个月的时候，他们在遇到陌生人、新的玩具或情境时，表现得非常害羞，甚至会恐惧。4—7岁时，抑制型儿童仍然对陌生的成人和同龄人缺乏主动的交往行为，对参与有一定冒险性的活动采取更为谨慎的态度（例如走平衡木）。小学期间还可能会产生夸大的恐惧感（例如害怕被绑架）。到了青春期，则会变成害羞的少男少女，并可能产生社交焦虑，因此他们更容易表现出内化问题行为。

（二）外部因素

家庭、幼儿园和社会文化背景等都是学前儿童内化问题行为的外部影响因素。

家庭在儿童行为社会化的过程中起着重要的作用。家庭的教养方式、家庭结构都是影响学前儿童内化问题行为发生发展的重要因素。单亲家庭（父母病逝或离异家庭）的问题检出率最高，原因可能是单亲家庭的出现给学前儿童的心理造成巨大创伤，从而使其产生孤独、恐惧或忧郁心理，进而出现内化问题行为。父母的健康状况不良、患精神类疾病或性格内向等也会导致学前儿童内化问题行为的发生。

另外，我国自古以来就有祖辈参与孙辈教养的传统，因此祖父母的教养观念和行为也在潜移默化地影响着年轻一代。不良的祖父母教养方式会导致学前儿童懒惰、依赖性强、缺乏安全感及自卑，并在人际交往中表现出退缩、淡漠。

随着学前儿童年龄的增长、活动范围的扩大和认知能力的提升，幼儿园是他们步入社会的第一个场所。幼儿园中的师幼关系和同伴关系也是影响儿童内化问题行为发展的重要因素。早期师幼关系和亲子关系一样会表现出差异性，冲突、疏远的师幼关系可能导致学前儿童回避与老师和同伴互动，并表现出胆小、退缩、回避社会交往等内化问题行为。

同伴在学前儿童成长过程中扮演着重要角色，同伴交往让学前儿童不仅掌握了认知技能，获得愉快的情绪体验，还可以掌握与他人相处的社会技能。同伴关系也是影响学前儿童内化问题行为的重要因素之一，受欢迎的学前儿童社会适应良好，被拒绝的学前儿童可能会有害羞、敏感、退缩等内化问题，被忽视的学前儿童大都具有羞怯、焦虑等内化问题行为。被拒绝和被忽视的学前儿童都可能会因为缺少与同伴的亲密交流而产生较强的孤独感。

四、内化问题行为对学前儿童发展的影响

研究表明，儿童早期，尤其是学前儿童时期的内化问题行为如果没有得到改善，很有可能会持续到青少年时期，影响其身心健康发展，而且这种影响甚至会持续到成年（Mesman，Bongers & Koot，2001）（Costello，Mustillo，Erkanli，Keeler & Angold，2003）（Karevold，Coplan，Stoolmiller & Mathiesen，2011）。内化问题行为对学前儿童最主要的影响如下。

（一）社会适应

学前儿童时期的内化问题行为对社会适应的影响最为凸显。内化问题行为会影响学前儿童在班级中的适应能力，如进入新的班级时，具有内化问题行为的学前儿童会比其他学前儿童花费更多的时间来适应和调整内心的焦虑与退缩，他们会表现出抗拒与不安，产生更多的消极情绪，不能快速融入新的集体生活，严重影响学前儿童的交友和自身发展。在面对同伴拒绝时，有内化问题行为的学前儿

童会较多使用自我否定的方式来评价自己在同伴或班级中的地位，对自己的能力产生怀疑，从而形成消极的社会交往评价模式（Cole，1990），并因此可能形成消极的自我意识和社会意识。错误认知方式的延续，对他们的身心发展与心理成熟造成严重影响，使内化问题行为程度加深。这对他们将来进入小学、中学乃至步入社会都是极为不利的。

（二）学业适应

学前儿童的内化问题行为还会影响其学业适应（丁雪辰，施霄霞，刘俊升，2012）。学业成绩或学校表现较差的学前儿童有着较高的孤独感、抑郁感、社会退缩行为以及较低的自尊和自我价值感，而这些内化问题和行为抑制又会影响他们获取学业技能的能力，如：无法集中注意力去思考和搜索学业资源；缺少创造性和创新能力，在学习方法上过于保守，不能灵活变通；遇到问题时，不会主动向同伴或者老师寻求解决的方法；无法通过内在学习动机和自我激励的方式获得学业带来的成就感与归属感。如此恶性循环将导致儿童学业成绩的下滑，不利于他们学业成就的取得，并会对他们的阅读、书写和数学计算与逻辑推导能力产生负面影响。

（三）同伴关系

研究表明，有大约 10% 的儿童和青少年会遭受同伴的欺凌，另有 20%—30% 的儿童及青少年会偶尔遭受同伴的侮辱（Vaillancourt，Trinh，McDougall，Duku，Cnnningham，Cunningham，Hymel & Short，2010）。在这些同伴受害者（Peer Victimization，即在群体之中经常成为同伴的攻击对象）中，具有内化问题行为的学前儿童占据多数。在幼儿园，具有攻击性行为和具有内化问题行为的学前儿童虽然人数不多，但是如果长期遭受同伴的欺凌和侮辱，具有内化问题行为的学前儿童容易产生比较严重的心理、行为和适应问题，从而导致其在班级中处于不利地位。这些学前儿童在面对同伴的攻击性行为和言语侮辱时，不会奋起反抗或告知其他同伴、教师与家长寻求解决方法，往往会用沉默和忍受来处理受到的欺凌与侮辱，这进一步加深了他们的困境以及内化问题行为。有研究者指出，这类学前儿童中会有人连续数月或数年成为其他同伴的攻击对象（McDougall & Vaillancourt，2013）。这些经历会强化学前儿童在社会互动中的焦虑、抑郁和恐惧等不良情绪，即使处于新的学习环境，也不敢尝试主动发起人际交往，建立与维持友谊，从而游离乃至脱离集体生活，变得孤单与孤僻。

因此，过去几十年，研究者们一直将"社会-情绪教育"作为学前及中小学课程中的重要部分，推广和融入到现实的教育教学活动中，让学前儿童通过接受社会-情绪教育，减少自己的问题行为，促进其积极的学业和社会适应，并提高他们的学业表现水平和社会适应能力。

第二节　一日生活中应对学前儿童内化问题行为的方法

学前期是个体内化问题行为开始出现和初步发展的时期，虽然与童年期，特别是青少年期相比，学前儿童内化问题行为的发生率和严重程度都相对较低，但个体的内化问题行为具有连续性，早期的内化问题行为会影响个体日后的适应困难。此外，早期的内化问题行为的影响因素和作用机制相对简单，更有利于干预并取得成效。因此，在学前阶段对有内化问题行为的学前儿童进行针对性的干预应对具有特殊且重要的意义和价值。

一、营造积极、接纳的心理环境

学前儿童是独立的个体，如何既重视身处集体中的学前儿童的个体发展和个性培养，又让他们具有集体意识，重视同伴的分享合作和互助，这是幼儿园教师一直在思考的问题。尤其对具有内化问题行为的学前儿童来说，他们既需要得到教师和同伴的肯定，认识自己，增强自我肯定和喜爱，表现得更为自信乐观，又需要侧重于提高情绪管理能力和人际交往技能，懂得管理自己的消极情绪，表现积极的情感态度，乐于用正确的交往方式和同伴交往，主动参与到人际互动之中。

例如，可以在学前儿童之间开设"一对一"活动，让每个儿童展现自己的优势，让能力较强的儿童去帮助那些某方面能力略显不足的儿童，同时，充分挖掘每个儿童在各个领域的长处，从而提升其自信心和自尊心。

此外，教师还要重视学前儿童积极心理环境的创设，用儿童熟悉并让他感到温暖的方式来表达对他们的接纳和关注。如用温暖贴心的话语向儿童问好，在儿童有需求的前提下和他们一起阅读；注重交往礼仪的培养；引导他们学习使用"谢谢""不客气"等礼貌用语；当儿童表现出积极的情绪，或发出主动的交往和助人行为时，及时给予表扬与鼓励；多用赞美的眼光和欣赏的态度对待学前儿童。这些都能为学前儿童积极心理环境的建立以及将来的身心健康发展奠定良好的基础。

二、关注学前儿童的情绪需求

对有内化问题行为的学前儿童来说，他们的焦虑与抑郁等情绪通常是内隐且不易察觉的。这种负面情绪的累积对儿童的身心发展会产生不利影响。具有内化问题行为的学前儿童通常不积极主动，还会表现出焦虑不安或害羞的情绪，产生退缩与回避的行为，这样的儿童在集体中并不常见，却不易被人察觉。如果这些消极情绪与行为没有及时得到关注和解决，会对他们将来的学业与社会适应产生诸多的消极影响，长此以往，不利于儿童健康、和谐的发展。因此，关注有内化问题行为儿童的情绪需求，用合理的策略引导儿童管理自己的消极情绪，培养他们的积极情绪，对其行为发展是极为重要的。这就需要教师有足够的教学智慧与敏锐的观察力。

（一）耐心等待和鼓励支持

在教学过程中，教师要引导有内化问题行为的儿童积极表达，用温和的语气和态度减少他们的紧张与不安。在提问环节，耐心等待儿童的思考与发言，不用操之过急的态度强迫儿童表达，而是让他们在能力许可的范围内尽可能多地自由表达。一日活动中，教师要学会用敏锐的洞察力关注儿童的情绪变化和情感需要，适当地提供支持而非一味地包办，让儿童运用自己的智慧来做决策和解决问题。

（二）适当挑战，鼓励成就

教师可以根据儿童最近发展区设置具有挑战性的游戏和教学活动，让他们在轻松愉快的氛围下挑战自我，学会和同伴共同完成一项任务，并体会由此带来的成就感，从而增强儿童间、儿童与班集体的感情联系。

（三）设置任务，鼓励合作

愉快合作的经历会强化班级内儿童间的相互接纳，使儿童积累人际互动的积极体验，提高社会交往的愿望。例如，教师可以根据中班儿童的最近发展区设置合作搭建的任务，鼓励儿童和同伴共同完成一件事情，提高同伴互动与合作水平，让他们在共同搭建的过程中学会分享、合作、礼让与良性竞争。

（四）创设情境，注重观察

教师要学会丰富自己的教学内容，设置问题启发学前儿童思考，或将教学活动游戏化，创设能够让儿童共同合作完成的活动环节。教师还要学会观察每个儿童在幼儿园日常生活和学习中的表现，注意记录他们在人际交往、决策、解决问题、情绪处理方面的做法，对正确的做法加以表扬、鼓励和赞美，发现不正确的做法则帮助儿童及时改正。

三、家园合作中提高学前儿童的社会适应性

学前儿童的个性发展和心理健康离不开家庭的作用，家长的一言一行无时无刻不在影响着学前儿童的身心发展。要加强家园互动，使教师和家长了解儿童在家和幼儿园的具体表现，及其长处、问题与解决方法；要学会接纳孩子的特点，并对孩子的发展有信心；要发挥榜样示范作用，用乐观的态度面对生活中的困难，并教育儿童也要积极地应对生活中可能出现的种种难题，面对困难勤于思考，主动寻求解决的方法。家长也可以给孩子创造结交朋友、接待客人和参加家庭聚会的机会，鼓励学前儿童积极与同伴交往，扩大他们的交往范围，提高他们的交往兴趣。

第三节 减少中班儿童内化问题行为的社会-情绪课程——以害羞为例

学前儿童的内化问题行为有很多，害羞是比较典型且家长较为关注的内化问题行为，这些学前儿童往往对社会互动有趋避冲突：既想加入，又害怕紧张。因此，他们对社会互动环境有一定的敏感性，对这些学前儿童的支持帮助会影响他们日后的发展。

很多研究表明，害羞儿童缺乏社会交往技能，对自己紧张、焦虑情绪的识别和控制能力不足，因此，社会技能训练对害羞儿童可能是有效的。以下我们就讨论以社会技能训练为核心的害羞儿童干预项目。该项目是面向中大班儿童开展的集体活动，通过让害羞儿童理解和接纳自己的情绪，学习和实践社会互动技能，提高害羞儿童的社会适应。本节将分别介绍该项目的课程框架、课程目标的制定、课程的实施以及具体的活动方案。

一、设计理念及依据

中班儿童比小班儿童早一年入园，入园焦虑得到缓解和克服，逐渐适应幼儿

园生活，具有一定的同伴交往基础。但是，仍有部分儿童表现出社会交往能力的不足，如羞于和周围人交往、害怕被拒绝、不敢在公开场合发言、不敢在游戏中发起交往等 这些不足时刻困扰着具有社会交往障碍的儿童。这些害羞的儿童容易焦虑不安或者出现沮丧的情绪，特别是对陌生环境的不确定性异常敏感，交往互动中的典型表现是容易退缩和紧张。他们的社交动机被称为趋避冲突，即内心渴望互动，但这种动机往往隐藏在恐惧和退缩中。通常他们会采取平行游戏的方式来化解内心的趋避冲突。害羞儿童在新环境中与陌生人或同伴互动时，会表现出警惕和沉默寡言，避免眼神接触，停止交谈或玩耍，尝试转身离开退出新环境，或寻求与看护者身体上的接近等。在认知方面，害羞儿童常常认为自己是不受欢迎的，自我认同感较低。在人际问题解决方面其能力也存在不足，遇到矛盾时采取逃避或者忽略的态度。而这些同伴交往的困难使他们更容易招致同伴的忽略甚至排斥，进一步加剧了他们的消极情绪和回避、退缩。

综上所述，害羞儿童在同伴交往中渴望互动，但是缺乏交往的技巧。长此以往容易受到同伴的忽略或排斥，从而导致负面的自我认知，认为自己是不受欢迎的，或是极度地在意他人对自己的看法。

依据害羞儿童的特点，我们设计了基于情绪控制以及社会技能训练的干预方案。方案不仅从儿童的社会交往技能入手，在行为上对他们进行有针对性的训练，还从社会认知入手，帮助儿童辨别对错，对行为后果进行预期，学习并掌握问题解决的多种策略。同时鼓励他们以积极的情绪和心态面对同伴交往，在与他人的互动中逐步摆脱被动的心态，主动发起交往，在游戏时融入环境和同伴展开互动。

二、干预方案框架与目标

害羞儿童不仅存在行为和认知方面的问题，还存在情绪控制问题。因此，我们从三个方面设计了活动目标维度：社会技能、社会认知、情绪控制。每个板块包含几个相关的活动内容。社会技能板块指向行为干预，从三方面进行教学，帮助害羞儿童学习与人交往的基本礼仪，以及掌握与他人互动的技巧，增加害羞儿童的亲社会行为。社会认知板块，以最基本的认识新朋友为起点，从理解自我和他人入手，帮助害羞儿童提升与人交往的意愿，增加自我效能感。情绪控制板块，从理解自己的情绪向调节自己的情绪过渡，帮助害羞儿童认识自己的情绪，掌握排解焦虑、紧张情绪的方法。课程干预方案框架如下。

根据方案设计的理念以及课程内容的三大板块，将方案目标设定为：通过课程的帮助，害羞儿童学会与人相处的方式，掌握社会交往的技巧以及与人交往的

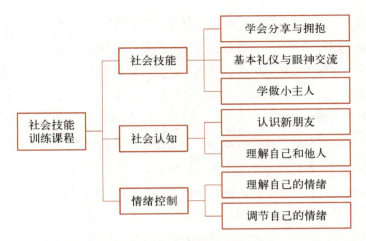

图 9-1 害羞儿童社会-情绪教育课程结构

基本礼仪，减少交往中的紧张焦虑，减少与他人沟通和互动中的问题，提高社会适应水平；在遇到矛盾冲突时，能尝试独立应对，初步掌握解决问题的策略；在与他人交往时，敢于面对陌生人及陌生情景，保持积极良好的情绪，妥善处理害羞或者恐惧的心理，愿意与他人分享内心感受。课程干预方案目标如下。

表 9-1 干预方案内容与目标

目标维度	活动内容	活 动 目 标
社会认知	认识新朋友	1. 认识新朋友及老师。 2. 掌握加入他人游戏的策略。 3. 尝试发出游戏邀请。
	理解自己与他人	1. 尝试主动发起交往，邀请他人加入游戏，能够正确地看待被他人拒绝，学会维持友谊的方法。 2. 能够欣赏同伴的优点，学会夸赞他人，接纳他人与自己的不同，宽容对待同伴的缺点和错误。
社会技能	学会分享与拥抱	1. 在游戏中乐于和同伴分享玩具，通过分享的策略发起同伴交往。 2. 体会被拥抱的快乐，愿意与他人拥抱。
	基本礼仪与眼神交流	1. 能够与他人进行眼神交流，与人交往的时候，能注视他人的眼睛。 2. 掌握问候、握手、拥抱等基本礼仪，能够熟练地运用于交往情景。
	学做小主人	1. 掌握之前所学的交往礼仪，并能够熟练地应用于日常生活中。 2. 了解待客之道，愿意以慷慨的心境邀请同伴到家中做客，并招待他们。
情绪控制	理解自己的情绪	1. 了解害羞、退缩情绪产生的原因，能够积极地应对此类情绪，正面看待消极情绪。 2. 了解情绪是一个动态的过程，某种情绪不会长期存在，找到合适的方式排解消极情绪。

目标维度	活动内容	活 动 目 标
情绪控制	调节自己的情绪	1. 掌握适当的方式排解内心的退缩及恐惧，学会用正确的方式应对消极情绪。 2. 掌握腹式呼吸法。

三、干预活动的实施

（一）干预活动的实施方式

干预方案主要采用绘本和游戏结合的方式进行。绘本作为教学内容来源容易引起儿童的共鸣，并帮助教师开启话题，引导儿童谈谈生活中可能出现的问题。同时谈论生活场景可以产生一种潜移默化的影响，让儿童正确认识发生在自己身上的问题是常见的，并不特殊，从而帮助害羞退缩的儿童打开心门，畅所欲言。将行为教学贯穿于游戏活动中，通过游戏规则带领儿童快速进入游戏情境，摆脱害羞的情绪，敞开心扉与同伴交往。为了更好地实施干预活动，我们对绘本和游戏进行筛选，最终选定了与干预活动匹配的绘本进行教学，并挑选出儿童熟知的游戏，进行小幅度改编后融入活动中。

（二）具体活动实施框架

在不影响被试儿童一日常规活动的前提下，秉持"知行结合"原则，开展为期8周的集体教学活动，每周一个主题，每个主题开展2次活动，每次时长30分钟，共计16次干预活动。

每个主题中，第一课时围绕本周主题开展绘本教学，同时每节课内容的导入部分利用所选择的绘本对儿童的社会性认知进行干预。第二课时将侧重点放在儿童社会行为的强化与塑造上，针对主题开展行为教学，配合游戏丰富课堂内容。

第一课时的安排

每个主题的第一课时都包括三个环节：小小演讲会、绘本教学、游戏环节。

图9-2 第一课时的活动实施模式

小小演讲会

为了培养儿童发言的积极性，使其逐步摆脱在他人面前发言时的害羞与紧张，每节课开始时会安排小小演讲会，由教师抛出话题，儿童上台发言。话题内容涉及每周发生的事件，例如感恩节的装扮、我最喜欢的玩具、我交到了新朋友。在个别课堂上，教师会将小小演讲会放到最后，以起到总结课堂内容的作用。教师在一旁指导儿童发言，提醒他们要注意的规范要求，如眼睛看着台下的人，两只手放在身边。

绘本教学

为了更好地切入活动主题，在教学开始之前，教师会选取和本节课内容有关的绘本，这对于每节课而言既是导入部分，也是主要教学内容。在选择绘本时，以干预的主题"害羞儿童的社会技能训练"为重要参考依据，且绘本内容要与干预内容相关。绘本选择标准如下：

首先，绘本的内容要贴近儿童生活，能够充分地达到共鸣效果。以绘本导入，能够将儿童生活中的问题牵引出来，让儿童在绘本阅读的基础上讨论自己的感受，并创造更多课堂互动和发言的机会。

其次，绘本要有启发性，给儿童传递积极的影响。绘本要能帮助儿童通过思考，了解自己和他人的情绪，并通过绘本中所塑造的健康自我形象，改善自身情绪状态，从而免受情绪困扰，并启发他们在遇到困难的时候采取正面积极的态度去应对。

最后，绘本要具有可模仿性，让儿童能学习正确的社交技能以及问题应对策略。在绘本阅读的同时，通过观察学习和替代强化，引导儿童学习解决问题的策略。

第二课时的安排

每个主题的第二课时都包括三个环节：小小演讲会、木偶教学、游戏环节。

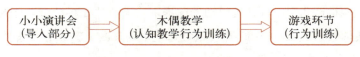

图 9-3　第二课时的活动实施模式

小小演讲会

与第一次课时的目标和形式相似，第二课时中课程开始时的演讲，也是为了帮助儿童逐渐习惯在集体中说话，摆脱在他人面前发言时的害羞与紧张，能积极参与讨论并自在地自我表达。

木偶教学

第二课时的安排主要是为了巩固第一课时的内容。教师将绘本内容改编成木偶教学，利用手偶和生动的语音语调来创设情境，还原儿童在日常生活中时常面临的问题。同时，邀请儿童参与情景表演，扮演角色去学习模仿，或者采取策略去解决问题。

游戏环节

游戏环节的设置目的是帮助儿童在课堂上体验交往的乐趣。活动中使用的游戏大部分为规则游戏，不仅需要儿童要了解具体的玩法，也是儿童能在游戏过程中获得社会性发展以及认知发展的机会。儿童在游戏中要与同伴协商、沟通，这个过程本身就蕴含着合作与分享，让参与游戏的儿童在不知不觉中为了共同的目标而展开交往和互动。规则游戏通常涉及基本交往技能，寓教于乐，以增加儿童间的交往为主要目标，同时能让儿童在游戏中更好地巩固和吸收课堂内容，也便于教师观察每位儿童在游戏中的表现。

活动选取的游戏绝大部分是儿童熟知的游戏，但会对原有内容稍作改动，如把"找朋友"和"丢手绢"游戏合并，形成新的教学游戏"找朋友"。新游戏结合了原先两个游戏的优点，摒弃了丢手绢中追逐的环节，保留原有游戏的开展方式，让儿童围坐在一起，后续事情的未知性增加了游戏的乐趣。配合找朋友的背景音乐，便于儿童了解游戏目的，让他们在游戏中体验交往的乐趣。考虑到退缩儿童的心理特征，为了防止他们被孤立或落单，教师需适时改变游戏规则。比如，在进行马兰花游戏的时候，教师尽量报双数，让儿童能够找到伙伴，两两拥抱。规则游戏改编的目的是更好地贴合害羞儿童的特点，增强课堂的趣味性，让儿童轻松自在地掌握本节课的重点内容。

（三）活动方案设计

活动方案的设计是教学的重要环节之一，体现了教师的教育思想和理念，也是教师教学的指导纲领。因而，教师在开展教学活动前，首先要做好教学活动方案的设计。该套活动方案一共七个主题。

主题一　社会认知：认识新朋友

该主题让儿童学习并实践与新朋友打招呼的技巧，如叫出对方的名字、邀请他们一起玩。为了减轻害羞儿童的人际互动压力，可以先采取与玩偶互动练习的方式，等儿童掌握了相关技巧，再尝试与教师和同伴互动，最后，还可以安排延伸活动和回家作业，让儿童练习叫出别人的名字，邀请其他朋友一起玩等。并且，在一日生活中，鼓励、强化儿童使用这些技能。

主题二　人际互动技能：赞美他人

该主题活动前期借助木偶之间的交流帮助儿童认识交朋友的重要性，体验交朋友的乐趣。活动过程中，鼓励儿童尝试使用分享交流、介绍兴趣、夸赞彼此等方法交朋友和维持友谊。在随后的自由活动中，儿童可以尝试实践这些技巧，害羞儿童也可以借木偶辅助练习。最后，课后要求儿童练习夸赞自己熟悉和亲近的父母，做好相应记录带来幼儿园与同伴进行分享。

主题三　人际互动技能：社交礼仪与拥抱

本主题让儿童尝试并实践看着父母或其他人的眼睛说话，了解交谈时互相注视对方的重要性。在交谈场景中配合使用问候语并添加肢体语言，如拥抱、握手等，以增进彼此之间的情感。活动中结合游戏"马兰花"培养儿童协调能力，让儿童体会拥抱的快乐。教师也要及时表扬和强化儿童的眼神交流，在家庭或同伴交流中，鼓励儿童使用这些技能。

主题四　人际互动技能：情绪理解能力

本主题通过绘本阅读、交流讨论的方式帮助儿童认识到情绪种类很多，情绪产生的原因也很多，但各种情绪的出现都是正常的、合理的，每个人都会有这样或那样的情绪感受。教师可借助木偶帮助儿童理解各种情绪产生的原因，告诉儿童感到难受或有消极情绪并不是一件坏事，要学会和他人分享自己的感受，让儿童了解情绪是动态发展而非静止不变的，鼓励儿童大胆和父母交流自己的内心感受，学会向他人求助。

主题五　人际互动技能：情绪表达与调节

本主题帮助儿童认识到害怕、害羞、恐惧等消极情绪是正常的，重要的是要了解情绪的不同表现并学会表达。引导儿童通过"腹式呼吸法"排除心中的恐惧，也鼓励儿童借用各种形式（如表情游戏等）调节自己心中的情感。同时提醒家长关注儿童生活中表达情绪的词汇并记录其出现频率。

主题六　人际互动技能：学会面对拒绝

在不同的情境中，儿童会出现不同的游戏选择倾向——自己玩或和朋友一起玩。本活动帮助儿童正确看待来自同伴的拒绝，想加入游戏被拒绝时，可以尝试换种方式要求加入，也可以去做别的事情。教师应特别关注害羞儿童在自由游戏中被拒绝之后的表现，及时鼓励和引导儿童尝试做些其他让自己感觉愉快的事情。

主题七　人际互动技能：学做小主人

该主题融合了前面活动中所提到的基本社交礼仪、分享、维持友谊等内容，使儿童可以在做小主人的体验中实践之前所习得的技能。延伸活动中，儿童可以到朋友家拜访，家长可拍摄照片以作为后期分享材料。

活动案例参考

主题一　社会认知：认识新朋友

活动目标：

1. 认识老师和身边的新朋友。

2. 用课堂上学会的儿歌问候语和身边的人打招呼。

3. 认识身边1—2名儿童，能叫出对方的名字或昵称。

4. 学会介绍自己并邀请别人一起玩。

实施步骤：

主班老师自我介绍，并且向儿童介绍配班老师。在介绍的时候，可以加入适当的动作，例如用手指着自己。然后介绍接下来几周将共同经历的活动内容、每次活动的规则、时间的安排，以及活动室内玩具的使用方式。

接着配班老师拿出木偶递给主班老师。先由主班老师做示范，手中拿着木偶，嘴里配合自我介绍的儿歌："你好，你好，我是××。"配班老师手拿木偶配合主班老师，眼睛看着对方说："你好，你好，我是××。"

配班老师将木偶分发给每位儿童，让他们给木偶起好名字并彼此进行介绍。可以用老师刚教的儿歌，或者使用自己的语言（儿歌只起辅助作用，不硬性要求掌握）。这段时间为自由讨论时间，其间可以稍作休息。

随后主班老师带来今天课堂的第一个游戏：丢手帕。丢手帕是耳熟能详、家喻户晓的传统游戏，在融入本次活动时被赋予新的规则。让儿童围坐成圈。主班老师示范，当手帕扔到任何一位儿童的身后，他/她就要站起来，向大家介绍自己（或者木偶），然后接过手帕传递给下一位儿童。争取每一位儿童都参与活动并介绍自己。

附加活动：

儿童站成内外两圈。例如六名儿童就是里三人外三人。圈内儿童向圈外儿童介绍自己，随后轮换。当介绍完彼此之后，外圈儿童原地不动。内圈儿童旋转，以此来轮流，两两介绍彼此。通过这样的内外圈轮转方式帮助儿童认识班中其他同学。

如果有人邀请老师的木偶来玩，老师就应该让他/她的木偶主动去完成。木偶回答道："好的，大部分时间，我都会回答是，因为我愿意和其他人一起玩。"但是如果木偶真的不愿意，会说："或许我们以后会一起搭建房子的，现在我要去画画了。"拒绝时老师尽可能尝试用这种方式回答，因为这样不会使儿童感觉很难过。可以询问是否有其他木偶愿意演示怎样和别人打招呼，并邀请他/她一起玩。如果没有孩子愿意，配班老师就给予回应。

在以上的过程中，教师要帮助儿童初步学会如何友善地拒绝他人的邀请。

在活动结束的时候，老师帮助儿童巩固今天的内容。当我们介绍自己的时候，我们可以说："你好，我是××。我可以和你一起玩吗？"

自由活动期间，两位老师可以适当地加入活动，提问孩子："你还记得那位儿童的名字吗？"看到落单的儿童可以建议他/她加入其他团体中。

课后作业：

1. 回顾介绍自己和打招呼的方式。

2. 配合木偶和儿歌介绍自己。

3. 向父母介绍自己，并且说说自己认识的新朋友的名字。

主题二　人际互动技能：赞美他人

活动目标：

1. 通过观察发现别人的优点，说出夸赞他人的话，并描述出对方好的地方。

2. 愿意与他人分享自己喜欢和不喜欢的东西和兴趣。

实施步骤：

主班老师和配班老师用木偶在儿童面前一问一答，说出为什么我们需要朋友，以此作为本节课的导入部分。

"我们为什么需要朋友呢？"老师提出这个疑问，观察儿童的反应。

若儿童没有回答或呼应，配班老师接着补充道："我们和朋友玩，和朋友交谈的感觉很好。能把感受告诉朋友真的很不错。"

主班和配班老师拿着手中的木偶开始叙述自己的喜好，并且询问对方的爱好和兴趣。

"我是小袋鼠，我最爱蹦蹦跳跳了。小兔子你呢？"主班老师率先发起对话。

"小袋鼠，我和你一样，我也爱蹦蹦跳跳，除此之外，我还喜欢吃胡萝卜。"配班老师结合木偶特点回答问题。

在这个过程中为儿童示范，为了维持友谊，我们可以分享自己喜欢做的事情，也可以分享自己喜欢吃的食物等。

不仅如此，我们也可以适当地赞扬和欣赏身边的同伴。主班和配班老师可示范夸赞彼此的优点。随后引导儿童围成一个圆圈，并鼓励他们开始向身边的儿童介绍自己的喜好和兴趣，并且尝试夸赞对方。游戏过程中可以借助木偶辅助。

自由游戏时，鼓励儿童将今天自己带来的玩具和伙伴交换或者一起玩。注意观察儿童有没有类似欣赏和分享的语言出现。有的话应予以表扬。

课后进行巩固时，老师再次重复在认识新朋友的时候，可以询问对方的喜好和兴趣，并赞美和欣赏对方的优点。

课后作业：

1. 回去尝试着说一说父母身上的优点，喜欢爸爸妈妈的哪些地方。

2. 收集父母的喜好，并将其画在作业本上，带来和老师、同学分享。

主题三　人际互动技能：社交礼仪与拥抱

活动目标：

1. 能够主动使用礼貌用语与他人打招呼。

2. 尝试看着父母或是其他人的眼睛说话。

实施步骤：

主班老师与配班老师使用木偶共同就一个熟悉的话题进行一段对话，对话进行两次并做前后比较。第一次木偶说话时环顾四周，不愿看着对方交流。第二次则有明显的目光对视，眼神交流。要求儿童观察两次的不同，并说出差别在哪里。如果他们说不出，就告诉他们第二次的不同之处是两位老师在交谈时互相看着对方。提示儿童如果你不看着对方，别人可能认为你是不友好的。看着对方并进行交流，能够帮助你拉近和朋友之间的距离。并再次用木偶做示范。

将木偶分发给儿童。让他们尝试看着对方眼睛交流，或者先利用木偶进行眼神交流，循序渐进。

主班老师用木偶演示朋友初次见面的场景，配合问候语"你好，很高兴见到你""早上好""中午好""晚上好""我回来了"等社交语言。在场景演示交流中添加肢体语言，重点突出握手、拥抱等动作，但是不强制要求儿童模仿。最后，在此基础上，老师强调通过这些肢体语言可以增进彼此之间的情感，特别是拥抱能带给人温暖的感觉。

游戏环节时，主班老师配合儿歌歌词"马兰花，开几朵花"说出花瓣数字（尽量为双数，保证每位儿童都能与其他儿童组队），儿童配合老师所说的数字抱在一起。落单的孩子可以和老师组成一队。这个游戏可以培养儿童的协调能力，并且可以让儿童尝试主动拥抱他人，体会被人拥抱及拥抱他人的快乐。

自由活动期间，看见儿童有眼神交流，老师要及时表扬予以强化。

"××，我发现你看着××说话。这样真好！"

在本次活动结束的时候，老师鼓励儿童彼此之间拥抱道别，或是和老师拥抱道别。

课后作业：

1. 每天回家进门时和父母说："我回来了。"

2. 练习基本问候语："你好，再见。"

3. 尝试看着父母或是其他人的眼睛说话。画一画父母或是朋友的眼睛。

本章内容回顾

本章主要讨论了以减少内化问题行为为核心的社会-情绪教育。内容主要介绍了内化问题行为的理论知识——内化问题的内涵、表现形式、产生原因、影响因素，学前儿童为化问题行为的应对方法，以及针对害羞儿童的、以减少内化问题行为为核心的社会-情绪课程。

回顾本章的开头部分，在幼儿园里，像轩轩这样腼腆、害羞的儿童不在少数。怎样帮助这些具有内化问题行为的学前儿童呢？首先，教师要通过观察儿童的一日生活来判断这类儿童的内化问题行为有哪些。其次，针对有着不同类型的内化问题行为的儿童因材施教，实施有效策略，来帮助儿童减少内化问题行为。

在学前儿童的一日生活中，教师要关注儿童的情绪需求，建设积极、接纳的心理环境，同时强化家园合作。此外，在学习了针对害羞儿童的、以减少内化问题行为为核心的社会-情绪课程后，教师可以以此为参考，设计适合本班有内化问题行为的儿童的社会-情绪课程。

 本章思考题

1. 结合本章内容，根据活动框架中的某一维度（社会认知、社会技能、情绪管理），设计针对害羞儿童的、以减少其内化问题行为为核心的社会-情绪活动方案。

2. 班级里一个孩子经常说自己肚子疼，不想来幼儿园，且该儿童在班级中较为腼腆，不爱与人交流，经常自己一个人玩。作为本班教师，试分析该儿童的行为表现特征，并提出帮助该儿童融入幼儿园集体生活的策略。

 相关资源推荐

书籍推荐

1.《儿童心理发展和行为问题的干预——幼小衔接中的家校合作》，陈津津著，上海教育出版社

2.《学前儿童问题行为及矫正（第 2 版）》，王萍著，清华大学出版社

3.《游戏力：笑声，激活孩子天性中的合作与勇气》，劳伦斯·科恩著，中信出版社

4.《我不再害羞了》，理查·布洛索维奇，琳达·骞斯著，黄敦晴译，天下杂志股份有限公司

绘本推荐

1.《小伤疤》，文/［法］夏洛特·蒙德利克，图/［法］奥利维耶·塔莱克，译/胡小跃，漓江出版社

2.《走出荒园》，图文/［美］布赖恩·莱斯，译/常立，北京联合出版公司

3.《天上的帆船》，图文/［英］昆廷·布莱克，译/梅思繁，北京联合出版公司

4.《我爱幼儿园》，图文/［法］塞尔日·布洛克，译/张艳，北京科学技术出版社

5.《勇敢做自己》，图文/［美］琳达·克兰兹，译/薛亚男，北京科学技术出版社

6.《不要害羞，勇敢地说》，文/安美妍，图/江京树，译/金海英，北京科学技术出版社

第十章 ／

以减少学前儿童外化问题行为
为核心的社会-情绪学习

早上自由运动时，轩轩跑到平衡木前想赶紧走平衡木，可是平衡木前的辰辰正准备往上爬，轩轩一把将辰辰推倒在地上，自己走起了平衡木，辰辰委屈地哭了起来。

在玩追赶游戏时，轩轩跑得飞快，经过澄澄身边时他猛地伸手一推，嘴里还叫道："快给我让开！"之后就飞快地跑走了，澄澄一个趔趄没站稳，跌倒在地上。

自由活动时，轩轩想要看皓皓手里拿的小汽车图画书，皓皓正看得起劲，轩轩从皓皓手中抢这本书，皓皓紧紧抓着不放，轩轩用手砸皓皓的头，皓皓大声地哭了起来，轩轩拿着书转身就跑了。

大家一定见过上述的现象，我们是否思考过，这些儿童为什么会有如此强烈的攻击性？攻击性会是儿童成长过程中的天性吗？我们该如何减少儿童的攻击性，增加儿童的亲社会性？

第一节 学前儿童的外化问题行为

外化问题行为是学前儿童常见的问题行为之一，对学前儿童的发展有着深远的影响，它不仅会影响学前儿童的同伴关系，还会影响学前儿童以后的社会适应和学业成绩。那外化问题是什么？学前儿童的外化问题有什么典型的行为表现？外化问题行为有什么特点？对学前儿童的发展有哪些具体的影响？本节将具体阐述这些内容。

一、什么是学前儿童外化问题行为

外化问题行为指表现在外的、反映儿童对外部环境的消极反应的行为。主要包括攻击行为、外化情绪问题和活动过度（多动）。

（一）学前儿童攻击行为及其类型

攻击行为是破坏、夺取财产或对人、动物造成身体或精神伤害的反社会行为。它可以是语言攻击，也可以是身体攻击（Doge，Coie & Lyman，2006）。拍打、抓、捏、踢、吐痰、咬、威胁、贬低、羞辱、怠慢、说长道短、攻击、戏弄和破坏等行为都属于攻击行为。

攻击行为主要分成四种类型：偶然攻击、表达性攻击、工具性攻击和恶意攻击。应对不同类型的攻击行为，有不同的有效策略。了解它们，可以帮助我们在学前儿童表现出攻击行为时快速做出有效反应，不同类型攻击的动机和结果见表 10 - 1。

表 10 - 1 四种类型的攻击行为的比较

攻击类型	动　　机	结　　果
偶然攻击	无意识的，非故意的。	有人受伤或财产受损。
表达性攻击	喜欢身体体验，不知道被攻击者不快乐。	有人受伤或财产受损。
工具性攻击	目标是获得或保护物体、领地或权利。攻击性是这一目标的副产品。	有人受伤或财产受损。
恶意攻击	通过恐吓故意伤害某人或获得权利的行为。	有人受伤或财产受损。

1. 偶然攻击

这种攻击行为是偶然发生的。如，爬单杠的时候踩到别人的手指，奔跑着追上朋友的时候手掌太过用力，或是意外讲了个伤害别人感情的笑话，这些都是没有冲突或故意伤害的意图却发生伤害的情况，这种攻击就是偶然攻击。

2. 表达性攻击

表达性攻击对攻击者来说是一种愉快的感官体验。攻击者会从无意中伤害他人或干涉他人权利的行为中获得快乐（McCauley，2000）。攻击者的目的不是要从受害者那里得到回应，也不是要摧毁什么东西，相反，他/她全神贯注于享受身体的感觉。比如，当小杰拆掉小梦的房子时，他在恰到好处的劈手动作中获得了满足感；辰辰的自行车撞到了轩轩的自行车，他感受到了车子猛烈的震动。这些例子中所描述的表达性攻击，其特征是攻击者没有愤怒、沮丧或敌对情绪，只是觉得好玩，或是做一些探索性的物理行为，从而在无意间伤害到了别人。

3. 工具性攻击

有时候，在玩耍中，儿童会太过专注于得到他们想要的东西或保护某些东西，以至于他们的身体行为无意中导致某人受伤，这被称为工具性攻击。例如，莎莎和昊昊争夺擀面杖时，他们的推搡导致莎莎的眼睛被打，昊昊的手指被砸，结果是两个孩子都受伤了。这两个孩子一开始都不想伤害对方，他们只是都想用擀面杖。但最终，他们依靠武力来捍卫自己的主张。在这种情况下，攻击性是儿童互动的副产品，而不是主要表现。区分工具性攻击和有意伤害他人或伤害他人自尊的攻击有两个因素：是否有预谋，是否有故意伤害的意图。大多数工具性攻击都是出于对物品、领地或权利的争夺。

知识链接：不同工具性攻击行为的案例分享

对物品的工具性攻击：在运动时，西西和欣欣同时跑向小推车，两个人都想拥有它。很快，他们就推搡着争吵车子应该属于谁。孩子们动作的目的是获得小推车的控制权。在他们争的过程中，产生了攻击的结果。

对领地的工具性攻击：在建构室里，小博已经占好了一大片地方，来建造他的机场。当其他孩子的建构材料侵占了他的空间时，他就会心烦意乱。孩子们在谁可以在那里建房子的争论中打了起来，虽然孩子们行为的目的只是建立对玩耍区域的控制，但结果是孩子们受伤了。

对权利的工具性侵犯：离园排队时，有几个孩子一起冲出门去，引发了一场争吵。每个人都想成为"领队"。在这种情况下，孩子们的主要目标是排在队伍的最前面，所发生的冲突是他们努力实现这一目标的副产品。

4. 恶意攻击（敌对攻击）

攻击者表现出强烈的攻击性，想要给他人造成痛苦（Shaffer & Kipp，2007）。他们伤害他人的行为或言语是恶意攻击，目的是为了报复之前受到的侮辱，或让受害者做他们不想做的事。恶意攻击有两种不同的表达方式：

直接攻击——对他人进行身体伤害或威胁他人会对其进行身体伤害。

关系性攻击（间接攻击）——通过流言蜚语、谎言或其他形式的社交手段，对另一个人的地位或自尊造成损害。

在这两种情况下，恶意攻击的目的性质使其有别于前面所指出的其他三种形式的无意攻击。

例如，几个孩子在听到音乐声时，搬着自己的小椅子想快速到桌子旁边玩玩具。在走着时，小凯的椅子不小心把辰辰挤倒了。大家还没来得及反应，辰辰就红着脸跳起来，跑进了教室。后来，当孩子们在排队上厕所时，辰辰推搡着小凯说："你一边去，不要在我这里等。"

起初，小凯的行为是偶然攻击的一个例子。然而，辰辰认为这是对他自尊心的一次蓄意打击，所以他打算在晚些时候进行报复。通过推搡小凯，辰辰觉得他们"平衡"了，他的荣誉恢复了。在这种情况下，推小凯是一种故意伤害他人的行为，是一种带有敌意的侵犯行为。同样，如果小凯在操场上对每个人抱怨辰辰的推搡，"不要让辰辰玩，他不是好人"，那么攻击性行为将永无终止之日。

（二）学前儿童外化情绪问题

儿童的外化情绪问题一般表现为发怒，很难从愤怒中平静下来，包括大哭、拍打桌子等行为表现。一般儿童在需要得不到满足时也会有愤怒情绪和激动的表现，但是有些儿童在日常生活中更容易出现易激惹、易发怒等负面情绪。外化行为问题和外化情绪问题往往是共存的，例如，愤怒情绪与攻击行为联系密切，由各种挫折事件引起的消极情绪能引发最初的攻击倾向性，愤怒的儿童通常会以比较激烈的方式宣泄自己的情绪，进而引发攻击行为。

（三）学前儿童活动过度行为

活动过度是指在需要安静的环境中，活动量和活动内容明显增多，在需要自我约束或秩序井然的场合中显得尤为突出。

活动过度包括两种类型的问题行为。一种是过度的肌肉活动，另一种是注意力缺陷。前者表现为手、脚等肢体动作过多，后者表现为难以维持和调节注意力的行为。注意力缺陷是指儿童的注意力很易受环境的影响而分散，注意力集中的时间短暂，难以持久，注意对象频繁地从一种活动转移到另一种活动，经常有意回避或不愿意从事需要较长时间持续集中精力的任务。他们对来自各方的刺激几乎都起反应，不能过滤无关刺激，思维处于游离状态。轻度注意力缺陷的儿童可以对自己感兴趣的活动集中注意力，如看电视、听故事等；严重注意力缺陷的儿童对任何活动都不能集中注意力。

二、学前儿童外化问题行为的特点

儿童的外化问题行为特点具体表现在认知方面、情绪管理方面和人际交往方面，了解这些特点能够帮助我们采取有效措施，有针对性地减少儿童的外化问题行为。

（一）认知方面

有外化问题行为的儿童在他人意图不明的情境中更多地对他人的行为做敌意性归因，因此更容易产生攻击行为。经常表现出攻击行为的儿童，其自我评价存在偏差，对他人评价的认知发展也滞后，这就会影响他们根据别人或者社会的要求来调整自己行为的能力，因此，这些儿童虽然经常有打人等不良行为，但是他们仍然认为自己在老师和父母眼里是好孩子，因而很少调整自己不符合社会规范的行为。此外，攻击性强的儿童还存在认知偏好，他们更倾向于喜欢有攻击行为的"强者"。

（二）情绪管理方面

经常表现出外化问题的儿童，自我控制能力较弱，情绪调节能力较差，愤怒情绪体验比较强烈，冲动水平也相对较高，因此会有一定的暴力倾向。当愤怒情绪产生时，他们更可能采取消极的情绪调节策略，如被动应付和发泄，而不是采用积极的情绪调节策略，如认知重建、问题解决、替代活动、自我安慰等。他们对他人的情绪反应不敏感，不能在具体情境中准确地认知他人的情绪，比如，在游戏中，如果贝贝把辰辰友好地逗笑理解为一种故意的侮辱，那他就可能用攻击的行为方式回应辰辰。

（三）人际交往方面

随着年龄的增长，儿童与周围的互动逐渐增多，在2岁时，儿童的同伴社会冲突就会发生，但此年龄段的儿童在抢夺玩具时，往往只注意玩具本身，极少关注参与争夺的另一方。2岁前儿童的攻击行为主要表现为踩、撞、拍等行为，随后这类行为迅速减少，取而代之的是言语攻击行为；3岁左右儿童容易出现发脾气、同伴打架等行为；4—5岁会出现较多的与物品占有相关的同伴冲突；4岁半时，儿童会因为具有社会意义的事件，如游戏规则、行为方式、社会比较等引起攻击行为，与因为物品和空间等问题引起的相应行为达到平衡。总之，3—4岁儿童最普遍的攻击行为是身体攻击，言语攻击和间接攻击的发生率都较低，敌意性攻击随着年龄的增长而增加。

经常表现出外化问题的儿童通常会有不良的同伴关系，他们缺乏社会交往技能，具有攻击和破坏行为，这些消极的行为特征是导致儿童被同伴拒绝和孤立的主要原因。这些儿童在社会交往中即使没有身体攻击的行为，也难以用积极的方式与同伴友好相处，他们也可能会采取关系攻击等方式处理同伴问题。因此他们的朋友数量少，友谊稳定性低，同伴接纳度低。某些特征，如注意力不集中、做事易分心、多动和冲动，使他们更难被其他同伴喜欢，进而强化了他们的不适应行为，如频繁告状、与同伴打闹、大声喊叫、不听老师的话、扰乱集体活动、破坏规则等，如此更可能被同伴排斥，同伴地位更低。

三、外化问题行为对学前儿童发展的影响

随年龄的增长，外化问题发生水平具有一定的稳定性。持续稳定的外化问题行为对儿童日后的学业成绩、同伴关系都会有不良影响。

（一）学业成绩

外化问题会严重影响儿童的学业成绩。注意力缺陷、攻击破坏行为等都会影响儿童的学业，进而使他们处于学业不利的地位，使他们不能很好地把握课堂中的学习机会。注意力缺陷或多动的儿童比正常的儿童在阅读、数学、写字等方面更容易出现问题。破坏性行为也会造成学业上的困难，那些有扰乱纪律和破坏行为的儿童，容易忽视重要的学业信息，抵制教师布置的任务，不能遵从教师的指导，进而可能会影响阅读、数学、写作等方面技能的学习，造成儿童较差的学业准备状况。因此，外化问题行为也常常伴随着学校适应不良。

（二）同伴关系

经常表现出外化问题的儿童，如有攻击性的儿童，会对同伴发怒，会试图支配和控制其他儿童和资源，与同伴的合作是不协调、粗暴、扰乱正常交往的，并且在同伴相处中表现出低社会性水平。因此，他们常被同伴排斥和拒绝，而同伴拒绝又能够预测日后的外化问题行为。持续遭受同伴拒绝的儿童到童年中期会有更严重的外化问题行为。5岁儿童的外化问题行为和同伴拒绝的早期行为模式会造成持续的拒绝经验，这样外化问题行为和同伴拒绝之间就形成了一种恶性循环。

有外化问题行为的儿童经常会影响整个班级的学习氛围，他们会成为教师关注的中心，从而使教师忽略对其他儿童的注意。有外化问题行为的儿童多具有攻击性，他们对引起攻击行为的模糊情境多归因于恶意，因此在与同伴交往的过程中容易出现攻击行为，对这些儿童的干预会对他们所处的群体中的其他儿童和整个群体氛围都产生积极影响。

第二节 减少学前儿童外化问题行为的社会-情绪课程—— 以减少攻击行为为例

攻击行为是儿童外化问题的典型行为表现。教师在一日生活中使用适宜的策略以减少儿童的攻击行为非常重要。在应对儿童的攻击行为时，我们常常会下意识地使用一些经验性行为，但有些经验性的行为是不恰当的，所以在试图减少儿童攻击行为的过程中，需要掌握积极有效的策略，注重家园合作，关注和支持被攻击者，并避免无效策略的使用。

一、一日生活中减少学前儿童攻击行为的有效策略

有效减少儿童攻击性行为的策略可以帮助儿童学习非攻击性地表达愿望，对他人的攻击行为果断地做出反应。儿童通过模仿、强化来学习攻击行为，也可以通过相同的渠道学习非攻击的应对策略，他们在扮演攻击者角色、旁观者角色和被攻击者角色时都会进行这样的学习。所有的情境下，减少儿童攻击性行为的关键是帮助他们内化那些与暴力行为不相容的价值观和互动方法。

（一）合理安排空间和时间

创设合适的班级环境能够有效减少攻击行为的发生。有充足的材料可供使用，班级区域或运动室、建构室空间布局合理，各区域活动之间彼此不干扰，活动空间足够宽松，儿童就会较少出现攻击性行为。注重不同环节、活动之间的恰当衔接，提前准备好各种活动材料，也能避免过多等待而减少儿童攻击行为的发生。

（二）示范良好的行为方式和情绪反应

教师面对冲突时的应对方式和情绪反应，都会成为儿童观察模仿的榜样。儿童会模仿教师在解决问题时的非攻击性行为策略，如当儿童看到教师通过讨论问题、和其他人进行协商或者妥协来解决问题时，他们就很可能把这些看成是能替代攻击性行为的理想方法。教师面对问题情境时的情绪反应，也会成为儿童模仿的目标，当教师用冷静和理性的态度来面对各种情境时，儿童就会获得冷静、理

性地解决问题的直接经验，他们就会更倾向于采用非情绪化的、非攻击性的方法解决冲突。这两种情境中教师的示范为儿童提供可供模仿的良好行为方式。教师除了要以身作则、做好榜样，还要减少那些可能会被儿童模仿、具有攻击性的材料（如枪支玩具，带有暴力内容的视频、图画、书籍、游戏等），同时组织能够促进儿童友好合作交往的游戏，让儿童在这些非攻击性的游戏中获得快乐和满足。

（三）强化学前儿童对非攻击性解决策略的使用

在解决问题时，儿童会重复使用那些被老师奖励的非攻击性解决策略。因此，教师可以使用积极的语言鼓励或者其他有效的奖励方式，来认可儿童在克制攻击行为时做出的努力。在用积极的语言鼓励儿童时，教师要明确地指出儿童使用的哪种非攻击性解决策略是有效的，还要让儿童了解该解决策略被认可的原因。如，在玩放风筝时，诺诺没有去抢唯一的风筝而是建议大家轮流玩，最终如愿得到放风筝的机会，同时又得到了老师的认可和鼓励，今后他在争取游戏机会时，就更可能会习惯于采用建议的问题解决方式。即使偶尔也会被拒绝，但只要建议被接受多于被拒绝，他还是会采用建议的方式来解决问题。

（四）转换学前儿童攻击行为的表达方式

儿童在正常进行体育活动时也经常会发生踢、敲、扔和撞倒等行为。当他们的行为超越了安全的界限，并从对人或财产有潜在损害的事情中获得快乐时，问题就出现了。比如，在运动时，洋洋可能在全神贯注地进行游戏，以至于他没有注意到自己扔的球干扰了其他孩子的游戏。同样，当洋洋追逐涵涵时，他可能会认为涵涵虽然嘴巴上在抗议，其实与他一样兴奋。洋洋的这些行为都有潜在的破坏性后果，属于表达性攻击，需要成人干预。

我们需要运用替代的方式转换儿童攻击行为的表达方式，替代是指用一个更合适的方式来取代儿童行为表达中不可接受的方式。洋洋可能会改变扔球的方向，不把球扔到其他孩子那里进行干扰，或者追逐一个更愿意和他比赛的伙伴。这时候，洋洋仍然被允许投球或追逐，但是以一种可接受的方式。孩子继续愉快的身体运动，同时老师积极构建环境，使孩子的行为变得无害，这就是替代，替代仅用于从事表达性攻击的儿童。这样儿童在整个活动中是快乐的，而不是沮丧或愤怒的。

（五）训练学前儿童对无意性攻击行为的积极归因

有攻击行为的儿童通常会把无意性攻击归因为恶意。教师应该给儿童提供准确的信息，改变儿童对无意性攻击行为的看法，同时也减少报复的可能性。无意性攻击发生后，当教师意识到被攻击者产生不良情绪时，应该果断抓住契机进行调节，接纳儿童的消极情绪反应，让当事人向其道歉，并向儿童解释、澄清事件的无意性（例如"你被打了肯定很恼火，但他并不是想用球打你，他只是想让球不再反弹"，或者"我知道你很难过，她并不是故意要抓你，她只是不小心力气大了一点"）。

这并不是为攻击者开脱，而是试图解释它的非故意性质，进而改变儿童的认知偏好。教师不仅要指出攻击者的行为对受害者所造成的影响，还要协助攻击者去弥补他造成的伤害（例如"你从球上跳过去时，撞到了雯雯，她的膝盖受伤了，我们一起给她处理伤口吧"），这种方法能够帮助受害者和攻击者更好地了解事情发生的前因后果，并且给他们提供一个建设性的方式来解决问题。

（六）引导学前儿童学习应对攻击行为的方法

当儿童在别人戏弄他、伤害他或者是叫他绰号却不知该如何应付时，他要么会屈服于攻击者，要么会反击。但是这两种应对策略都不好，因为都会导致发生进一步的攻击行为。当儿童对别人的攻击行为产生抱怨或者发出求救信号时，教师要直接干预或者控制问题情境，然后还要和儿童一起讨论攻击者行为背后的动机、受害者各种行为反应的好处和不足。此外，还可以在游戏活动中创设一些问题情境，引导儿童在假设情境中预演面对攻击行为时该如何应对：可以怎么说、怎么做。

案例：如何面对攻击者

随着儿童年龄的增长，他们的语言能力逐渐增强，同伴间的交往互动逐渐增加，在此过程中儿童的身体攻击逐渐减少，而言语攻击和关系攻击逐渐增加。我们可以设计发生攻击行为的情境或利用发生攻击行为时的教育契机来和孩子们一起讨论、预演面对攻击者我们应该怎么办。我们以常在教室里发生的攻击行为情境为例，来说明教师和儿童可以探讨的内容。

积木被抢走时怎么办

1. 问题情境：萱萱和亮亮一起在拼搭积木，萱萱在搭一辆长长的火车，亮亮在搭高楼。萱萱想要一块红色的积木，但是这块积木已经被亮亮用了，萱萱一把推倒了亮亮的高楼，拿起红色的积木来搭自己的火车。

2. 讨论过程，教师不断启发孩子遇到问题可以怎么处理：

老师：如果你是亮亮，你会怎么办？

儿童A：我会把它再抢过来。

老师：你们觉得这个主意怎么样？如果亮亮这么做了，萱萱会有什么反应？

儿童B：我觉得不好，萱萱还会再抢的，这样他们两个就会抢来抢去，打起来。

老师：是的，我也这样认为，那你们是亮亮的话，怎么办更好呢？

儿童 A：我会说："这块积木我已经用了，请你还给我。"

老师：你们觉得这样做可以吗？

儿童 C：可以的。

老师：那我们请一个小朋友来扮演亮亮说一说这句话。

老师：你们觉得像××那样说，萱萱是不是更有可能把积木还给亮亮？

老师：是的，在说这样的话时，我们要严肃认真，声音洪亮，有礼貌地表达自己的想法。

儿童 D：如果这样说了，她还是不还给我怎么办？

老师：可能会发生这样的事情，那亮亮还可以怎么办呢？

儿童 A：还可以告诉萱萱，别的地方也有红色的积木，她可以去别的地方拿。

老师：你们觉得这个办法可以吗？

儿童：可以的。

老师：你们还有什么想法吗？

儿童：萱萱应该帮助亮亮把她弄倒的高楼再搭起来。

老师：你们觉得萱萱应该这样做吗？

儿童 A：应该的，因为是她把积木弄倒的。

老师：我跟你们的想法一样。

儿童 B：如果萱萱不肯这样做怎么办？

儿童 A：我们可以找好朋友一起跟萱萱这样说。

老师：这个主意真的很棒！当你们遇到这样的情况时，老师支持你们这样做！

在幼儿园里会发生各种各样的攻击行为，我们可以通过两种方式教会儿童面对攻击行为时如何采取正确的行为反应。第一种方式是通过具体的情境让孩子们练习一些针对不同攻击情境的果断语言。

● 抵制不合理要求："不，我不能给你橡皮，因为我还需要它。"

● 站出来反抗不公平待遇："不要叫我那个名字！"或"别推我！"

● 接受合理的分歧意见："好的，我明白你的意思了。"

● 站出来反抗不公平的待遇："你忘了该轮到我了吗？"或"不允许插队！"

● 为冲突提供解决办法："你马上就可以用了！""如果你允许，我就使用它。"或"我想换着玩。"

第二种方式是鼓励儿童交朋友，发展儿童的社会交往技能。这种方法能使儿童勇敢地面对攻击者，打破儿童的受害者形象，并能起到持久的作用。有朋友的儿童能够更好地抵御欺辱者的攻击。

当某个儿童长期作为被攻击者时，班级里有一些儿童就会加入攻击者的队伍，这就会造成被攻击儿童强烈的孤独感和对后续攻击行为更大的容忍度。教师对班级中的这种现象要有足够的敏感度，通过教育让那些加入攻击者队伍的儿童意识到自己的错误并自行脱离，进而打破攻击者组成的小团体，营造健康的班级生态环境，为被攻击儿童应对攻击行为提供积极的氛围。

二、家园合作

家庭是儿童发展的另一个重要场所，儿童的发展离不开家长的支持和帮助，如果儿童出现了攻击行为，我们应该争取家长的配合，家园共育共同减少儿童的攻击行为。在家园合作中我们可以采取以下几种措施。

（一）与家长交流应对儿童攻击行为的方法

向家长解释当儿童出现攻击行为时，应该做什么，不应该做什么，并说明理由。不要强迫家长听从你的方法，但要让他们明白，在你的班级里，有一些应对策略是可以接受的，有一些是不合适的。如，父母会对老师说，如果孩子在学校表现不好，你尽管打他。你可以这样说："你确实很担心孩子在学校里的表现，我也对孩子很上心，但我不会打他，我会让孩子们明白规则是什么，违反规则会有什么样的后果。这样孩子就会遵守班级里的规则了。"用学到的技能，简单地向家长描述一个例子，来更加明确地说明你的意思。

（二）认真倾听家长的抱怨并适当回应

如果家长向你抱怨他的孩子被别的孩子欺负了，要认真倾听，并以适当的行动回应。据了解，通常当父母提到他们的孩子被欺负时，教师会弱化这个问题的重要性，或将谈话转移到孩子可能面临的其他困难上（Roffey Tarrant & Majors，1994）。无视儿童被欺负的行为对儿童的发展是有害的，也就是说，那些假装欺凌没有发生，或者认为这只是孩子们在游戏的成年人，并没有尽他们所能帮助欺负者和受害者发展出更合适的互动策略。如果你已经发现他/她的孩子被欺负了，要告诉家长一些在家里和学校里都适用的方法来解决这个问题。如果孩子或家长跟你抱怨的欺负行为是你尚未觉察到的，那就更要密切地关注这一情况。老师可以根据本章列出的策略，制定一个应对计划，解决与欺负者和被欺负者有关的问题，在实施前，要事先征求父母的意见，将该计划也推广到家庭中使用，家园配合执行计划，并定期从家庭中获得反馈。在此过程中，当父母表达他们的沮丧或担忧时，给予理解和支持，及时让家长了解到孩子的进步。

（三）与家长一起改变儿童的欺负行为

如果儿童有欺负行为，及时与其父母交流。如果儿童开始形成欺负行为的模式，要提醒他/她的父母对孩子予以关注。询问父母是否在家里也观察到了类似的行为。如果孩子在家中也有类似的行为，那就使用本章中讲述的策略，与家庭成员一起制定一个计划来解决孩子的攻击性。定期与家长联系，讨论孩子的进步，老师要在整个过程中对家长给予理解和支持。

（四）支持可能目睹或经历家庭暴力的儿童

帮助孩子们理清这些事件引起的强烈情绪，如果儿童的攻击行为是自发的（例如，针对其他人，或从暴力的电视节目中学习的，或是与哥哥姐姐玩耍的结果），要与孩子和父母一起商讨应对策略。当儿童可能是家庭中攻击行为的受害者时，要及时与孩子交流确认，并向上级报告。

三、关注被攻击者

据估计，多达80%的儿童在童年早期或中期都被欺负过（Hanish，Kochenderfer-Ladd，Fabes，Martin，& Denning，2004），100位儿童中有10至20位会成为长期受害者。大多数长期受害者是那些不能有效应对嘲弄和身体攻击的儿童，特别是那些语言能力有限、社交技能少、与群体脱离，或身体虚弱的儿童。低自尊的儿童是容易成为长期受害者的另一种特殊类型，这些儿童认为自己的人生是失败的，觉得自己很愚蠢或缺少魅力。他们很少发起敌意性攻击，即使受到侵犯也很少维护自己的权利。有一小部分儿童是很容易被挑衅的受欺负者，他们会轻易地大哭大叫，不合时宜地愤怒和防御，或把无意的玩笑误解为言语攻击，从而更易激发他人的攻击行为。无论什么原因，受欺负者总是很容易被卷入攻击性事件中，他们的无效反应强化了欺负者的行为，促使了攻击行为的循环发生。

而且，长期受到欺负的儿童不会得到那些看到他们所处困境的同伴的喜欢和同情。例如，通过无效或过激的行为挑起攻击的受害者通常被视为"自作自受"。此外，攻击性和非攻击性儿童，都期望从与长期受害者的互动中得到潜在的回报，获得他们想要的东西。换句话说，同学们会认为受欺负者像懦夫一样，能轻易地被欺骗并放弃自己想要的东西。因此，受欺负者的能力和价值感急速下降就不足为奇了。他们常常会出现缺乏食欲、失眠、真实或想象的疾病，无法集中注意力，面对他人的恐惧增加，出现难以解释的哭泣或极度焦虑的行为，不愿意到团体环境中，或是对他人（通常是更年幼的同伴、兄弟姐妹或宠物）进行不正常的攻击行为，以此来表达自己的不快。

如果受欺负者善于用语言来表达他们的愿望和维护自己的权利，那么他们可能就会较少受到攻击。所有的儿童在发展这些技能时都需要得到支持，对于缺乏一般语言能力和社会技能的儿童尤其如此。自信训练是减少欺负行为最有效的干预方式之一，它主要教孩子怎样做会使自己更加自信且能减少自己的弱点。受害者的行为方式往往与本章前几页所述的对他人行为的认知偏差相一致，他们将他人的无心之失误解为攻击行为，这可能会导致攻击行为的恶性循环，也使自己难以自拔。帮助孩子做积极的归因训练，是有效的对策。其次，有朋友的儿童能更好地应对欺负者的攻击，他们比没有朋友的儿童更少出现适应问题。帮助儿童建立友谊和发展友谊技能有助于打破他们的受害者形象。

四、成人在减少学前儿童外化问题行为时使用的无效策略

在日常工作中，老师经常要面对儿童的外化问题，因此也积累了大量的实践经验，但是我们也看到，有些应对方法不但没有减少儿童的外化问题行为，反而激发了学前儿童外化问题行为的产生。

（一）忽视学前儿童的外化问题行为

有一些观点认为，忽视儿童的外化问题行为可以减弱对外化问题的强化，但事实恰恰相反，忽视外化问题的后果就是导致他们外化问题的增加。轩轩在争夺皓皓的玩具时就知道自己这样做是不对的，也会担心老师来制止或惩罚他，但是老师却没有这样做，那么老师的不作为就会鼓励轩轩继续以这种方式迫使受欺负的同伴屈服，如果轩轩最终得到了想要的玩具，那么他和皓皓都会认为攻击性行为是有用的。长此以往，班级中被欺负的儿童就会反击，随着反击的成功，儿童受到的伤害少了，他们就会认为这种行为方式是有效的，于是班级中儿童的攻击行为就会越来越多。

（二）错误的转移

有时候我们会认为解决儿童生气或减少儿童攻击行为的方法，是将在原来情境中引发的坏情绪转移到一些不相关的事物上，比如，一个儿童因为玩伴的离开而感到沮丧或愤怒，因此成人鼓励他通过摔土、打枕头或者拍打玩具娃娃等方式来表达他/她的情绪，成人会认为通过这种方式，儿童表达愤怒的需要已经被满足了，但是有证据表明这是错误的。

当儿童也认为转移是解决愤怒情绪的最终方式时，他们就仍然相信攻击是对问题的一种有效反应（Berkowitz，1993）。在此过程中，儿童没有学会怎样面对他们情绪产生的原因（比如缺少同伴间的合作或陪伴），也没有学会建设性的问题解决策略。

（三）体罚

体罚是为害个体身体的一种惩罚方法（顾明远，1988），许多成人相信俗话所说的"棍棒底下出孝子"，他们多用体罚的方式来制止儿童的错误行为，认为儿童为了避免惩罚的疼痛，就会学习正确的行为方式来规范自己的行为。但是这些观点并没有得到研究的支持。大量证据表明，体罚只会增强而不是限制儿童的攻击性（Slaby，Roedell，Arezzo & Hendrix，1995）。体罚的影响还会长时间地起作用，如果儿童经常受到体罚，那么在他成人后，就很容易出现攻击行为。

在我国，体罚学生是违法的。《中华人民共和国未成年人保护法》规定："学校、幼儿园的教职工应当尊重未成年人的人格尊严，不得对未成年学生和儿童实施体罚、变相体罚或者其他侮辱人格尊严的行为。"体罚不但不能减少儿童的外化问题行为，而且还会阻碍儿童自我控制能力的发展。体罚的负面作用随着儿童年龄的增长会愈加明显。尤其对青少年来说，长期的体罚使他们习惯于身体的疼痛，会把自己毫不畏缩地忍受殴打的能力看作荣誉的象征，这也使他们在同伴中的地位得到提高，从而导致不断重复自己的挑衅行为。

案例：咬人的琳琳

琳琳是小班的孩子，她经常通过咬人的方式来尝试获得自己想要的东西，老师用了很多方法来制止她，如：跟她面对面严肃地谈话，与家长沟通等。但是她在别人不满足自己的要求时仍然会咬人，老师生气极了，对被咬的孩子说："你咬她一口，让她知道被咬时是什么滋味！"于是琳琳就被咬了一口……可是琳琳的咬人行为并没有因此消失。

老师虽然没有咬琳琳，但支持其他孩子咬她，也是一种变相体罚。老师希望通过这种方式让琳琳知道被人咬是很难受的。虽然琳琳可能认识到了咬人的行为是不对的，但她还是不知道除了咬人，还可以采用什么好办法来解决问题，因为老师并没有给她提供非攻击性的解决策略，她看到的只是老师也同意其他儿童用攻击性的方式来解决这个问题，因此，这样做并不会减少她的攻击行为。

儿童还会把体罚看作是报复的一种方式，他们会认为，老师用伤害性的行为来制止儿童做不被接受的事情。因此，琳琳可能就会认为，老师让小朋友咬她，是为了报复自己。当其他儿童看到老师这样的做法后，也会在同伴交往中学着用这样的报复行为，如果一个孩子做了他们不喜欢的事情，他们就会用攻击行为来反击。

有攻击行为的儿童，他们的移情能力通常较弱，因此当儿童被体罚时，他们较关注的是自身的不舒服，而不是自己的错误行为给他人带来的影响。

因此，当琳琳被咬的时候，她关注的是自己的疼痛而不是被害人的疼痛。只有儿童的移情能力进一步发展，开始对他人产生同情或关心时，攻击行为才能减少。

第三节　减少学前儿童外化问题行为的社会-情绪教育实践

有外化问题行为的儿童，自我认知可能存在偏差，情绪调节能力弱，愤怒等消极情绪体验比较强烈，因此经常有攻击行为，并受到同伴排斥，难以维持良好的师幼关系，在幼儿园里处于不利的地位。对大班儿童而言，不服从、不遵守规则、冲动、不能很好地处理与其他儿童的关系不利于他们未来的学校适应。社会-情绪教育活动通过帮助儿童形成正确的自我认知和对他人行为的积极归因，提高情绪调节能力，掌握积极的问题解决策略，来减少儿童的外化问题行为，使他们顺利完成入学准备，更好地适应新环境。

一、减少学前儿童外化问题行为的社会-情绪学习项目设计理念及依据

有外化问题行为的儿童的自我控制能力较弱，情绪调节能力不好，愤怒情绪体验比较强烈，发泄程度也较高，还具有一定的暴力倾向。在冲突情境中，他们的问题解决策略也倾向于争吵、抢夺、打骂等方式，他们会对同伴发怒，时常试图支配和控制其他儿童和资源，与同伴的合作也是不协调、粗暴和扰乱正常交往的，并且行为表现是低社会性水平的，他们的攻击、破坏行为和社会交往技能的缺乏都会导致不良的同伴关系，使他们经常遭到同伴拒绝，被同伴拒绝的经历又会强化他们的外化问题行为，如此造成恶性循环。

针对以上有外化问题行为的儿童的行为特点，为减少儿童的攻击性行为，增加亲社会行为，在认知方面，要帮助儿童形成对自己正确的认知和评价，意识到自己的缺点和长处，学习观察、理解情绪；在社会认知方面，要帮助儿童认识、理解规则，形成规则意识，提高儿童的情绪理解能力；在自我管理方面，要让儿童学会用正确的方法管理自己的情绪；在问题解决和社会交往技能方面，要让儿

童能够在冲突情境中采用正确的问题解决策略，掌握社会交往技能，提高社会交往能力。

二、活动方案实施框架

根据有外化问题行为的儿童社会认知存在偏差、情绪调节能力弱、社会交往技能不足、问题解决策略缺乏的特点，对外化问题行为的干预可以从以下几个方面入手。

自我认知训练，让儿童觉察自己的情绪，分析引发情绪的情境线索，以便在冲动时能"停下来"。

社会认知训练，让儿童学习对他人积极的态度和对人际互动问题的积极归因，掌握社会互动规则。

自我管理训练，帮助儿童掌握控制冲动的方法（如深呼吸），并练习通过语言表达自己的主张和需要以及情绪。

人际交往技能训练，帮助儿童提高解决问题能力，让他们意识到有很多种解决问题的方法，每种方法都可能引发不同的结果，进而选择最好的解决方法，养成良好的问题解决思维。

学习做负责任的决定，在理性分析不同解决问题策略的基础上选择最适宜的、非冲动性、丰攻击性的方法解决问题或冲突。

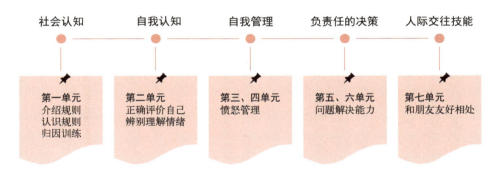

图 10-1 以减少学前儿童外化问题行为为核心的社会-情绪教育课程框架

三、活动方案目标的设定

根据方案设计的理念和五大板块的课程内容，将方案目标设定为：通过课程的实施帮助有外化问题行为的儿童用恰当的方式发起交往，并和同伴友好相处，维持友谊，提高社会交往技能，形成积极的自我评价，知道制定规则的意义并乐于遵守规则；在问题情境中，能够有效调整自己的愤怒情绪，采用合适的问题解决策略解决问题，减少外化问题行为。具体活动单元目标见表 10-2。

表 10-2　以减少外化问题行为为核心的社会-情绪教育课程目标

课程单元	单元内容	单元目标
社会认知	认识规则 正确归因	1. 理解规则的重要性，并让儿童参与课堂规则的制定。 2. 了解怎样倾听、等待、避免打扰及遵守规则。 3. 了解自己对冲突的归因模式，能根据情境对冲突事件进行正确的归因。
自我认知	正确评价自己 辨别理解情绪	1. 能够正确评价自己，知道自己的长处和缺点。 2. 能够在具体情境中辨别和理解自己、他人的情绪状态。
自我管理	情绪调节 愤怒管理	1. 认识愤怒是正常的情绪，但是可以通过合适的途径排解愤怒。 2. 掌握正确调节愤怒情绪的方法步骤。
问题解决	问题解决思维 问题解决技能	1. 掌握七个问题解决的步骤。 2. 能够用批判性的眼光看待各种问题解决方法，根据情况选出最佳方法。
人际交往技能	发起交往 维持友谊	1. 能够用恰当的方式发起交往。 2. 掌握与同伴交往中欣赏他人、夸奖他人等维持友谊的方法。

四、实践活动的实施模式

科学的实践活动的实施模式，应符合儿童的年龄特点和兴趣需要，儿童能够积极主动参与，能支持减少学前儿童外化问题行为的实践活动的有效开展。下面内容将从实践活动的实施方式、具体活动的实施框架两个方面进行阐述。

（一）实践活动的实施方式

实践活动从认知、情绪、行为三个方面展开，采用圆圈活动、绘本教学、小组活动以及游戏活动相结合的方式。

首先通过圆圈活动导入教学，为进一步开展活动做好准备，在此环节中以聊天、讲故事、唱歌等活动形式为儿童提供彼此倾听交流的机会，帮助儿童练习注意广度，提高语言交流能力。

绘本教学通过生动形象的故事调动儿童已有的生活经验，使教学内容与儿童自身经验相结合，帮助他们快速进入问题情景，将学到的情绪调节知识和社会交往技能内化。

小组活动通过儿童自主分组，完成共同的任务，激发儿童合作的意愿，使儿童体验友好合作、共同完成目标的成就感。游戏活动通过行为练习，使儿童在游戏中巩固新学到的技能，在游戏中预演与同伴友好交往以及问题解决的方式。

为了更好地实施实践活动，我们对绘本和游戏进行筛选，最终选定内容与实践活动相匹配的绘本进行教学，结合儿童熟知的游戏，进行小幅度改编后融入到活动的开展中。

（二）具体活动实施框架

根据社会-情绪教育的核心内容以及大班儿童的学习特点和即将面临的入学准备状况，我们开展了为期 7 周的课程，每周 2 次活动，每次时长为 25—30 分钟，共 14 次教学活动。每周围绕一个主题展开教学，每个主题安排两个课时。

第一课时以谈话活动作为导入环节，通过绘本教学提高儿童的社会认知水平，最后通过游戏活动帮助理解内化所学习到的知识。第二课时还是以谈话活动导入，通过小组活动使儿童体验同伴间友好合作交流的好处，最后通过游戏活动儿童将掌握的知识技能运用到具体的游戏情境中。

1. 第一课时安排

每个主题的第一课时都包括谈话活动、绘本教学、游戏活动三个环节，第一课时的课程实施模式见图 10-2。

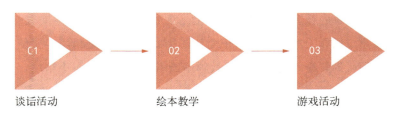

01 谈话活动　　02 绘本教学　　03 游戏活动

图 10-2　第一课时的课程实施模式

（1）谈话活动

谈话活动通过多种多样的形式导入活动主题，吸引儿童的注意力，为后续的环节做铺垫。谈话活动中儿童需要大胆地说出自己的想法和已有的经验，目的是使教学活动能够契合儿童的特点和需要，儿童在全体儿童前的发言也有利于自尊自信等重要品质的形成。他们也能够通过相互交流练习友好沟通的技能和交流技巧。谈话活动还能够帮助儿童把注意力集中在学习的内容上，在调动已有经验的基础上更好地接受新知识和新技能。以下以案例"我是演说家"来说明"演讲活动"的应用。

活动案例：我是演说家

我是演说家是谈话活动的一种形式，通过让每个孩子都做一次演说家，围绕主题讲一讲自己的想法、经验等，使他们掌握友好沟通的技巧，知道遵守一定的规则，增强自尊自信，建立良好的自我认知。教师可以根据活动内容自己制定演说的主题，激发儿童的经验和兴趣，以更好地投入后一环节的学习中。以第一单元社会认知板块中规则意识的养成为例：

活动名称：认识规则

活动目标：

1. 了解幼儿园里的日常规则。

2. 知道进行集体教学活动时要遵守的规则。

活动准备：

1. 材料准备：空间较大的室内活动场地。

2. 经验准备：和孩子们练习手拉手围圆圈的活动。

活动过程：

1. 老师通过语言引导，引出有关规则的谈话活动，可以按照一日生活各个环节的顺序帮助儿童梳理每个环节要遵守的规则。如：来园时有哪些事情是我们必须要做的？

2. 和儿童讨论：为什么要遵守这些规则？不遵守这些规则会有什么后果？

（2）绘本教学

绘本教学中，儿童始终处于主导地位。教师要引导儿童不断挖掘图画里隐藏的内容。因此，首先让儿童观察，其次让儿童通过观察说出绘本要表达的意思，最后让儿童重点回顾绘本内容，解析其中的因果关系和问题情境。要使儿童通过自己的观察深入理解绘本内容，需要教师不断引导儿童关注每个情境，并把对绘本内容的探索和每个课时的教学目标密切结合起来。另外，绘本的选择也很重要，它关系到教学活动的内容是否能够达成单元主题目标，绘本选择的注意事项可以参考上一章的有关内容。

活动案例：菲菲生气了

活动目标：

1. 了解菲菲情绪变化的过程及原因，能够表达自己关于愤怒情绪的想法。

2. 掌握调节愤怒情绪的好办法。

活动准备：

1. 材料准备：绘本《菲菲生气了》。

2. 经验准备：孩子们对愤怒情绪的已有认知。

活动过程：

1. 一起阅读绘本，通过多种形式与儿童互动，如模仿故事中人物的表情，让儿童观察图片讲述故事内容等。

2. 讨论：

（1）菲菲为什么生气了？

（2）菲菲生气的时候做了什么？你们生气的时候是什么样子的？

（3）后来菲菲还生气吗？为什么？

（4）我们生气的时候可以怎么办？一起讨论调节愤怒情绪的方法。

3. 一起练习调节愤怒情绪的方法，如呼气法、想一些开心的事情和朋友讲一讲、跟好朋友倾诉、找个安静的地方待一会儿等。

在此过程中，孩子们以绘本人物为载体，通过观察、角色扮演等了解愤怒情绪产生的原因及愤怒情绪的表现，在老师的引导下了解引发愤怒情绪的情景线索，掌握让愤怒及时"停下"的好办法。

（3）游戏活动

《3—6岁儿童学习与发展指南》指出："儿童的学习是以直接经验为基础，在游戏和日常生活中进行的。要珍视游戏和生活的独特价值，创设丰富的教育环境，合理安排一日生活，最大限度地支持和满足儿童通过直接感知、实际操作和亲身体验获取经验的需要。"游戏活动主要是配合单元目标和绘本教学而设置的体验活动，让儿童在认知学习后通过自己的亲身体验内化学习内容。游戏活动中所用的游戏多是规则游戏或角色扮演游戏，让儿童学习根据规则控制行为、语言和反应，从而能以有效的形式参与集体活动。儿童在游戏活动中潜移默化地学习规则，形成规则意识，进而理解幼儿园的常规，形成良好的行为习惯，并在游戏中练习情绪管理技能，通过角色扮演发展情绪理解能力，提高情绪管理能力，体验和同伴友好相处的快乐。

活动案例：搭桥过河

活动目标：

1. 能够与同伴交流协商搭桥的办法，选择最好的办法使自己获胜。

2. 在游戏中能够积极与同伴合作，体验合作解决问题的快乐。

活动准备：

1. 材料准备：场地、泡沫砖。

2. 经验准备：儿童有接力赛游戏的经验。

活动过程：

分组游戏：搭桥过河

1. 分两组比赛，每组儿童4人。

2. 划定一片相距30米的区域，假设这区域就是一条河流。

3. 各组队员站到起点处，也就是河的一边，并为每组发放5块砖头。

4. 比赛开始后，4个人使用5块砖头，从起点出发，脚不能沾地，也就是不能沾"水"，只能踩在砖头上。

5. 不管采用什么方式，哪队的全部队员先到达终点，哪一队获胜。

注意：各组在比赛开始前要讨论商量如何使用仅有的5块砖头，之后就看大家是否能完美地执行了。

游戏结束后，让每组儿童说明自己是采取了什么方式或者是战术来完成搭桥过河的。

2. 第二课时安排

每个主题的第二课时与第一课时类似，第二课时也有三个环节，分别是谈话活动、绘本表演、小组活动。第二课时的课程实施模式见图10-3。

| 01 | 02 | 03 |
| 谈话活动 | 绘本表演 | 小组活动 |

图 10-3　第二课时的课程实施模式

（1）谈话活动

与第一课时相似，通过第二课时的谈话活动加强儿童在具体情境中的想法的交流，教师可借助一些图片、照片或者录制的活动视频等展开谈话的内容。引导儿童更加直观地回忆自己在当时情境中的感受，深化儿童对自己的认知，为下一环节的实施做好经验和情感准备。

活动案例：请你来帮忙

活动目标：

1. 通过观看具体的问题情境，了解问题发生的前因后果。

2. 能够根据自己的生活经验，讲一讲对问题情境的认识和感受。

活动准备：

问题情境照片、视频。

活动过程：

1. 引入问题情境：出示视频或照片，请学前儿童观看。

2. 厘清问题事件：请学前儿童说一说，视频中发生了什么事情，自己对这件事有什么看法。

3. 与自己的经验建立联结：请学前儿童讲一讲自己在生活中有没有遇到过相似的事情，当时是什么感觉。

（2）绘本表演

绘本表演是在第一课时老师引导孩子们进行绘本讲解之后，通过表演的方式，把绘本内容展示出来，以增强学前儿童对绘本中人物故事的理解。学前儿童在表演中将故事为容转化为真实的情景，用肢体语言表现故事中正确的行为做法，从而促进学前儿童对知识的内化和迁移。

活动案例：小熊的早餐（辨别理解情绪）

活动目标：

1. 识别具体的情绪，理解每种情绪产生的原因。

2. 知道怎样用科学的方法化解自己的消极情绪。

活动准备：

1. 材料准备：小熊故事的课件（包括音乐）。

2. 经验准备：孩子们对小熊熟悉、感兴趣。

活动过程：

一、谈话活动

1. 问一问小朋友今天的心情怎样，邀请小朋友讲一讲今天的心情小故事。

2. 说一说自己印象中什么时候是最开心的，什么时候是最伤心的发生了什么事。

二、绘本表演

1. 老师出示小熊的早餐图片，请儿童说一说每幅图片上的故事。

2. 通过仔细观察图片，了解小熊的心情变化。

3. 儿童表演小熊的故事，注重小熊的心情变化和不同的面部表情特点。

（3）小组活动

小组活动是让儿童为了共同的目标协调行动，自发地分配角色。小组活动中，通过创设合适的游戏情境，运用角色扮演、设置悬念等方式，激发儿童对合作的兴趣，使儿童在富有情节的游戏中自然地合作，完成游戏任务。教师尽量放手让儿童自己交流、协商、约定，当儿童遇到困难任务难以进行时，需要抓住时机适时介入和指导，可以用语言提示，帮助他们找到原因。活动结束后，采用多元化的评价方式，如同伴评价、自我评价等。可以与儿童共同讨论：和哪些同伴完成了合作？小组合作时遇到了什么问题，是如何解决的？帮助儿童回忆活动的过程以提炼有效的合作经验，帮助儿童通过小组活动掌握合作性语言，练习合作性行为，提高社会交往能力和问题解决能力。

活动案例1：疯狂的小鸡

活动目标：

1. 能够和同伴友好协商，分配任务，共同完成保护鸡蛋的目标。

2. 体验与同伴合作的快乐和完成目标的成就感。

活动准备：

1. 材料准备：儿童版小鸡音乐、大圆圈、海洋球。

2. 经验准备：熟悉小鸡音乐律动操。

活动过程：

1. 老师带领儿童跟着音乐进行律动。

2. 儿童将地上的海洋球放进相应颜色的圈中。

3. 老师扮演老鹰，儿童自主分组，每组 4 名儿童，任务是保护好自己组圆圈内的鸡蛋。儿童自己协商、分配任务保护鸡蛋。老鹰会来抢走鸡窝里的蛋。

4. 游戏结束，每组儿童分享交流游戏中合作、协商、作战策略的经验和教训。

5. 老师与儿童共同讨论总结，老师总结时应对儿童出现的信任、合作、协商、坚持等积极正向的行为进行表扬，对儿童出现的问题要进行集体讨论，运用生生互动、师生互动的方式解决问题。

活动案例 2：赢得金苹果

活动目标：

1. 在游戏中亲身体验合作对闯关成败的重要性。

2. 通过游戏积累合作、交流、协商的语言。

活动准备：

1. 材料准备：竹梯、轮胎圈、平衡木。

2. 经验准备：儿童对以上运动材料的使用经验。

活动过程：

1. 创设游戏情境，儿童分组，比赛哪一组能够闯关成功，在规定时间内拿到终点的金苹果最多的小组获胜。

2. 儿童合作一个一个通过横放的竹梯，竹梯由每组儿童自己扶。儿童必须分工合作，有人先扶竹梯，有人先走，先通过的儿童要扶好竹梯让其他队员通过，否则每组通过的队员会较少，无法赢得更多的苹果。

3. 与儿童讨论总结成功的经验：只有不争抢、轮流来、耐心等待、合理分工、不丢下队友才能获胜。在游戏中多用"你看这样行吗"，"我们一起想办法"等合作性的语言。

五、实践活动的实施范式

针对不同的单元主题，通过谈话活动、绘本教学、游戏活动、小组活动等形式，依据不同单元内容的活动目标，实施具体的实践活动。

主题一　社会认知训练：认识规则、正确归因

第一课时：认识规则

认识规则、理解规则是非常重要的，对于有外化问题行为的儿童来说，认识规则能够帮助他们了解正确的行为规范，形成良好的规则意识，减少不良行为的发生。通过组织儿童参与规则游戏活动，让儿童亲身体验没有规则游戏便无法开展并进行下云，进而认识到要遵守规则。通过游戏过后的谈话活动，使儿童知道在班级中也要有一定的规则，这样他们才能够有开心和愉快的集体生活。

第二课时：正确归因

个体通常会分析自己或他人的行为，理解行为的性质及其背后的原因，这种解释和推论行为背后原因的过程就是归因。有攻击倾向的儿童常常会将引发冲突的模糊情境因素归因为他人的恶意，由此引发强烈的愤怒情绪，继而发生攻击行为。正确的归因练习，能够让儿童在同伴冲突情境中有正确的归因方式，减少攻击行为的发生。

主题二　自我认知训练：正确评价自己、辨别理解情绪

第一课时：正确评价自己

有外化问题行为的儿童对自己的认知存在偏差，通过活动引导儿童更好地了解自己，知道自己的不足，也要让儿童明白这些不足是可以改正的，这些不足并不能完全否认自己的一切，每个人都有自己的优点和缺点，让儿童在良好自我认知的基础上减少外化问题行为。

第二课时：辨别理解情绪

具有外化问题行为的儿童容易产生消极情绪，情绪控制能力不好。通过生动形象的故事引导儿童了解不同情绪的特点及产生的原因，向孩子们传达化解消极情绪的有效方法。当儿童在了解情绪的基础上知道怎样用科学的方法化解比如生气等消极情绪时，就会较少地出现问题行为。在活动中，用表演的方法让孩子们运用多种感官，深刻理解每种情绪的不同，并学习管理自己的情绪。

主题三　自我管理：情绪调节

有外化问题行为的儿童经常会有愤怒的情绪体验，不能很好地控制自己的情绪，通过本次活动让儿童知道，当出现消极情绪时，自己是可以控制情绪的。帮助儿童从认知上了解控制自己愤怒情绪的方法。

主题四　自我管理：愤怒管理

愤怒情绪管理不当往往会引发攻击行为，本活动通过绘本表演，让儿童深度体验愤怒情绪时自己的心情、情绪状态，并跟着故事中的主人公找到让怒火消失的好办法，通过练习"吹气球"的方法，调节自己的愤怒情绪。

主题五　问题解决：问题解决思维

有外化问题行为的儿童会用敌意感知社会情境，很少会用亲社会的方式解决人际冲突，并且很少会预期到攻击行为的后果（Dodge & Price，1994）。因此，我们希望通过此次活动能够让儿童了解非攻击性的解决办法或者站在他人角度考虑问题会产生好的结果。活动运用各种形式来帮助儿童形成问题解决的七个步骤。

主题六　问题解决：问题解决技能训练

遇到难以解决的冲突或问题，要有问题解决思维，明白问题是可以用很多方法来解决的，愤怒和生气是不能解决任何问题的。问题解决的步骤主要是：（1）我感觉怎样？我的问题是什么？（2）解决办法是什么？（3）更多的解决办法是什么？（4）后果是什么？（5）最好的解决办法是什么？（这种解决办法安全吗？公平吗？会引起好的感觉吗？）（6）我能够用我们的计划吗？（7）我该怎么做？（评价结果和巩固效果）。通过不断练习，孩子们能够用问题解决的思维来化解冲突，减少外化问题行为。

主题七　人际交往技能训练：发起交往、维持友谊

有外化问题行为的儿童往往不知道怎样和其他儿童友好交往，怎样才能被他人接纳。这次课程向儿童传授正确合适的交往技能，希望儿童能够用正确的方法发起交往，被同伴接纳，并逐渐有和他人友好相处的意识，能够用友好恰当的方式维持自己的友谊。

活动案例 1：有趣的草帽（认识规则）

活动目标：

1. 在游戏情境中理解规则的重要性，认识规则被打破会产生不好的后果。

2. 参与制定课堂的规则。

活动准备：

1. 材料准备：草帽 5 顶、轻快的音乐。

2. 经验准备：儿童有一个接一个传东西的经验。

活动过程：

一、谈话活动

1. 你觉得在班级里有哪些需要遵守的规则？

2. 为什么会有这样的规则呢？

二、绘本教学《大卫，不可以》

1. 儿童根据画面说一说大卫在学校里做了什么事情。

2. 你有没有和大卫做过一样的事情？

3. 下次遇到同样的事情你会怎么做？

三、游戏：有趣的草帽

1. 儿童伴随音乐围坐成马蹄形。

2. 讲述游戏规则：伴随音乐一个接一个传草帽，不能乱丢，不能隔着传，音乐停止时，草帽传到哪个儿童手中，这个儿童就在圈中表演。

3. 草帽数量不断增加，根据传递时出现的问题进行讨论。

4. 讨论游戏规则。

（1）刚才我们玩的游戏都有哪些规则？

（2）我们没有遵守这些游戏规则时会发生什么事情？

（3）在教室中都有哪些规则要遵守？

（4）为什么要遵守这些规则？

5. 共同制定进行社会-情绪教育实践活动时的规则。

活动案例 2：演员请就位（正确归因）

活动目标：

1. 了解自己对冲突的归因模式。

2. 能根据情境对冲突事件进行正确的归因。

活动准备：

1. 材料准备：写有冲突情境的卡片、与冲突情境相关的道具。

2. 经验准备：儿童有表演的经验。

活动过程：

一、谈话活动

1. 教师鼓励儿童说一说最近有没有和小伙伴之间什么不开心的事情。

2. 请儿童描述事件的经过，主要说出冲突事件发生的原因、过程和最后的结果。

3. 在此过程中，教师引导儿童多倾听他人的想法，不要评价对错，鼓励儿童大胆表达自己的想法。

二、绘本表演

1. 教师将儿童日常发生冲突的情境以卡通图片的方式呈现给儿童，给每个儿童都发一张冲突情境卡片，调动儿童已有的冲突经验。

2. 请儿童将图片上的情境表演出来，包括情境中的表情、情绪、可能会出现的话语，表演得越详细越好。

3. 让表演的儿童说一说自己对冲突情境的认识，如描述冲突情境中不同人物的行为，分析儿童行为的动机和原因，进而对冲突事件进行归因。

4. 让其他成员也说一说自己对冲突情境的认识和归因，看看是否与他人有不一样的想法。

5. 儿童表达自己在活动中的收获，并对自己所观察到的或者感悟到的内容进行讨论。

6. 教师根据本次活动情况进行总结，让儿童知道在生活中，与他人发生冲突时，要客观地根据冲突事件的情境线索进行归因。

三、游戏：寻宝大比拼

1. 设置几条有障碍物的通道，儿童分为两队，每次每队派出两名儿童参加比赛，一名儿童扮演"盲人"，一名儿童扮演"导游"，"导游"牵着"盲人"的手，避开障碍物，两人共同走到通道的尽头后，"导游"用语言指导"盲人"拿到指定位置的"宝物"。每次只能拿一件"宝物"。

2. 每个儿童都要参加比赛，拿到"宝物"最多的团队获胜。

活动案例 3：我是最棒的（正确评价自己）

活动目标：

1. 能够面对全班同学说出自己的长处和短处。

2. 能够接纳自己，相信通过自己的努力可以改变自己。

活动准备：

1. 材料准备：绘本《我是最棒的》，黄狗、鼹鼠、鹅、驴、瓢虫图片。

2. 经验准备：儿童对动物的生活习性有了解。

活动过程：

一、谈话活动

1. 老师引导儿童在全班同学面前介绍自己，介绍的内容必须包括自己的长处和短处。

2. 老师向儿童介绍新朋友（小黄狗）。

二、绘本教学《我是最棒的》

1. 讲述故事

一只在欢呼跳跃的狗狗，大声告诉我们，他什么都是最棒的，怎么个棒法呢？先来看看狗狗的朋友们，有瓢虫、鼹鼠、鹅，还有一头驴。尽管狗狗很爱他的朋友，他们也很厉害，但是狗狗认为最棒的还是他。为啥呢？看看他怎么来证明自己是最棒的。和鹅比挖洞，他赢了；和瓢虫比大小，他赢了；和驴比游泳，他赢了。狗狗开心地得出结论，他什么都是最棒的。狗狗的朋友们伤心了，因为他们都比不过狗狗，就在这时，鼹鼠有了主意，朋友们要开始给狗狗上一堂教育课。

鼹鼠和狗狗比挖洞，鹅和狗狗比游泳，驴和狗狗比大小，瓢虫和狗狗比飞翔。这下轮到狗狗伤心了，他认为自己什么都不擅长，而且还对自己的朋友不友好，他向朋友们道歉。朋友们告诉狗狗，他擅长做他们的好朋友，而且它有最漂亮的毛茸茸的耳朵。狗狗发现了自己真正的长处，这是最棒的！

2.讨论

第一步：狗狗为什么觉得自己是最棒的？

第二步：他的朋友们也这样认为吗？为什么？

第三步：狗狗最后还觉得自己是最棒的吗？

小结：原来真正的长处不需要别人的短处来衬托，每个人都有自己的优点和缺点，找到自己真正的优点就是最棒的。

三、游戏：拍马屁

1.游戏玩法：儿童坐在位置上，按照顺序，挨个起立说出班级里任意一位小朋友的优点或者你喜欢他/她的地方（性格、品质、行为、外貌等）。

2.游戏规则：每位学前儿童在讲话时声音要洪亮，语言要精练。老师可以给儿童示范，如：我觉得××小朋友总是乐于帮助别人，我很喜欢。

 ## 本章内容回顾

外化问题行为指表现在外的、反映儿童对外部环境消极反应的行为。主要包括攻击性行为、情绪外化问题行为和活动过度。儿童的外化问题行为受到自身气质、遗传因素、认知模式以及社会技能缺乏的影响，同时家庭环境、父母的教养方式以及大众媒体也会影响儿童的外化问题行为。

攻击性行为是儿童外化问题的典型行为表现，在幼儿园中，教师可以采用不同的方法减少儿童的攻击行为。但忽视儿童的攻击行为、错误的转移、体罚都不能有效地减少儿童的攻击行为，还会增加儿童的反社会行为。真正有效的措施包括模仿、强化、帮助儿童认识无意性攻击、使儿童掌握应对攻击的方法，以及发展儿童的社会技能。

减少儿童外化问题行为的社会-情绪教育实践活动包含五大板块的内容，以谈话活动、绘本教学、小组活动、游戏活动的形式为载体来实施，在此过程中儿童的认知能力、情绪管理能力、问题解决能力得到提升，亲社会行为增加，外化问题行为相应减少。

 ## 本章思考题

1.描述你身边有外化问题行为的儿童的行为特点。

2.讨论其他成人是如何应对此儿童的外化问题行为的。评价他/她使用方法的效果。说一说你是如何应对儿童的外化问题行为的。

3. 你在工作中开展了哪种形式的社会-情绪教育实践活动，它对改变儿童的行为有什么样的效果？

 ## 相关资源推荐

书籍推荐

1.《多动症儿童的正念养育（减少父母的焦虑增强孩子的专注）》，马克·伯廷著，赵雪莲译，中国轻工业出版社

2.《共情的力量》，亚瑟·乔拉米卡利，凯瑟琳·柯茜著，中国致公出版社

3.《正念教养》，苏珊·博格尔斯，凯瑟琳·雷思蒂福著，聂晶译. 中国轻工业出版社

绘本推荐

1.《小脾气》，文/〔法〕贝亚特丽斯·丰塔内尔，图/〔法〕露西尔·普拉森，译/赵欣昕，海豚出版社

2.《臭毛病》，图文/〔英〕芭贝·柯尔，译/范晓星，北京联合出版公司

3.《我的情绪小怪兽》，图文/〔西班牙〕安娜·耶纳斯，译/叶淑吟，明天出版社

4.《手不是用来打人的》，文/〔美〕玛丁妮·阿加西，图/〔美〕玛丽卡·海因莱因，译/陈薇薇，贵州教育出版社

5.《语言不是用来伤人的》，文/〔美〕玛丁妮·阿加西，图/〔美〕玛丽卡·海因莱因，译/陈薇薇，贵州教育出版社

第十一章 /

"小一步"课程——以入学准备为核心的社会与情绪学习

　　"开心树"是设置在大班班级里的自助式奖励区。每个孩子在挑战自己的弱项成功后，就能够从树上挑选一颗"开心果"奖赏自己。每颗"开心果"上都写着孩子们希望的一种奖励方式，奖励内容涉及物质奖励，更多的涉及精神奖励。例如，优先选择游戏内容、邀请偶像同桌午餐、邀请偶像合唱、自选合作伙伴、和阿姨一起铺床、延长一次乒乓时间、玩池池老师珍藏的"回转寿司棋"，甚至中午免睡一次……孩子们非常喜爱自己选择奖励内容，而且会为自己设定努力的目标，"开心果"里面的内容也会随着孩子们努力的目标不断更新变化。

　　每个儿童从出生的那一刻起就处于一定的社会环境与社会人际关系之中。特定的社会环境与关系构成了儿童身心发展的基本条件，也构成了个体身心发展的重要内容(冯晓霞，2013)。幼儿的社会与情绪能力直接影响着他们将来的家庭、学业和生活(Guralniek, 2010; Odom, McConnell, & Brown, 2008)。2012年9月由国家教育部颁布的《3—6岁儿童学习与发展指南》中特别提出重视幼儿的社会性发展，指出"幼儿社会领域的学习与发展过程是其社会性不断完善并奠定健全人格基础的过程"。

　　本章介绍的以入学准备为核心的社会与情绪学习实践研究——"小一步"项目，即一次基于实证研究的教育实践与有益尝试。该项目基于幼儿社会与情绪能力及其影响因素的研究结果，在生态化的理论视角下探索提升大班儿童入学准备的社会与情绪学习课程的设计与实施，从幼儿、教师、家长三方面分别阐述社会与情绪学习课程理论、课程设计与课程实施。

第一节 "小一步"大班儿童社会与情绪学习课程

入学准备是幼儿顺利从幼儿园过渡到小学的保证，社会与情绪学习则是入学准备的重要内容。在幼儿社会与情绪能力培养的关键时期，尤其是5—6岁大班阶段，重视并开展相关社会与情绪学习课程将有助于幼儿的社会适应与入学准备，并帮助幼儿在社会化的过程中逐渐形成良好的社会性与个性。

一、课程理论

幼儿的社会与情绪问题的解决能力是衡量其认知适应性发展的良好指标，较之智力因素，它对幼儿未来学业成绩的预测力度更大。研究表明，幼儿感知到的自我成就为他们不断尝试挑战注入信心，对自己学业能力的积极感知可以为进一步的学习添加动力（PCSC；Harter，1982）。幼儿管理自己的情绪、注意力以及行为的能力和他们的学业适应有关（Bierman，Nix，Greenberg，Blair，& Domitrovich，2008；Howse，Calkins，Anastopoulos，Keane，& Shelton，2003；McClelland，Cameron，Connor，Farris，Jeukes & Morrison，2007）。学前儿童情绪理解、问题解决等亲社会行为评价与其未来的学业成绩相关，亲社会能力的不足和入学准备呈负相关（Bierman，Torres，Domitrovich，Welsh & Gest，2010）。因此，为了帮助幼儿积累这些核心经验，"小一步"项目在大班儿童社会与情绪学习课程的基础上，依据情绪智力理论与社会生态理论的基本观点，确定幼儿课程的价值取向，以认知社会学习理论、情绪-行为-认知-动力模型、神经认知发展模型等理论为基础设计幼儿课程教学策略。

（一）情绪智力理论

情绪智力理论源于加德纳（Howard Gardner）多元智能理论中的人际智力和自知智力，之后美国心理学家萨洛维（Peter Salovey）和梅耶（D. J. Mayer）提出了情绪智力的概念，经过多次修订后将其定义为"准确地觉察、评价和表达情绪的能力；接近并产生感情以促进思维的能力；理解情绪及情绪知识的能力；以及调节情绪以促进情绪和智力发展的能力。"由此，情绪智力的四个维度分别是：情绪感知和表达能力、情绪促进思维能力、情绪理解能力和情绪管理能力。四个维度是一个循序渐进发展的过程。1995年戈尔曼（Daniel Goleman）的《情感智商》一书风靡全球，他将情绪智力界定为五个方面的能力：认知自己的情绪、管理自己的情绪、自我激励、理解他人情绪和管理人际关系。

情绪智力影响着个人社会生活的各个方面，它与个体的人际关系也密切相关，因此在学校中的情感教育是必要的。幼儿在进入小学之前需要养成一些基本的社会与情绪能力，这将有利于其之后的学业学习。这些基本的社会与情绪能力包括自信心、好奇心、学习动机、自制力、人际关系能力、交流能力和合作能力。在幼儿园中开始积极关注并有意地培养幼儿的这些能力，将为幼儿入学打下坚实的基础。

（二）社会生态理论

布朗芬布伦纳（Bronfenbrenner）的生态系统理论认为，个体在发展过程中并非是独立的存在，而是与周围环境相互依赖、相互依存、相互作用的，这些相互作用促进了个体的发展。幼儿所生活的环境影响其人际交往能力的发展，即微观系统、中间系统、外在系统以及宏观系统共同起作用。但对幼儿影响最明显的是其所处的微观系统，即家庭、学校、同伴。因此本项目的课程以幼儿园为基地，有计划、有目的地培养幼儿的社会与情绪能力。在幼儿园，引导幼儿充分利用与同伴交流互动的机会，促进幼儿社交技能的发展；重视教师对社会与情绪学习相关理论的理解与认同，充分利用师幼互动的机会；重视家庭在培养幼儿社会与情绪能力上的作用，父母有意识地培养幼儿的情绪和社会能力，有助于幼儿社会性的发展。因此，本项目针对教师和家长的社会与情绪学习，建立起社会与情绪学习支持系统，为提供教师社会与情绪能力的学习支持，让他们参与课程活动的设计与实施；开展家长沙龙，提供"教养建议"和"家庭共同完成的小任务"，让家长充分了解社会与情绪学习课程，并提高家长的情绪辅导和教养能力。

（三）认知社会学习理论

认知社会学习理论强调，幼儿通过观察和模仿以及与他人的相互作用习得特定的社会行为。幼儿的人际交往能力通过早期的间接和直接经验获得发展。间接经验可指通过认知发展掌握社会交往的相关知识，如在集体活动中讲授社会交往知识。而在一日生活的游戏中，幼儿能够获得人际交往的直接经验。因此，本项目的课程实施强调集体活动中的社会交往知识的学习以及一日生活中社会技能的巩固。

（四）情绪-行为-认知-动力模型

情绪-行为-认知-动力模型（Affective-Behavioral-Cognitive-Dynamic Model，简称ABCD模型）认为情绪情感、言语、行为、认知理解的发展性整合对社会与情绪能力有重要的影响作用。在成熟过程中，情绪发展先于认知，这意味着幼儿的情绪体验及反应远早于运用言语进行情绪表达。在幼儿早期，情绪发展作为一个重要的先驱与缓慢发展的认知、言语能力逐渐整合，直到小学阶段，情绪、行为和认知、语言才进一步地整合。这一过程促进了幼儿社会能力的发展和良好人际关系的建立。基于 ABCD 模型，本项目课程综合了自我控制、情绪意识和理解、人际社交技能和社会问题解决等方面的内容，用以提升幼儿社会与情绪能力，并假设：幼儿理解和讨论情绪的能力与其行为相关；幼儿理解、讨论、管理情绪的能力受到社会化实践的影响；幼儿理解自身及他人情绪的能力是有效解决问题的核心要素；学校环境是基础的生态环境，是改变的核心要素。因此本项目在课程设计与实施中注重丰富幼儿的情绪词汇，提高幼儿讨论情绪的能力，以及他们情绪的元认知（如发现情绪识别的线索，理解情绪表现的规则，改变情绪状态的策略等），并重视学校领导层的配合与支持，强调教师对课程的有效实施和推广。

（五）神经认知发展模型

神经认知发展模型（Neurocognitive Models of Development）关注两个重要的概念：垂直控制（Vertical Control）和平行交流（Horizontal Communication），分别与神经系统中的前额叶和边缘系统有关。垂直控制指的是发生在前额叶的高级认知过程控制低级的边缘冲动。对成年人而言，情绪信息被大脑的情绪中心（如边缘系统）快速接受，这些信息通过上行神经元传输到额叶以获得高级加工和解释，最后这些信息再被送回边缘系统，从而调节情绪。而对幼儿而言，额叶和边缘系统之间的神经联系尚未完全发展，所以幼儿在面临具有挑战性的社会情境时常常表现出冲动，无法从高级加工中获得帮助。平行交流指大脑两半球通过胼胝体沟通的过程。左半球加工接受性和表达性语言，以及表达积极情感；右半球则负责接收积极和消极情感，以及表达消极情绪。因此，要用语言表达情绪体验，并有意识地识别它们，信息就必须通过胼胝体从右半球传递到左半球，幼儿的神经系统发育不成熟，在体验到情绪时，经常无法通过语言表达出来。因此，本项目通过相关课程设计，如情绪表情卡、控制情绪信号灯等活动，促进垂直控制和水平交流能力的发展，以提升幼儿的情绪认识、调节和表达的能力，以解决其社会问题，减少行为问题。

二、设计思路

本课程遵循《3—6 岁儿童学习与发展指南》《幼儿园教育指导纲要（试行）》的精神，以《上海市幼儿园幼小衔接活动的指导意见（2020）》中幼儿的社会适应、情绪健康发展目标为导向，以入学准备中幼儿社会与情绪能力的核心经验为结构重心设计课程内容，构建以入学准备为核心的大班儿童社会与情绪学习。

（一）纲领性文件对社会与情绪学习的支持及相关内容的梳理整合

社会与情绪学习的核心技能主要有五项，包括：自我意识、自我管理、社会意识、人际交往和负责任的决策。这五项技能具体又包含一些子内容。目前被大部分研究者认可并应用于课程中的正是此五大核心能力，其框架及内容见表 11-1。

表 11-1　社会与情绪学习框架及主要内容

核心能力	描　　述
自我意识	辨别和认识自我情绪；准确的自我觉察；认识到自己的能力优势、需求、价值观；自我效能感。
自我管理	控制冲动和管理压力；在挫折与阻碍面前坚持不懈；目标的设置和监督自己不断向目标靠近和进步的能力。
社会意识	能够理解他人并同情他人；移情；欣赏自己与他人的共同点与差异；尊重他人；学会发现并利用家庭、学校和社会的资源。
人际交往	交流、社会参与；在合作的基础上建立并维持健康的、有益的人际关系；预防、管理并解决人际冲突；当有需要时向他人寻求和提供帮助。
负责任的决策	确认问题和形势分析；解决问题；评价与反思；个人、道德和伦理责任；在综合考虑道德标准、安全性、社会规则、尊重他人以及不同行为造成的可能结果的情况下做出决策。

（资料来源：根据 CASEL 官方网站提供的资料整理）

《幼儿园教育指导纲要（试行）》将幼儿园的教育内容分为健康、语言、社会、科学、艺术五个领域，《指南》也是按此五大领域来架构其内容。根据五个领域的目标、内容与要求可知，社会与情绪学习主要分布在健康领域和社会领域。如表 11-2，健康领域强调了幼儿心理情绪健康的表现是"情绪安定、愉快"，社会领域凸显了人际交往、适应规则等社会能力的发展。但五大领域的内容本身就是密不可分、相互联系的，其他如语言、科学、艺术领域也有社会与情绪能力的相关内容。语言领域中语言运用于情绪理解、表达以及人际交往中的沟通，艺术领域中音乐美术本身就是一种情感情绪的表达表现手段，有益于心理情绪健康的积极发展。社会与情绪学习的最终目的是通过发展情绪能力和社会能力来促进幼儿的社会性发展和心理健康，因此若要将社会与情绪学习划分到五大领域中，它应该是隶属于社会领域，但在实践操作的过程中，社会与情绪学习课程应该融入五大领域的课程内容中。

《上海市幼儿园幼小衔接活动的指导意见（2020）》以健全人格为目标对大班儿童入学准备做了详细阐述，大班儿童面对幼小衔接的主要发展任务包括：（1）有入小学的愿望和兴趣，向往小学的生活，具有积极的情感体验。（2）具有自我服务、自我保护等基本生活能力，能主动表达自己的需求和想法，乐意学习并积累与不同对象交往的经验。（3）建立初步的规则意识、任务意识，有遵守规则和独立完成任务的能力。（4）对各类学习活动形成好奇心和探索欲望，有初步的逻辑思维能力和解决问题的能力，具有良好的倾听、阅读等学习习惯。因此以入学准备为核心的幼儿社会与情绪学习课程是坚持正确幼小衔接价值观的重要途径。

表 11－2　社会与情绪学习内容在《指南》和《纲要》中的体现

领域	子领域	目　　标	指　导　要　点	社会与情绪能力
健康	身心状况	情绪安定、愉快。	1. 创设温馨的人际环境，让幼儿充分感受到亲情和关爱，形成积极稳定的情绪情感。 2. 帮助幼儿学会恰当表达和调控情绪。	自我意识：情绪体验 自我管理：情绪表达和调节。
语言	口头语言——倾听与表达	认真听并能听懂常用语言。 愿意讲话并能表达清楚。	鼓励和支持幼儿与成人、同伴交流。	人际交往中的理解，沟通能力，清晰表达，认真倾听。
社会	人际交往	愿意与人交往。 能与同伴友好相处。 具有自尊、自信、自主的表现。 关心尊重他人。	1. 帮助幼儿正确认识自己，学习初步的人际交往规则和技能。 2. 引导幼儿换位思考，学习理解别人。 3. 鼓励幼儿自主决定，独立做事，增强其自尊心和自信心。 4. 引导幼儿用平等、接纳和尊重的态度对待差异。	人际交往态度，交往技能；自我意识；社会意识。
	社会适应	喜欢并适应群体生活。 遵守基本的行为规范。 具有初步的归属感。	1. 学习基本行为规则，或游戏规则，体会规则的重要性。 2. 给幼儿布置一些力所能及的任务，培养幼儿的责任感。	
科学	科学探究	亲近自然，喜欢探究。 具有初步的探究能力。	1. 对周围事物和现象感兴趣。 2. 探索中有所发现时感到兴奋、很满足。 3. 探究中能与他人合作交流。	自我意识，人际交往能力。
艺术	感受、表现	大胆地表现自己的情感和体验。	鼓励幼儿用不同的艺术形式大胆地表达自己的情感、理解。	自我意识，自我管理。

（二）以入学准备为核心的大班儿童社会与情绪学习

社会与情绪学习的五大核心能力并不是独立发展，而是相互联系、相辅相成的。在将纲领性文件对社会与情绪学习的支持及相关内容梳理整合的基础上，"小一步"项目建构以入学准备为核心的社会与情绪学习。

首先，情绪能力的发展是入学准备的基础。幼儿的情绪调节能力会影响幼儿社会适应、学业适应以及社会行为（Bierman，Domitrovich，Nix，Gest，Welsh，Greenberg，& Gill，2008）。情绪调节能力弱的幼儿不善于控制自己的消极情绪，他们更可能用非建设性的策略，如攻击、发泄、回避等来宣泄自己的情绪，进而阻碍与同伴的交流，表现出更多的问题行为，并得到教师更低的社会能力评价（Eisenberg，Fabes，Murphy，Karbon，Smith & Maszk，1996）。幼儿情绪调节能力（如注意控制）越强，其同伴接纳程度就越高，面对引发消极情绪的同伴冲突情境时就越可能用建设性的情绪调节策略，也越会受到同伴的接纳（Eisenberg，Pidada，& Liew，2001）。情绪调节还能预测幼儿日后的课堂适应（例如学业进步、课堂中的合作与参与、发起交往、喜欢学校等）（Graziano，2007）。研究者通过观察幼儿在课堂中的情绪调节，发现消极的情绪表达与教师评定的幼儿坚持性以及学习态度呈负相关，而情绪调节不良与教师评价的学习动机也是呈负相关（Sutton & Wheatley，2003）。因此，幼儿每个情绪能力的构成要素都很重要，它们共同服务于2—5岁幼儿的社会性发展。

其次，幼儿社会领域学习与发展的实质在于社会化，即社会性不断发展并奠定健康个性的基础（李季湄，冯晓霞，2013）。人际交往和社会适应是幼儿社会与情绪能力发展的主要内容，也是基本途径。因此入学准备作为一种最终结果，情绪能力是基础，其他社会能力是辅助。不论是作为发展结果的反映，还是作为内在发展要素，社会适应都显得尤为重要。

综合上述分析，本课程以入学准备为核心，将社会与情绪能力梳理为三大能力作为课程框架。第一是情绪能力、情绪理解和情绪调节，包括理解自己的情绪和他人的情绪，理解情绪对他人的影响，能够适度调整自己的情绪，管理并控制消极情绪；第二是人际问题解决能力，让幼儿学会自主解决人际交往中遇到的问题；第三是亲社会行为能力，包括倾听沟通、发展友谊等行为技能。本课程以此三大能力作为主要发展目标和课程内容结构框架。

三、课程目标

社会与情绪学习的课程目标是学前教育目标的下位概念。幼儿社会与情绪学习课程目标的确认依据幼儿发展研究、社会与情绪学习研究、《指南》等学前教育纲领性文件的要求，同时在课程实施中还综合考虑了幼儿的个体差异以及最近发展区。

本课程的总目标是通过在幼儿园实施该课程促进幼儿社会与情绪能力的发展，从而提高大班儿童入学准备水平，顺利实现幼小衔接。情绪能力是幼儿入学准备的基础，人际问题解决能力和亲社会行为是入学准备的必要条件，因此本课程的总目标下设三个主要发展目标，即情绪能力、人际问题解决能力、亲社会行为（见表11-3）。

表11-3　幼儿社会与情绪学习课程主要发展目标和具体发展目标

课程总目标	主要发展目标	具体发展目标
促进幼儿的社会与情绪能力发展，提高入学准备水平。	情绪能力	1. 理解情绪的成因和结果。 2. 运用认知和行为策略来调节情绪。
	人际问题解决能力	1. 建立友谊，主动并正确发起交往。 2. 尊重和接纳他人的观点。 3. 通过语言沟通解决人际冲突。
	亲社会行为	1. 协商并遵守基本的社交规则。 2. 分享、关怀、安慰、合作、帮助、共情等。

四、实施与方法

"小一步"大班儿童社会与情绪学习课程通过融入、渗透与幼儿园一日作息生活有机结合，具体通过三种途径实施课程，分别是集体教学活动、游戏活动、一日生活与班务活动。其中集体教学活动以绘本为载体，针对各单元具体课程目标开展集体教学活动；游戏活动分为两部分，除了每次集体教学活动结束时教师组织的规则游戏，还包括幼儿自主进行的角色游戏；一日生活与班务活动主要指教师有针对性地观察幼儿一日活动中的相关事件，并通过班务活动帮助幼儿共同学习和提高社会与情绪能力，营造良好的班级氛围。

活动案例1：集体教学活动"菲菲生气了"

活动目标：

1. 懂得在生气的时候，不能做出伤害他人、伤害自己的行为。

2. 能够识别出情境中的多种情绪感受。

3. 能用多种策略让自己的强烈情绪平静下来。

活动准备：

绘本《菲菲生气了》

活动过程：

一、热身活动：面条游戏（学会让自己平静下来）

在面条游戏中练习并学会让自己紧绷的身体放松下来。玩游戏时，要集中注意力感受自己的身体反应。

游戏规则：请孩子们站起来，彼此之间的距离足够大到让每个人都有足够的空间躺在地板上。

"所有小朋友站直，绷紧肌肉，就像没煮的干面条一样坚硬。现在，假装我们开始煮面条了。我们开始慢慢变软，越来越软，软得站不起来了。最后，我们躺在锅底了。现在来做三次腹式呼吸。腹式呼吸能让你放松。现在，你彻底变得又松又软了。整个身体放松了。"如果时间足够，可以走一圈，把孩子的胳膊举起来，轻轻地甩一甩，检查他们是不是被"煮熟"了。真正的放松状态下，他们的胳膊可以轻松地被摆动。"现在坐起来，保持放松状态。"

二、学习活动：绘本故事《菲菲生气了》

故事梗概：这是菲菲。她正在高兴地玩着大猩猩。姐姐突然跑过来一把抓住大猩猩，用力地夺走了大猩猩，菲菲跌倒在地上。

1. 说一说

识别事件中的情绪：想想菲菲什么感受？我们怎么看出来的呢？请幼儿说说他们的想法。（生气：她握紧了拳头，她在跺脚、大喊，她头发都竖起来了。伤心：她摔倒了，很痛的。委屈：妈妈也跟姐姐站一边）

"每个人表达情绪的方式各不相同。有些人会大声喊出来，弄出很大的动静。有人会默不作声。有时候你有一点点生气，有时候你觉得非常生气。如果你非常生气，说明你产生了强烈感受。"

识别生气时的情绪感受："菲菲生气的时候，她涨红了脸，心跳加快，两只胳膊上的肌肉紧绷起来。我生气的时候，觉得身体怎么样？描述你生气时感受到的身体反应。如果你现在生气了，请给我看看你生气的时候脸上和身体上会是什么样呢？"给孩子留时间做生气的反应。"注意感受你自己的身体。有谁能告诉我，你身体哪个部位有生气的反应呢？"请幼儿尝试回答。

2. 议一议：面对情绪的做法

讨论不合适的行为。"每个人都有生气的时候，这是生活的一部分。但是生气的时候，打人、踢人、骂人、大喊大叫、推人等伤害他人的行为都是不对的。"

引导幼儿进一步思考为什么伤害行为是不对的。（这种行为会从身体上或心理上给别人造成伤害）

三、练习活动：平复感受

"现在，假装我们自己产生了强烈的感受。我们练习把双手放在肚子上，识别身体感受，说'停一停'，并说出自己的感受。"

为幼儿读某个情境，请他们识别该情境下的情绪。

情境 1. 画一条直线总是画不好。

情境 2. 你最喜欢的玩具坏了。

情境 3. 你在剪剪纸时把它剪坏了。

情境 4. 轮到你滑滑梯时，有人抢了你的位置。

教师示范将双手放在自己的肚子上，说"停一停"，并说出自己的感受。

让幼儿跟着你，说出他们自己的感受。

请1—2个孩子自愿来示范。

小结："今天我们学习了，当我们生气时身体会有什么反应。当我们生气时，可以伤害他人的身体或感受吗？点头或摇头表示。（不可以，摇头）生气的时候要（平静下来），才不会做出伤害行为。一旦我们感觉生气了，就要立即想办法平静下来。"

四、延伸活动

在家和父母一起共读《菲菲生气了》，找找看还有什么让自己平静下来的好方法。

活动案例 2：游戏活动"我来演，你来猜"

1. 看图猜情绪。以上有哪几个情绪小怪兽？你是如何猜出来的？

2. 老师演，你来猜。老师演出以下情绪，请孩子们猜。

眉头挤在一起，双拳紧握，脸通红，鼻子不停地喷气。（生气）

眉毛耷拉着，嘴巴向下，鼻子一吸一吸。（伤心）

3. 孩子们演，孩子们猜。

活动案例 3：游戏活动"蛇式呼吸（腹式呼吸）"

请幼儿来学习像蛇一样呼吸。把嘴唇圈成 O 字形，像用吸管喝水那样慢慢地吸气。吐气的时候，像蛇那样发出嘶嘶声。再慢慢吸口气，好像用吸管吸气。吐气的时候，像蛇那样发出嘶嘶声。"嘶"声拖得越长越好。再试一次。慢——慢——吸气，然后"嘶"地把气吐出来。坐直身体，再一次慢慢吸气，然后全部吐出来。

活动案例 4：游戏活动"镜子技术"（唤起快乐情绪）

教师将孩子分成两人一组，相对而坐。孩子 1 做出各种快乐的表情，孩子 2 作为镜子模仿孩子 1 的各种表情，接着互换角色。

讨论：当你看到"镜子"的情绪时，你的感受是什么？

在努力做各种快乐的表情时，你的情绪有变化吗？

小结：当我们内心装着某种情绪，身体模仿着某种情绪时，我们可以真的获得这种情绪。当我们想要开心，赶走坏脾气精灵的时候，可以利用镜子方法，挺起胸膛，深吸一口气，然后唱一段欢快的歌曲，吹一小段口哨。

五、课程评价

　　学前教育课程评价应为儿童提供服务，促进课程的进步。大班儿童社会与情绪学习课程评价的核心是幼儿与教师，其评价过程是社会与情绪学习课程的运行过程，是社会与情绪学习课程发展的过程，是教师开展教育活动的过程，更是幼儿进行学习与发展的过程。因此，评价的终极目的是促进幼儿的发展。"小一步"大班儿童社会与情绪学习课程评价内容主要包括幼儿情绪理解能力、孤独感、亲社会性、师幼关系、社会能力与行为等。确定社会与情绪学习课程评价环节时应充分考虑以下特征：评价主体的多元性、评价方法的多样性、评价内容的丰富性等，同时需要针对幼儿与教师选择适宜的评价方法（见图11-1）。

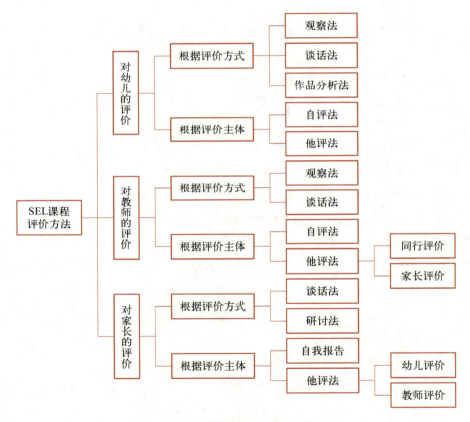

图 11-1　社会与情绪学习课程评价方法

（一）评价主体的多元性

　　评价主体的多元性指参与评价的人是多元的，不仅指教师，还包括幼儿个体或群体、幼儿家长及其他相关人员。参与评价的主体越多元，对幼儿发展越有利，也越有助于教师专业成长。如，采用随机抽样的方法，在每个班抽取15%的幼儿家长作为访谈对象，通过集体访谈，即座谈会的方式对课程实施中幼儿的发展情况进行评价。

（二）评价方法的多样性

解释世界的方式是多样的。总体来说，课程评价的方法可分为定性与定量评价两大类别。社会与情绪学习课程采取全球普遍推崇的定量与定性分析相结合的方法进行课程评价。如，采用观察法，教师有意识地观察幼儿的行为表现，并即时记录，通过观察以即时了解幼儿的社会与情绪能力；采用档案法，根据幼儿在园活动情况，教师有意识地将幼儿的相关作品及其有关证据收集起来，通过合理的分析与解释，反映幼儿在学习与发展中的优势与不足。

（三）评价内容的丰富性

课程评价必须与当下的课程场景相结合，不是为评价而评价的纯粹性活动。因此，幼儿必须是评价的核心要素，关注幼儿情感、态度、价值观的形成，以及幼儿对课程的适应情况等都是评价的重要内容。此外，对课程目标、内容、实施等环节的评价以及参与课程的教师及相关人员都应是评价内容的组成部分。

第二节　教师与家长的社会与情绪学习

人类生态学理论创始人布朗芬布伦纳指出人的发展是人与环境的复合函数，幼儿发展是其所处的生态环境作用的结果。家庭及托幼机构是幼儿成长过程中生态环境的重要组成部分。《指南》也指出，"家庭、幼儿园和社会应共同努力，为幼儿创设温暖、关爱、平等的家庭和集体生活氛围，建立良好的亲子关系、师生关系和同伴关系，让幼儿在积极健康的人际关系中获得安全感和信任感，发展自信和自尊"。基于对上述理论及指导精神的认同，本项目关注教师与家长的社会与情绪学习，思考如何在社会生态视野下构建和强化社会与情绪学习的环境，将课堂延伸到园所、家庭、社区；思考如何将教师、家长、儿童"三位一体"纳入课程，并以此来提高幼儿的社会与情绪能力，使他们较好地进入入学准备状态。

一、"小一步"教师的社会与情绪学习课程

社会与情绪学习对学生及教师双方均产生影响（Collie，Shapka & Nancy E.

Perry，2012）。研究结果显示，教师实践社会与情绪学习课程的过程有助于降低职业倦怠感的发生（Ransford，Greenberg，Domitrovich，Small & Jacobson，2009）；教师对社会与情绪学习课程的信念有助于提升对专业的投入程度（Collie，Shapka，& Perry，2011）；教师对社会与情绪学习技能的掌握程度与职业倦怠呈负相关，与工作满意度呈正相关（Brackett，Palomera，Mojsa-Kaja，Reyes & Salovey，2010）。社会与情绪学习不仅影响课堂内外的师生关系，还对教师之间的人际关系产生积极影响，从而改善校园人际氛围（Collie，Shapka，& Perry，2012）。因此，本研究将教师纳入课程支持系统。

（一）理论基础

教师是幼儿早期社会化的重要他人，教师的教育理念和行为、幼儿园班级氛围等都是幼儿早期社会与情绪能力习得的重要影响因素。当教师了解情绪对人际关系的影响，能够意识到自己和学生的情绪，并将其运用到备课及对学生的互动中，幼儿在教师的真实示范中获得潜移默化的学习。因此，"小一步"教师的社会与情绪学习课程模块之一就是培养教师的社会与情绪技能，即情绪知觉、情绪理解、情绪运用和情绪管理，这将有助于提高教师支持幼儿社会与情绪能力发展的能力。

此外，鉴于本项目中教师是大班儿童社会与情绪学习课程的实施主体，是课程领导力的直接体现，其对课程理论、课程目标、课程内容、课程实施、课程评价等的理解与掌握程度都直接影响着课程的实施效果，因此本项目还对教师进行系统性的幼儿社会与情绪学习课程培训，作为"小一步"教师的社会与情绪学习课程的另一模块，从而建立相对完整的教师支持系统。

通过讨论和借鉴 CASEL（2013）优质课程项目标准以及目前普遍得到认可的社会与情绪学习教师培训项目，如 EIT 项目（The Emotionally Intelligent Teacher，简称 EIT）等来设计和实施本项目。

（二）课程目标

"小一步"教师的社会与情绪学习课程对教师进行全体培训，主要涉及教师情绪技能培训、幼儿社会与情绪学习课程培训两部分内容。项目培训中，形成了积极、民主、真诚的教师培训氛围，使用创新的策略和训练方式以提高教师的各种社会与情绪技能，对教师提出了相应的目标及原则：

1. 熟悉社会与情绪学习相关技能知识，理解其在幼儿发展、教师成长、家园共育中的作用；

2. 理解幼儿课程部分的目标、实施原则及课程结构，积极使用"以儿童为中心"教学策略与原有幼儿园课程体系相融合，并能在一日活动各环节中灵活实施；

3. 理解提升家园沟通质量的有效策略，在社会与情绪发展领域更好地实施家园共育。

（三）实施与方法

在教师的社会与情绪学习课程实施过程中，采用了四种途径对教师进行全园性培训。

第一种是通过实战模拟和小组讨论的形式，向教师提供创新的策略和训练方式以提高教师的各种情绪技能；

第二种是通过集中培训，指导教师分析大班儿童的社会与情绪能力发展现状，并且根据教师课程部分的目标就如何针对性地实施课程以及如何组织课程游戏等内容对所有的教师进行集中培训；

第三种是课题组安排会议讨论交流，在课程期间除了通过邮件相互联系外，还定期安排每两周一次、固定时间的会议交流，分享具体案例和共同探讨、解决课程教学过程中出现的疑惑和问题，总结反思课程经验；

第四种是建立文献数据库，教师分别有针对性地阅读有参考价值的文献资料，进行自我学习。

（四）监控与评价

对教师与幼儿园课程的监控主要通过集中培训、课题组会议记录、教师反思分析来完成。本项目对教学过程进行了录音和详细的纸质记录。通过分析录音和纸质记录、集体研讨等方式来监控教师对"社会与情绪学习项目"的反应。分析的角度包括教师对社会与情绪学习的兴趣、信念，实施大班儿童社会与情绪学习课程中所采用的策略以及教师自己的反思等。

二、"小一步"大班家长的社会与情绪学习课程

父母情绪社会化的理念、行为与幼儿社会-情绪能力的发展密切相关。近年来，从父母情绪社会化的视角来探索幼儿社会-情绪能力的发展已成为一个新热点（Eisenberg，Cuberland，＆ Spinrad，1998；Isley，O'Neil，Clatfelter，＆ Parke，1999；Chaplin，Cole，＆ Zahn-Waxler，2005；Denham，Brown，＆ Domitrovich，2010）。一方面，父母所持的情绪理念或观念，以及亲子日常交往中表现出的相关情绪行为对幼儿社会与情绪行为有塑造和教育作用（Gottman，Katz，＆ Hooven，1996，1997；Denham ＆ Burton，2003；（Eisenberg，Cumberland，＆ Spinrad，1998）。另一方面，幼儿会利用与父母交往的机会，学习对情绪信号的解码，并且把学习到的解码技能运用到社交情景中（Parke ＆ Buriel，1998）。有研究发现，在亲子互动中经常表现出温暖、积极情绪的父母，其子女通常会表现出较强的社会-情绪能力，敌意、攻击等问题行为较少（Dunn ＆ Brown，1994；McElwain，Halberstadt，＆

Volling，2007）。因此，本研究将家长纳入课程支持系统。

（一）理论基础

从生态系统理论来看，个体行为的发展，与家庭、学校和其他社会环境有着密切联系。幼儿个体的气质、社交经验、社会关系（师幼关系和同伴关系等）、父母教养方式、教养策略、教养观念、社会文化信念等都会影响幼儿的社会适应和发展（郑淑杰，张永红，2003）。随着神经科学的发展，人们对情绪包含着生理激活和复杂的认知过程的了解越来越深入。在发展过程中，幼儿的社会与情绪能力的发展依赖于有效的认知调节，认知发展也会影响个体情绪能力的发展。认知、情绪是行为变化的中介，行为是认知、情绪的表现，三者之间相互依赖，相互影响，因此对幼儿的社会与情绪学习课程的设计也综合考虑了上述三因素。在综合了国际上相关优质的社交技能训练与情绪能力培养课程，如"拥抱项目"（Help，Understanding，Gentle Slope，简称 HUGS）的基础上，建立"小一步"家长的社会与情绪学习课程，通过提高家长在育儿过程中的自我效能感，使其能用积极的心态去对待孩子的幼小衔接问题，从而提高幼儿的入学准备水平。

（二）课程目标

每个幼儿从出生的那一刻起就处于一定的社会环境和社会关系中。特定的社会环境和社会关系构成了幼儿身心发展的基本条件，也构成了其身心发展的重要内容。《指南》也指出，"家庭、幼儿园和社会应共同努力，为幼儿创设温暖、关爱、平等的家庭和集体生活氛围，建立良好的亲子关系、师生关系和同伴关系，让幼儿在积极健康的人际关系中获得安全感和信任感，发展自信和自尊"。因此，立足于社会生态理论的视野，构建和强化社会与情绪学习的环境，将课堂延伸到家庭，对家长的社会与情绪学习课程提出了课程目标以及相应的课程原则：

1. 理解大班儿童社会与情绪学习课程的目标及实施原则；

2. 熟悉改善家园沟通质量的有效策略，对幼儿社会与情绪发展进行家园共育；

3. 知悉幼儿提高社会与情绪技能的有效策略，如加入群体、真诚赞美、解决社交问题等，并鼓励幼儿在生活中灵活运用。

4. 形成积极、民主、真诚的亲子互动氛围，树立正确的教养观念。

（三）实施与方法

家长的社会与情绪学习课程以家长学校为载体，以工作坊、家长课堂等为形式，根据社会与情绪学习的相关内容，有组织、有计划地安排课程内容（见表11-4），让家长了解幼儿的发展特点，了解社会与情绪学习对幼儿发展的价值与意义，掌握适宜幼儿个性化需求的教育教养方式。家长课程的内容和课程安排应与幼儿的课程内容同步，以更好地实现家园合作。

表 11-4　家长课程进度表

单元	主　　题	家庭作业
1	什么是社会与情绪学习？父母的作用是什么？	倾听者游戏，20 个问题的游戏
2	如何开始新的友谊？如何加入群体？	"旁观-积极评价-模仿"练习
3	如何微笑并寻找乐趣？	枕头大战，骑大马游戏
4	如何真诚地赞美？	温暖的毯子与冷漠的小刺
5	如何解决社交中的问题？如何合作？	冲突情境下的角色扮演游戏，合作画与合作讲
6	如何培养决断性？如何培养良好的竞技精神？	练习使用"以我开头的陈述句"，优秀运动员游戏
7	休息一周	
8	信息汇总，回顾和讨论	

家长课程除了讲授，更多的是针对幼儿发展特点和核心问题进行研讨，鼓励他们表达自己的观点，进行"头脑风暴"。每一次会谈给予父母足够的时间咨询他们和孩子的一些具体问题。每周都会布置"家庭作业"，并在下一次课程开始之前讨论前一周的家庭作业。鼓励每位家长描述作业的完成情况：遇到了哪些问题，哪些进展得比较好。给予大量的鼓励和积极反馈来肯定父母的努力付出。

（四）监控与评价

对家长课程的监控主要通过集中讲座、互动问答、访谈记录、家长案例来完成。研究者会对教学过程进行录音，并进行详细的纸质记载。通过分析录音、案例记录来监控家长对社会与情绪学习项目的反应。分析的角度有：家长对社会与情绪学习的兴趣、信念，亲子互动中采用的策略，家长对家庭教育的反思等。

🔖 本章内容回顾

还记得本章开头介绍的"开心树"活动吗？这是经过社会与情绪学习课程培训后的教师在自己班级创设的班务活动，用以激发幼儿自我激励机制，有效提升他们的自我效能。激励的内容应每个幼儿的个性需求而定，由案例中的内容可以看到，幼儿关注自我效能的内容大致分为自我情绪管理与目标制定。使用了这棵"开心树"后，幼儿收获的远不止是奖励自己，还体验到了通过自我激励达成目标后的充实、满足与自信，精神上的富足有利于帮助他们建立积极健康的价值观。这些积极的体验都将帮助他们更自信而顺利地步入小学生活。

目前，我国大部分学前儿童面临的重知识轻能力、缺乏人际交往机会等现状，使其社会性发展存在一些不足。在幼儿社会与情绪能力培养的关键时期，尤其是5—6岁大班阶段，重视并开展幼儿社会与情绪学习课程将有助于改善幼儿的入学准备状态，帮助幼儿在社会化的过程中逐渐形成良好的社会性与个性。

"小一步"项目通过对大班儿童社会与情绪能力的实践，建立了幼儿、教师、家长三位一体的社会与情绪学习课程，对学前儿童社会与情绪学习的理论框架与内涵、课程设计与实施、教师与家长的支持系统建构、入学准备水平的有效提升途径等进行了切实的考察、分析与展望，是一次有益的教育尝试。

 ## 本章思考题

1. 如何理解社会与情绪能力是幼儿入学准备的重要内容？

2. "小一步"项目中最能引发你思考或借鉴的地方在哪里？

3. 如果你将来成为一名幼儿园教师，你会尝试在自己班级开展类似"小一步"项目的社会与情绪能力教育课程吗？说说你的想法。

 ## 相关资源推荐

书籍推荐

1.《幼小衔接那些事儿（全国幼儿教师培训用书）》，天悦小芽图书工作室著，福建教育出版社

2.《上海市幼儿园幼小衔接活动指导意见（修订稿）》，上海市教育委员会研究室著，

3.《入学准备与有效学习：如何做好幼小衔接》，[英]塔姆辛·格里梅著，中国轻工业出版社

绘本推荐

1.《迟到大王》，图文/约翰·柏林罕，译/党英台，明天出版社

2.《我好担心》，图文/[美]凯文·亨克斯，译/方素珍，河北教育出版社

3.《凯能行！》，文/[德]埃蒂特·施莱本-维克，图/[德]卡罗拉·霍兰德，译/王晓翠，湖北美术出版社

4.《蚯蚓的日记》，文/[美]朵琳·克罗宁，图/[美]哈利·布里斯，译/陈宏淑，明天出版社

5.《快活的狮子》，文/[美]路易丝·法蒂奥，图/[美]罗杰·迪瓦森，译/任溶溶，二十一世纪出版社

第十二章 ／

幼儿园社会-情绪学习课程的实施

　　普青幼儿园的汪园长坚信，幼儿阶段的社会-情绪学习是孩子们最重要的入学准备，是孩子们在幼儿园最重要的发展目标之一。而且，开展社会-情绪学习，不仅有利于孩子的发展，更有助于形成积极的幼儿园氛围和积极的人际关系，对教职员工的心理健康及积极的生活都有贡献。因此她希望在自己的幼儿园开展以社会-情绪学习为特色的园本课程。她怎么开始呢？

　　本章将重点讨论幼儿园社会-情绪学习的实施，并以较为成熟的社会-情绪学习项目"路径"和"第二步"（Second Step）为例，阐述社会-情绪学习在幼儿园的开展。

第一节　幼儿园社会-情绪学习的实施

一、以园为基础，全园参与

幼儿园作为一个有组织的教育机构，是开展社会-情绪教育的最佳场所。要在幼儿园成功地实施 SEL 课程，仅仅选择一门高质量的课程是不够的，更需要园方有计划地规划、实施与支持。只有幼儿园全面支持 SEL 课程的实施时，课程的影响力才会得到加强（Durlak，Weissbery，Dymnicki，Taylor，& Schellinger，2011）。因此 CASEL 主张在"全校（园）范围"内实施 SEL 课程（CASEL，2013）。幼儿园政策和实施程序等各种因素都将直接影响幼儿的发展（Schulting，Malone，& Dodge，2005），并影响课程实施效果的评价。

考虑到这些因素，幼儿园管理者必须支持 SEL 课程的实施，提供必要的专业发展支持（Ng & Bull，2018）（Chu & DeArmond，2011）。无论采用何种方法，许多 SEL 课程都采用了全园参与的模式，旨在促进教师、幼儿、家庭与教育教学实践之间更积极和支持的关系，促进教育教学活动和资源的整合和相互支持，以扩大社会-情绪学习项目的影响力。

CASEL 组织根据 SEL 相关的文献（不仅包括 SEL 项目和干预的相关研究，还包括更广泛的学校改革项目的相关研究）创建了一个能够帮助学校领导和职员在全校实施 SEL 项目的指导性评价工具，该工具可应用于学校（园）的各种教育教学或管理工作的改革工作中。该工具被称为"实施 SEL 的路线图"（Practice Rubric for School-wide SEL Implementation，CASEL，2006）。该工具能帮助校（园）长和领导团队评估 SEL 项目如何适应学校（幼儿园）的发展目标，如何制定 SEL 的实施计划，并设计项目实施的评价指标体系及实证研究进程。它包括了十个实施准备步骤和六个可能影响项目持续发展的因素。该工具将给关注幼儿 SEL 项目的幼儿园提供参考。

项目实施前，首先要得到园长的重视和支持，带头建立项目指导委员会，指导委员会根据学校的现实情况和资源，制定具体的可操作的行动计划，教师们可合作制定课程的共同目标。所有教师在课程实施前进行社会-情绪理论的相关培训，然后在班级中开展课程教学，并将 SEL 的相关内容渗透到一日活动中。最后是在实施过程中不断反思，并进一步完善和修订课程。整个实施过程被总结为"三阶段十步骤"流程。

（一）"三阶段十步骤"实施流程

第一阶段：准备阶段

第一步，园长启动全园 SEL 行动。园长理解并认可 SEL 的价值，致力于成功、有效地实施 SEL，包括愿意系统、有序地开展课堂教学，园长对 SEL 的支持可以使课程的实际效果达到最高水平。

第二步，园长鼓励主要利益相关者参与并创建 SEL 指导委员会。园长与教师、家长委员会分享关于 SEL 的理论与课程信息，并且成立由部分或全部代表组成的 SEL 指导委员会，SEL 指导委员会被授权做出项目实施决定，共同领导 SEL 的实施。

第二阶段：规划阶段

第三步，制定和阐明幼儿园的共同目标。指导委员会制定幼儿的社会-情绪学习的目标，并在全园范围内分享、阐明这一目标，目标的制定和阐释能够为工作带来活力和积极性。

第四步，开展全园需求和资源评估。指导委员会对当前的 SEL 计划和实践进行需求和资源评估，包括当地的政策背景、幼儿和教师需求、园所气氛、园所 SEL 的实施准备状况，并且考虑可能会阻碍实施的问题的解决策略。需求评估可以帮助指导委员会了解优势和劣势，并有助于调动各方资源以支持 SEL 的实施。

第五步，为实施 SEL 制定行动计划。包括园长在内的指导委员会根据需求和资源评估结果制定行动计划，包括目标、评价标准、SEL 实施时间计划表，并具体讨论如何解决可能影响 SEL 实施及可持续性发展的六大因素。行动计划有助于确保更加系统地、持续地开展项目。

第六步，审查和选择效果较好的 SEL 项目。指导委员会（包括园长）和主要利益相关方审查并选择适合自己幼儿园发展需要的、被证明有良好效果的 SEL 课程。

第三阶段：实施阶段

第七步，开展初期的教师专业发展培训。选中的 SEL 项目培训师要为幼儿园提供初步的教师专业发展培训。有效的课程和初步培训能够确保初期实施人员（例如管理人员和教师）了解其课程的理论、原则和策略。

第八步，在班级课堂中启动 SEL 课程。教师们开始在班级课堂上实施选定的 SEL 课程，并开始思考教学和实施过程。最初的计划启动为教师员工提供了一个熟悉该计划的机会，并为扩大到学校范围的具体项目实施做好准备。

第九步，在全园范围内实施 SEL。所有教师开始在他们的课堂上实施 SEL 计划后，要反思初步实施的情况并做出必要的调整，而 SEL 实践也要融入园所的一日活动中，如学习、生活、运动和游戏中。对项目进行整合与扩展，为幼儿的社会和情绪发展创造一个持续的支持环境。

第十步　重新审视实施效果并调整、改进，以获得持续的发展。指导委员会需定期重新审视 SEL 的所有计划和实施，确定是否需要改进计划。定期检查计划和活动是确保进度和任何问题都能得到有效解决的好方法。

(二) 可持续性有效实施 SEL 的因素

在严格遵循上述 SEL 项目实施流程的同时，还必须考虑影响整个课程实施的持续性因素，以确保课程的可持续性发展。这些因素有：

1. 为教师专业发展提供长期培训与支持及反馈

园长必须坚持为教师专业发展提供资源，并为所有学校员工（例如教师、保育人员、安保人员、后勤人员等）提供思考和反馈的机会。不断的专业发展和反思保证了 SEL 指导和活动的新鲜度，使其可以持续改进。

2. 评估 SEL 项目实施和改进的效果

指导委员会要监督学校 SEL 的实践和效果，并做出适当的调整和改进。对过程和结果进行定期和持续的评估有助于确保幼儿园按计划实施项目并促进目标的达成。

3. 配合园所的基础建设以支持 SEL 课程

幼儿园领导要根据 SEL 项目要求进行一些基础设施的改建，从政策、资金、时间和人员等方面全力支持 SEL 项目，确保它在学校中的优先发展的战略地位，从而获得可持续性发展。

4. 将 SEL 课程融入全园活动

指导委员会与教师合作，审查所有园所活动，如集体学习活动、生活活动、运动活动、游戏活动等，最大限度地将 SEL 融入这些活动，从而为幼儿提供更多的机会来练习和强化他们在课堂上习得的 SEL 技能。

5. 与家庭和社区建立合作关系

园所领导和指导委员会与家庭和社区建立合作关系，有效支持、整合幼儿的社会-情绪学习的发展。合作能够为幼儿提供额外的支持，以加强他们在幼儿园习得的 SEL 技能。

6. 园所对 SEL 课程的宣传

指导委员会定期分享有关学校 SEL 课程的信息，并与教师、家长、幼儿等一起庆祝项目取得的成果。通过各种方式进行宣传有助于获得各方支持并让参与者保持热情。

(三) 评估进度

课程实施中每年至少使用一次规范性的评估系统来评价 SEL 项目的实施效果。

另一方面，以上十个实施步骤并不是完全割裂开来的，定期检查可以帮助确定项目的开展是否处于正确的轨道上。评估的目的在于帮助整个团队为 SEL 项目实施制定目标和时间表。

1. 每位团队成员需要单独填写评价表，评估表的主要内容是学校已经达到的阶段步骤和可持续性有效实施因素的表现等级，详见表 12 - 1。

表 12 - 1　SEL 计划实施过程表现等级评价表

	完全 开展实施	大部分 开展实施	有限制地 开展实施	很少或没有 开展实施
第一步	4	3	2	1
第二步	4	3	2	1
第三步	4	3	2	1
……	4	3	2	1
第十步	4	3	2	1
因素 1	4	3	2	1
因素 2	4	3	2	1
……	4	3	2	1
因素 6	4	3	2	1

* 表改编自：Shannon, G. S., & Bylsma, P. (2003). *Nine characteristics of high performing schools: A research-based resource for school leadership teams to assist with the school improvement process*. Olympia, WA：Office of Superintendent of Public Instruction.

2. 将每位评价者的名字放在与他们的评价相对应的表格中，在汇总表上记录每个人的评分。如此一来，评价表就能客观呈现整个团队的表现，从而能从中了解团队是否达成一致，以及还有哪些步骤需要进行改善和调整。

表 12 - 2　团队汇总评价表

	个人评价汇总				团队平均分
	4	3	2	1	
第一步					
第二步					
第三步					
……					

	个人评价汇总				团队平均分
	4	3	2	1	
第十步					
因素 1					
因素 2					
……					
因素 6					

＊表改编自：Shannon, G. S., & Bylsma, P. (2003). *Nine characteristics of high performing schools: A research-based resource for school leadership teams to assist with the school improvement process*. Olympia, WA：Office of Superintendent of Public Instruction.

3. 对评价进行讨论，并就每个步骤和可持续性有效实施的性能水平达成共识。如果难以达成共识，可以将分数平均以获得最终数字。

表 12-3　各步骤和可持续性因素评价表（以第一步为例）

第一步	园长启动全园 SEL 行动			
指标及解释	园长理解并认可 SEL 的价值，致力于成功、有效地实施 SEL，包括愿意系统、有序地开展课堂教学。课程的实际效果会因为园长的支持而达到最佳水平。			
表现水平	完全开展实施	大部分开展实施	有限制地开展实施	很少或没有开展实施
	4	3	2	1
	园长已经充分了解 SEL，并为学校制定了总体愿景，将 SEL 作为重点发展项目。园长已经形成了对在全校实施 SEL 的内容的理解，包括使用系统的、有序的、基于课堂的 SEL 教学。园长承诺为正在进行的 SEL 实践提供资源和支持。园长承诺反思和提高自己的 SEL 能力。	园长对 SEL 有基本的理解。学校领导已经开始思考长期、可持续的 SEL 计划。	园长对 SEL 的理解有限，可能会口头支持，但不积极参与。学校领导已承诺要更多地了解 SEL，与教师分享新知识，并开发有效实施 SEL 的必要资源。	园长有兴趣了解更多关于 SEL 的信息，但尚未对正式开展感兴趣。

＊表改编自：Shannon, G. S., & Bylsma, P. (2003). *Nine characteristics of high performing schools: A research-based resource for school leadership teams to assist with the school improvement process*. Olympia, WA：Office of Superintendent of Public Instruction.

4. 使用评分和讨论来决定下一步要关注的步骤，这是整个实施过程的关键部分（CASEL，2006）。

二、独立课程与融入式课程

学前儿童社会-情绪学习的方式有多种，既有系统地掌握社会-情绪知识的独立课程，也有融入一日生活的融入式课程。以下进行分别阐述。

（一）独立课程

集体教学活动可以帮助学前儿童更快更系统地掌握社会-情绪知识，是实施社会-情绪学习的主要途径。30—40 分钟的集体教学活动通过谈话、读绘本、讲故事、角色游戏等方式进行，每周进行 1—2 次集体活动。如"第二步"（Second Step 课程），有相对独立的授课时间、教学内容和教学资源，每周上课 1—2 次，每课时平均 30 分钟。课程配有编写完整的教材和教案，从最基本的情绪认识到自我控制训练再到问题解决学习等。集体活动要针对学前儿童的兴趣需要来设计，采用学前儿童易接受的、有兴趣参与的读绘本和讲故事的形式，同时还会加入木偶表演。幼儿园实施的社会-情绪学习，最初在没有统一教材的情况下，可以根据框架内容和具体目标来开展活动，每一次集体活动实施之后需要进行反思和完善，最终形成一套完整的具有园本特色的社会-情绪学习教材。

（二）融入式课程

一日活动是构成学前儿童在园生活的重要组成部分，把社会-情绪学习融入儿童的一日活动是对教育环境中学习经验的有效延伸。有研究者提出，把社会-情绪学习课程融于学校日常生活，可以有效地提高社会-情绪学习课程实施的效果。融入儿童教育环境中的社会-情绪学习，可以包括一日活动中的角色游戏、运动、个别化学习等。

个别化学习可以选择在班级开设"情绪角"，情绪角有与情绪相关的环境装饰，放置专门的情绪类图书供儿童阅读；设置一个"问题解决"盒子，让儿童把生活中遇到的各种人际交往问题画出来，并提供时间共同商讨解决。也可以设置一个"私密空间"，让儿童在遇到情绪问题或者人际问题时能够自己到此处冷静思考解决问题的方法。

角色游戏是学前儿童社会交往能力发展的有效途径，在角色游戏中融入社会-情绪学习课程，让儿童既能学习社会-情绪知识，又能不断练习相关技能。但此过程需要教师细心观察，发现价值点，并在分享交流环节进行提升总结。

运动是学前儿童冲突频发的活动，争抢运动器械，不小心伤到同伴等情境给儿童提供了大量社会-情绪学习的好时机。

（三）日常练习与指导

在学前儿童的一日活动中开展一些有趣的练习活动有助于 SEL 课程更好地实施。如"我的秘密朋友"是让儿童通过抽纸条选出一个秘密朋友，在一周内的自由活动时间都要帮助这位秘密朋友。"戏剧表演"是利用午餐后的休息时间进行5—10分钟的戏剧表演活动，表演一些人际冲突情境并学习如何解决冲突。

此外，一些指令和游戏也可以作为日常练习。

"侦探帽游戏"，当幼儿戴上侦探帽，就能像侦探一样觉察别人的情绪信息，练习感受他人的情绪。

"头脑游戏"，这是一种简单、容易实施的传统游戏，比如"西蒙说""萝卜蹲""红灯，绿灯"等就是通过游戏明确技能和行为之间的联系，如进行记忆力和控制冲动的练习。

三、成人的社会-情绪能力培养

（一）教师培训

有研究证明，提高教师社会-情绪能力可以有效地提升学前儿童社会-情绪学习的效果。教师应该学习如何与儿童积极互动，在遇到社会-情绪挑战和冲突时能做出积极反应，对学前儿童行为进行合理期望，设置一些条件来帮助园所文化和氛围的健康发展（比如尊重每一个人，寻找帮助他人的机会）。参加过培训的教师，在设计和实施社会-情绪教育的过程中可以更加系统地理解情绪知识及社会交往技能，也能以自身的行为给儿童做出积极的表率。园所可以为教师提供一些专门的培训课程，或者鼓励教师阅读相关社会性与情绪能力发展的专业书籍，如丹尼尔·戈尔曼的《情感智商》、克斯特尔尼克的《儿童社会性发展指南理论到实践》。青浦徐泾第二幼儿园的园长王芳与高校教师申海燕等合作，带领幼儿园教师阅读《终身成长》，并组建了为期 21 天的"青浦徐泾二幼教师读书成长陪伴营"活动，取得了非常好的教师培训效果。

（二）课堂评估

对教师实施社会-情绪学习课程的课堂进行发展性评价，可以不断提升教师社会-情绪能力。如维吉尼亚大学基于实证的教师专业发展和支持系统 MTP 项目（My Teaching Partner，我的教学伙伴）就是以丰富教师的知识、坚定教师的信念，进而有效提高学生社会-情绪能力和学业成就为目标的教师支持项目。它为教师提供了一个有视频和其他资源的网站，教师可以随时进入并且可以进行每周两次的两人面对面讨论。教师定期通过视频在平台上呈现自己课堂的教学活动和自己的师幼互动模式，专家顾问也定期给予明确的关于教育教学和师幼互动的评估与指导及反馈。这种观察和反馈是一种基于相互接纳和认可的指导，有效促进了教师的专业发展。

四、政策支持

一项新的课程实施仅仅依靠学校的力量是不够的，教育和公共政策的有力支撑和支持才更为重要。政策制定者和教育系统的管理者对该课程的重视、承诺和保障是必不可少的支持。

（一）资金配备

政府需要建立基金会，为社会-情绪学习课程的实施与发展配备足够的资金，包括培训资金、教学资源资金、课程实施资金等。资金的项目类别划分要灵活和细致，根据不同学校的不同需求和背景来分配，做到实施中的各个方面都能有其相对应的充沛的资金支持。

（二）标准制定

SEL 方案的实施过程中，政府需要根据实际情况为学校和教师量身定制标准。本区政府及市政府对学校和教师都要根据实际情况制定标准。制定标准的目的在于，可以使用统一的判断依据和强制性的规定来保证方案的顺利实施。如果是区域政府主导的儿童 SEL 项目，那么政府要以法案的形式确定标准，使之具有行政效力。制定标准的方式有两种，一是单独制定社会-情绪学习标准，与学业标准并列执行，但是不嵌入学业标准（如伊利诺伊州的儿童社会-情绪学习标准，见表 12-4），这样有利于引起公众的重视。二是把社会-情绪学习标准嵌入到学业标准中，如此有利于 SEL 作为学业成就的一个重要组成部分的观念的形成。

表 12-4　伊利诺伊州的儿童社会-情绪学习标准

伊利诺伊州学生的社会-情绪学习标准及实施模式

伊利诺伊州学生的社会-情绪学习的课程标准是独立于其他学科领域课程标准之外的，是对学生社会-情绪学习的五项核心技能"应知·应会"的描述，并为学生的社会-情绪学习提供发展基准及行为指标。

伊利诺伊州学生的社会-情绪学习框架是一个呈金字塔形的结构，位于最顶端的是学习目标，中间两层是学习标准（Learning Standards）和基准（Benchmarks），最底层是最详尽的行为描述（Performance Descriptions）。

1. 目标。伊利诺伊州社会-情绪学习标准体系有三个目标：

目标 1：为取得学业成就和终身成就而发展自我认知和自我管理的技能；

目标 2：运用社会认知和人际关系技能，建立和保持积极的人际关系；

目标 3：在个人、学校和社区环境中具备决策能力并表现出负责任的行为。

2. 学习标准。在三大发展目标的范畴内，涵盖了十条社会-情绪学习标准，用于课程目标的修订、结构的更改以及课程实施的评价等环节。这十条标准是对学生所应掌握的知识和技能的更为具体和清晰化的描述，对学习者应达到的学习目标做出了规定，且这些标准同样适用于横跨完整的从幼儿到高中这一年龄段的所有学习者。

目标 1 包含三条标准：识别和管理个人的情绪与行为；认识个人的内在品质和外部支持；展现并实现个人和学业目标的能力。

目标 2 包含四条标准：识别他人的情感与观点；认识个人与集体观点的相似性和差异性；运用沟通与社会技能与他人有效地交往；具备预防、驾驭和建设性地解决人际间冲突的能力。

目标 3 包含四条标准：在个人、学校和社区环境中具备决策能力，并表现出负责任的行为；在决策时考虑道德、安全和社会因素；运用决策能力去处理日常学业和社会事务；为建设和谐的学校和社区做出贡献。

3. 基准。基准是比标准更加细致化的对目标的描述。标准制定者们明确地按照学习所处的时间段和年级水平，将学习者的学习基本标准基于一个人的情感和行为发展进行了年级维度上的划分，总共分为五个部分：小学前期（幼儿园到小学 3 年级）、小学后期（小学 4—5 年级）、初级中学（中学 6—8 年级）、高中前期（中学 9—10 年级）、高中后期（中学 11—12 年级）。

4. 表现描述。表现描述提供了一个极具代表性的旨在提供更宽泛的知识、技能与学习合理性方面的学习目标的任务清单。该部分可以帮助教育者们挑选和设计课程、管理班级活动、制定管理条例、进行基于标准的学生学习行为及其课程修订的审视和思考。这些表现描述还对课程设置、课程活力及课程实施等大有裨益，可以说，它们是有秩序、有计划的发展规划。比如，目标 1 中的学习标准第一条"识别和管理个人的情绪与行为"所包含的表现描述如下：

（1）识别情感中的情绪（如高兴、惊喜、悲伤、愤怒、自豪、害怕等）；

（2）描述多元环境是如何影响其自身情感的；

（3）识别面部表情或者照片；

（4）对经历过的情感进行识别和描述；

（5）解释一些故事中的人及其性格特点所导致行为的原因；

（6）对一系列情感过程中的相同的肢体行为进行描述；

（7）识别能够造成消极或积极压力感的影响因素。

资料来源：Gordon, R., Mulhall, P., Shaw, B., & Weissberg, R. P. Social and emotional learning for Illinois students: Policy, practice and progress [EB/OL]. [2018-03-26]. http://www.casel.org/wp-content/uploads/2016/08/PDF-11-social-and-emotional-learning-for-illinois-students-policy-practice-andprogress.pdf.

（三）其他教职人员培训

对其他教职人员的培训，其目的是让每一位和教育有关的人都能掌握 SEL 的知识，便于把 SEL 融入对幼儿随时随地的教育中。培训方式包括设立专门的培训机构对教职人员进行培训，或者借助高等教育实施培养，让每一位教职人员都能从事 SEL 课程的教学，培训结束会对他们进行考核，合格者颁发资格证书。也就是说，只有获得资格证书的职员才能从事 SEL 课程的教育活动。

（四）效果评估

效果评估既对学校 SEL 教育方案的开展、实施和管理进行评估，也对管理者、教师和其他教职人员开展 SEL 课程的教育方法和教学效果进行评估。学校应该和专业机构、非营利组织相互合作和频繁交流，不仅是为了 SEL 获得持续性发展，也是为了给学校从新的、具有前景的方法中整合 SEL 提供机会。形式包括在线交流、高峰会议、具有价值前景的研究成果展示等。

2003 年，CASEL 组织研究评估出了有效提高学生社会-情绪能力的六个优秀项目，分别为 PATHS、"创造性解决冲突与合作学习"（Resolving Conflict Creatively and Partners in Learning）、"第二步"（Second Step）、"关爱学校团体"（Caring School Community）、"多种冲突解决"（Productive Conflict Resolution）及近期发展的"强健儿童"（Strong Kids）课程项目。在第二和第三节内容中，我们将分别以 PATHS 和"第二步"（Second Step）为例，讨论社会-情绪学习项目的内容、实施方案以及课程实施效果，并讨论幼儿园社会-情绪学习课程的实施方案。

第二节　幼儿园社会-情绪学习课程——以 PATHS 为例

PATHS 课程是由宾夕法尼亚大学麦克（Mark Greenberg & Carol Kusche）等人在 20 世纪 80 年代研究开发的一个综合性情绪教养课程，通过将近 30 年的研究，该项目被 CASEL 组织评为优秀的社会-情绪学习项目，该项目适用于 5—12 岁的儿童，是基于学校层面在班级中实施的可长期实施的干预性课程。

一、PATHS 课程的实施

PATHS 课程基于情绪-行为-认知-动力模型（即 ABCD 模型）和神经认知发展模型（Neurocognitive Models of Development）。

（一）PATHS 课程的培养目标

PATHS 课程的培养目标是：提升情绪理解能力和社交问题解决技能，改善攻击行为，整合情感、认知、语言和行为以提高认知和学业成绩。在三个目标中，该项目更侧重于促进儿童的情绪发展、自我调节和解决社会问题的能力。该项目旨在帮助儿童在自控能力、自我评价、情绪理解、社交技能和同伴关系等方面得到发展和提高，项目实施的实证研究表明，该项目显著减少了攻击等外化问题行为（Greenberg & Kusché，2006）和抑郁等内化问题的发生（Wilson，2017）。

（二）PATHS 课程的主要内容

PATHS 课程包含五个主要的概念：自我控制（Self-Control）、情绪理解（Emotional Understanding）、积极自尊（Positive Self-Esteem）、关系（Relationships）和人际问题解决技能（Interpersonal Problem-Solving Skills），属于"社会-情绪学习"项目中的独立课程，即有相对独立授课时间、教学内容和教学资源的一种课程模式。完整的 PATHS 课程包含 131 节课和其他的教学资源，如教师手册、各式海报挂图、一套照片、情绪脸谱以及与各单元教学内容相配套的情绪图片等（许苏，夏正江，赵洁，2016）。课程分为三个主题单元。

准备和自我控制单元（Readiness and Self-Control Unit），总计 12 节课，主要通过学习"小乌龟"来重点培养儿童基本的自我控制能力，教师通过建立有效的强化机制，鼓励儿童在课堂内外自觉学习"小乌龟"，从而达到对其积极行为的强化。

情感和关系单元（Feelings and Relationships），总计 56 节课，主要指导学前儿童了解 30 多种不同的情绪，既有基本情绪状态也有高级情绪状态，教师使用卡通图片，让儿童理解各种情绪的面部表情，促进幼儿对情绪的理解。积极情绪使用黄色卡片，消极情绪使用蓝色卡片。在此单元教师还要让儿童明白无论是好的还是不好的情绪都是可以接受的，这能帮助儿童识别、利用这些情绪情感信息理性对待情绪，从而对自己的思想和行为做出正确的指导。

问题解决单元（Problem Solving Unit），总计 33 节课，培养儿童的人际问题解决能力以及能将所学的技能灵活运用于同伴交往和生活的能力。在这三个单元中，还包含一些培养儿童积极自尊和增强同伴之间交流及关系的内容。另外，还有一个附加单元，总计 30 节课，主要是回顾和拓展之前所学内容以及帮助大班孩子更好地适应小学生活的幼小衔接的相关内容，具有融合性和连贯性。

PATHS 课程的课程结构包含三大部分。

第一，授课。PATHS 课程提供了一个完整的教案，使用"螺旋型"课程模型，主要包括：（1）主题和概念被重复回顾；（2）单元和课程符合发展规律；（3）新旧知识点融会贯通；（4）儿童对课程的吸收程度会通过学习不同话题和概念而逐渐加深。授课目标是教授幼儿具体技巧，形式有：一周 1—2 次的课堂教学、角色扮演、家庭活动。

第二，泛化的活动和技巧。目标是将所学的技巧应用于每日的学校生活和环境中，形式有：使用情绪脸谱卡片来学习对情绪的观察，技巧练习（学习"小乌龟"平静下来的三个步骤），利用可教授的时机强化技巧，与其他课程或活动相结合以及问题解决会议。

第三，家长材料。目标是将在幼儿园的所学扩展到家庭环境中，形式有：通过家长信分享概念和目标，参加拓展活动以及鼓励练习和谈论。

这三大部分可以有效减少危机诱因，增加预防要素。如此，短期内可以看见促进情绪的理解和觉察、促进自我控制和促进社交问题的解决的成效，长期可以看见减少反社会行为、促进社交情绪技能、促进认知能力和促进学业成绩的成效。

PATHS课程采用教师授课的形式，与幼儿园已有的课程一起开展，跨度为36个月。课程内容覆盖了七种社会-情绪学习的相关主题：基本情绪Ⅰ—Ⅱ；赞美；自我控制策略；分享，关怀和友谊；基本问题解决；中级情绪；高级情绪（Domitrovich，Greenberg，Kusché，& Cortes，2004）。由课程执教教师在欢快的圆圈时间中开始，通常每周1课时，每课时根据授课班级幼儿年龄的不同持续25—30分钟。采用的教学形式主要有对话、手偶表演、角色扮演、儿歌游戏、讲故事、教师示范、视频观看和自我强化等。

（三）PATHS 课程培训方案的实施

PATHS课程特别重视课程方案的有效实施，这样能够使课程教学便捷地达到预期效果。PATHS课程尤其重视对课程执教教师的培训，分为两个阶段进行。

首先，在开始执教课程前，由来自美国的PATHS全球培训讲师进行2天的培训。主要是采用理论讲解、示范、角色扮演、互动游戏、现场教学以及观看视频等多种形式系统地介绍社会-情绪学习（SEL）以及PATHS课程的理论基础、课程目标、课程的核心内容、如何有效实施课程等，使课程执教教师在轻松愉快的氛围中对PATHS课程有初步的认识，引起大家对培养学前儿童社会性情绪情感管理领域的关注。

其次，正式启动课程教学后，每所课程试点园都会安排1—2位培训师和联络员，她们的职责主要是组织各类培训、听课、联合授课、评估与课堂观察，目的是在PATHS课程教学实施过程中持续为课程执教教师提供支持和督导，保证课程教学目的的有效达成。

联络员和培训师的工作具体而言包括以下方面：其一，每月一次的课程培训，通过示范、指导和在课堂观察后给予的即时反馈来提高课程实施的质量。其二，半年一次的课程实施质量评价，评价内容包括课程执教教师对课程的认知和理解程度、对教学现场的把控、与学前儿童一日生活的结合程度、学前儿童对课程内容的理解和接受程度、学前儿童在课堂上的配合度等。其三，通过随访、电话、电子邮件和微信平台等方式如实记录课程试点园执教教师在课程实施过程中的需求和疑惑并及时反馈，以提供个性化的解决方案。

二、PATHS 课程基于实践的问题

PATHS课程从引进我国到实施尽管时间不长，但是课程的教学已初见成效。

执教教师们从最初的茫然无措到认可再到喜欢，充分感受了PATHS课程在有效帮助儿童提高社交和情绪能力，培养儿童创新的思考能力、成熟和有责任感的品行以及预防行为和情绪问题等方面所起的积极作用。但是，PATHS课程毕竟是"舶来品"，幼儿园在具体实施过程中由于对课程的理解、认知的不同，因而必然存在着诸多的"消化不良"，主要表现在以下几个方面。

（一）家园合力难以形成

《幼儿园教育指导纲要（试行）》中指出："幼儿园应主动与家长配合，帮助家长创设良好的家庭环境，向家长宣传科学保育教育幼儿的知识，共同担负幼儿教育的任务。"幼儿园要发挥主导作用，充分重视并主动做好家园衔接合作工作，使幼儿园与家长在教育思想、原则、方法等方面取得统一认识，形成教育的合力，家园双方配合一致，促进幼儿的健康和谐发展。目前，由于课程执教教师是首次接触社会-情绪学习课程，在面向家长进行课程介绍时可能会缺乏丰富的专业知识以及具有说服力的案例，这势必会造成家长对课程的理解不足，因而影响课程教学的后延性和一体性。而教师、家长作为教育者，是对幼儿实施促进发展教育的主体。如何将社会-情绪学习的理念、内容和方法以有效并列式的形式传递给家长是目前课程实施中面临的比较凸显的问题之一。

（二）课程存在内容过长等不足

首先，PATHS课程每课的内容均存在着过长、过多的现象，因此留给教师发挥的空间过小。其次，课程执教教师为了使课程教学符合幼儿的年龄特征和富有趣味性，在教学准备中需要耗费大量的时间查找相关中文资料、制作PPT、制作音频等，因而在课程内容的挖掘、深入方面势必会大打折扣，造成教学效果的不尽如人意。再次，课程在引进时对文本的翻译过于直译，因此在具体教学中存在着词语晦涩难董、设置的故事情境让幼儿难以理解等问题。最后，在个别情绪词汇上存在分歧。例如，西方将慷慨大方列为情绪的一种，而在我国文化中，慷慨大方是属于行为或是性格方面的词汇。因此，当东西方文化发生冲撞的时候，教师很容易在教学中迷失，难以实施科学而有效的课程教学。

（三）难以贯穿学前儿童一日活动

课程实施对学前儿童发展的影响不应仅仅体现在课堂上，更应体现在学前儿童的一日活动中。如何将PATHS课程的核心要素贯穿并落实于学前儿童的一日活动？幼儿园与中小学不同，是对学前儿童实施保育和教育的机构，幼儿园工作须实行保育和教育相结合的原则，依据"幼儿园一日活动皆课程"的理念，将"保育与教育相结合"的原则具体落实到学前儿童在园一日活动的各个环节。因此幼儿园一日活动如游戏、学习、运动和生活的开展是有着严格的计划性和顺序性的，如何在紧张有序的一日活动中遵循学前儿童的身心发展特点和规律合理地将

PATHS课程融入进去，同时兼顾规范学前儿童日常行为和培养幼儿基本生活能力，合理利用各个环节让学前儿童平稳过渡，进行自我管理，以便发挥课程的教育价值和作用，一直是课程执教教师面对的难题。

（四）辅助教具过于单一

幼儿园是从中班下学期开始实施PATHS课程的，实施之初，学前儿童对辅助教具，如情绪图片、玩偶等有着浓厚的兴趣，可是半年教学之后兴趣会逐渐下降。因此，希望在大班阶段能针对学前儿童的年龄特征设计或引进不同于中班的新的玩偶或情绪图片，以使课堂教学形式和手段多样化，使学前儿童能真正被课程内容所吸引，从课程教学中受益。

（五）评价周期过短

由于从中班下学期开始实施PATHS课程，课程评价的周期比较短，一般为一年或更少，如此就会忽略课程对学前儿童亲社会行为和心理健康的长期效应。而且，评价所使用的问卷都是美国版问卷的直接翻译，那么，源于西方社会文化的问卷内容是否符合我国当下学前儿童的发展现状？直接使用问卷是否会因为文化差异而影响研究结果的科学性和有效性？这些都是评价实施中难以回避的问题。

三、PATHS课程实施的路径选择

我国在《国家中长期教育改革和发展规划纲要（2010—2020年）》中提出"树立科学的质量观，把促进人的全面发展、适应社会需要作为衡量教育质量的根本标准"，强调素质教育，强调要"加强心理健康教育，促进学生身心健康、体魄强健、意志坚强"，足见国家对学生的心理健康教育的高度重视以及学生的社会情感发展教育的重要性和迫切性。因此，对PATHS课程实施现状的问题梳理，让我们清晰地意识到社会-情绪学习课程存在的一些不足。基于此，我们以学前儿童为基点，立足于园内和园外两个视角（视角一包括教师和幼儿，视角二包括家长和社会），探讨PATHS课程实施的路径选择，希望能为我国的学前儿童社会-情绪学习相关课程的开发提供借鉴与参考。

（一）培养胜任课程教学的执教教师

几乎任何教育或学校变革的核心因素都是教师，或者说教师往往成为教育变革失败的"罪魁祸首"，这也从另一方面说明了教师在教育变革过程中的重要作用。PATHS课程的推进也不例外，教师成为这一课程能否顺利与深入实施的关键。

由于PATHS课程独特的内容及教学方式，课程执教教师与传统课堂中的教师有着非常大的差别。担任PATHS课程的执教教师，一方面要扮演引导者、促进者、合作者、情绪顾问、与儿童共同成长的"大朋友"等角色，另一方面还要掌握有关社会-情绪学习的知识、教育学的知识、心理学知识、课程与教学理论知识等。如此高的要求对 PATHS 课程的执教教师而言是一个巨大的挑战。

目前我国教师招聘、教师专业发展都较少涉及社会-情绪学习方面的知识技能培训，而且在教师的专业知识与能力中也没有相关内容的具体要求。此外，PATHS 课程的实施在幼儿园是个长期的潜移默化的过程，因此，需要持续性地对课程执教教师进行专业培训，才能保证 PATHS 课程实施的效果。我们需要建立真正有效的职前培养和职后培训一体化的教师专业发展体系，积极与国内外知名师范院校通力合作和探讨幼儿社会-情绪学习的课程体系，培养能够胜任幼儿社会-情绪学习教学的专业教师，从而丰富和充实课程执教教师的专业知识，又大力提升他们的课堂执教能力。

（二）建构符合学前儿童年龄特征的评价体系

PATHS 课程不仅变革着固有的课程体系，还冲击着传统的教学观念与模式，其中如何评价学前儿童的社会-情绪能力就是一个值得关注的问题。

首先，对于小学生来说，采用笔试或者口试的方式考查他们都是可行的，但是对于尚且处于具体运算阶段的低年龄学前儿童来说，他们大脑中抽象且复杂的情绪感受难以用语言表达出来，这会成为评估他们的发展时难以逾越的障碍。其次，课程除了能帮助培养学前儿童的社会-情绪能力，还能有效提升学前儿童的认知水平、自尊、自信心等心理品质，对这些特质的评估既需要科学的问卷与量表，也需要专业的评估人员。截至目前，国内尚未开发出以低年龄学前儿童社会-情绪为研究内容的相关测量或调查问卷，因而只依靠幼儿教师这个群体很难完成如此专业的任务。第三，如何针对具体的学前儿童社会-情绪的教学情境进行评价也是一个复杂的问题。在一节幼儿园 PATHS 课程中，如何判断活动情境的有效性，怎样组织学前儿童进行富有启发性的讨论，如何与学前儿童一起确定讨论的主题并达成共识，这些都需要执教教师认真地思考教学内容的预设与生成。因此，这不仅是如何评价的问题，更是如何理解并实施儿童社会-情绪学习课程和教学的问题。

（三）培养树立科学教育理念的家长

家庭是儿童早期社会化的重要场所，父母的养育理念和行为，家庭情绪氛围等都是儿童早期社会-情绪学习能力习得的重要影响因素。

转变家长关于家庭社会-情绪教育的理念可以借助学前教育领域的丰富资源：聘请社会-情绪学习专家入园给家长做社会-情绪学习系列或专题讲座；推荐家长阅读社会-情绪学习的专业书籍或绘本，如《父母的情绪影响孩子的一生》《情绪管理》《倾听和学习》《新的朋友》等；利用家长开放日组织家长观摩社会-情绪学习集体活动；在班级中利用微信群开展亲子绘本阅读沙龙等系列活动，使家长的家庭社会-情绪教育理念得以转变。家长由传统的不允许孩子有不好的情绪改变为温和接纳孩子的所有情绪，告诉孩子这些情绪全部都是合理的，帮助他们了解和认识各种情绪表达的方式，教会孩子正确对待和表达各种情绪。

（四）形成完善的社会支持系统

美国康奈尔大学心理学家布朗芬布伦纳（Bronfenbrenner，1979）曾数次倡导研究者关注幼儿成长于其中的社会生态系统和生活情境，他提出"发展是人与环境的复合函数"，即 $D=f$（PE）。其中，D 指的是发展（Development），P 指的是人（People），E 则指的是环境（Environment）。这个理论给予我们的启示在于促进个体的发展不能脱离个体所生存的环境，考察某一环境因素对个体发展的影响作用时也必须结合其他环境因素的制约作用。PATHS 课程的泛化、家长材料的提供，结合布朗芬布伦纳的理论，提示我们课程的实施需要构建一个理想的幼儿社会-情绪学习的社会支持系统。它包括：核心层——父母亲与家庭；第二层——教师与幼儿园；第三层——社区支持；第四层——公共部门与社会政策；外层——社会文化氛围。学前儿童社会-情绪学习的社会支持系统是一个层层叠叠的复杂的生态系统，各层次的环境系统之间相互联系和相互作用。每一层次的环境系统都会通过一定的方式对幼儿发展产生影响，学前儿童的发展就是与这个庞大的生态系统相互作用的结果。每一层次的环境都是由物的因素和人的因素所组成的。

若在完善的社会支持系统中，幼儿园、家庭和社区能各自发挥所长，共同参与学前儿童社会-情绪发展的每个环节，每位学前儿童一定会在支持与陪伴下健康快乐地成长。

第三节　幼儿园社会-情绪教育课程的实施——以"第二步"为例

一、课程的现实价值与实施

"第二步"（SECOND STEP）课程是由儿童委员会（Committee for Children）

研发的社会-情绪学习课程，获得 CASEL 的推荐。"第二步"课程基于的理论框架包括认知-行为模型（Cognitive-Behavioral Model）、社会学习理论（Social Learning Theory）和社会信息加工模型（Social Information Processing Model）。

"第二步"项目主要包括三大课程内容："第二步"社会-情绪课程（Second Step SEL）、"第二步"预防欺凌单元（Second Step Bullying Prevention Unit）和"第二步"儿童保护单元（Second Step Child Protection Unit）。其中社会-情绪课程的年级段覆盖 Pre K-8 年级，不同年龄段（3—5 岁，5—6 岁，1—8 年级）有着不同的课程 目前高中课程正在开发。尽管课程有年龄段之分，但是课程所涉及的单元都旨在让学生在观察中学习社会与情绪技能，并通过训练提升学生共情能力，使学生掌握控制情绪的办法，以及利用自我对话等方式来有效提高解决社会问题的能力（Committee for Children，2002，2008）。大量实证研究表明，该课程通过培养儿童的社会-情绪能力，有效减少了儿童问题行为的发生（Singh，2021；Mcneeley，2018），并显著提高了儿童的执行功能（一种基础性的认知技能，与儿童的入学准备和学业成就密切相关）（Upshur Wenz-Gross，Rhoads，Heyman，Yao，& Sawosik，2019）。

该课程目前在美国被广泛采用，每年有 40％以上的学校、超过 1 500 万孩子受益。"第二步"课程也被其他国家引进，形成本土化的社会情感课程，包括芬兰、日本、德国、巴西、澳大利亚等 12 个国家。

（一）"第二步"幼儿园课程的主要内容和形式

在学前阶段，该课程主要分为小班至中班（早期阶段，Early Learning，3—5 岁）课程和大班（学前班，Kindergarten，5—6 岁）课程。3—5 岁的课程包含五个教学单元，每个单元一个主题：学习技巧、同理心、情绪管理、建立友谊的技巧和解决问题的技能以及过渡到学前班；5—6 岁的课程包含学习技巧、同理心、情绪管理以及解决问题四个单元。与 3—5 岁的课程相比，学前班的课程在内容的难易程度上稍有深入，更符合 5—6 岁幼儿的年龄特点。以下是"第二步"课程内容的简要概述。

学习技巧（Skills for Learning）：侧重对儿童社会技能的训练，包括倾听、集中注意力、自我对话和自信而有礼貌的表达。这些学习技巧有助于学龄前儿童为顺利过渡到学校做好准备，并促进早期学业成功。这一单元的各项技巧也支持课程内容的其余部分，因为它们为社会-情绪能力的发展提供了基础。

同理心（Empathy）：在本单元中，孩子们通过发展识别自己和他人各种情绪的技能来建立他们的情绪素养。具有较高同理心的孩子往往不那么具有攻击性，更受欢迎，更善于社交，而且在学业上进步更大（Zorza，Marino，& Acosta Meses，2019）。本单元所教的识别情绪的技巧可以让孩子们学会如何处理自己的强烈情绪，思考他人的感受，以便结交朋友和解决人际问题。

情绪管理（Emotion Management）：在该单元中，孩子们将扩大感受词汇，并学习应对强烈感受、减轻压力和控制情绪的策略。能够管理自己强烈感受的孩子，在向正式教育过渡时会更为成功（Raver & Knitzer，2002）。当感受不能被有效管理时，思考和学习就会受到影响（Derham & Brown，2010）。通过学习停一停、说出感受和腹式呼吸法等策略，孩子们学会减轻压力，控制冲动。同时，拥有应对强烈情绪（如生气、失望、挫败、担心和兴奋）的技巧，可以提升孩子们的学习能力，让孩子们与同龄人友好相处，并做出恰当的选择。

建立友谊的技巧（3—5岁）和解决问题技能（5—6岁）（Friendship Skills and Problem-Solving）：与同龄人的积极社会关系支持孩子们的入学准备，对他们的幸福和成功发展很重要。在友谊技巧和解决问题单元中，孩子们学习解决与同龄人的人际关系问题的步骤，以及结交朋友和维系友谊的技巧。孩子们学到要先平静下来，然后遵循解决问题的步骤（STEP）：说出问题，想想办法，探索后果，做出选择。学习解决人际问题的技能，有助于减少儿童冲动性行为，提高他们的社会适应水平，防止攻击性和其他外化问题行为的发生（Eisenberg，Valiente，& Eggum，2010）。本单元的课程也侧重于建立友谊的技巧，包括使用公平玩法（一起玩、轮流、交换），请求加入他人一起玩，以及邀请他人一起玩。能够解决问题并与同龄人积极互动的孩子将会更成功地过渡到学校阶段（McClelland，Cameron，Connor，Farris，Jewkes & Morrison，2007）。

过渡性课程（中班到大班）（Transitioning to Kindergarten）：在本单元中儿童会回顾之前学过的四个单元的内容，巩固所学过的技能，从而为过渡到新环境做准备①。

由于不同年龄段孩子的注意力发展水平不同，不同年龄段的课程开设频率、时长以及形式也有所不同。3—5岁的课程，融入到日常教学中，以周为主题单位，每天5—7分钟，共持续28周，以玩偶剧、故事与讨论，或者角色扮演技巧练习等不同形式进行生动有趣的教学；大班（Kindergarten，5—6岁）孩子的课程，每周1节，每节约25分钟，每天有5—10分钟的跟进活动，共25节课，可以与其他教学相结合，比如手工、音乐、游戏等。

"第二步"课程采用教师集体教学活动的形式，配有教具包，内含教师上课所需的教材教具，包括课程卡、教室挂图、玩偶等。课程资料的设计易于教师掌握与教学使用，采用的教学形式主要有大脑锻炼游戏、玩偶剧、故事与讨论、技巧

---

① 注：在美国的教育体系中，3—5岁为Preschool阶段，5—6岁为Kindergarten，因此4—5岁为从preschool到kindergarten的过渡阶段。

练习、儿歌等，兼具启发性、互动性和趣味性。除了教师上课需要用到的材料，课程还配有每周主题以及可以在家里进行的活动讲义，幼儿园可以把这些讲义分发给家长，从而形成家园共育以强化儿童在每个主题下习得的技能。

（二）"第二步"幼儿园课程的核心要素

该课程包括四个核心要素。

第一，课程顺序：课程以"周"为单位，按顺序进行主题的教学。学前班的课程主题与早教阶段的课程相似，内容更加深入，课程内容的组织符合儿童的心理特点，并且遵循螺旋式发展的课程内容组织方式。

第二，"大脑锻炼"（即执行功能训练）：在"第二步"课程中孩子们每天都会玩"大脑建构游戏"（Brain Builder Games）。在该游戏中教师通过具体的指令和游戏规则的阐述，帮助孩子们巩固在课程中习得的技巧，提高儿童的注意力、工作记忆（记住指令和其他信息）以及行为控制能力。此外，教师还会通过一些策略，如要求孩子先花时间思考再举手，当老师或者其他孩子回答时通过非语言的方式（如点头）来表达赞同或支持，在小组活动中使用随机点名的方式让孩子集中注意力等，来提高儿童的执行功能。

第三，日常技巧运用：鼓励孩子们每天运用学到的技巧，并通过具体反馈来帮助他们巩固技巧。儿童社会技能的发展需要时间，需要老师提供个别化的支持来巩固。当儿童每天练习、实践这些技巧时，这些技巧就会变得更容易运用。

第四，家庭参与：通过提供家庭互动练习材料，让家庭成员了解孩子们正在学习什么。同时提供一些简短的活动，让孩子们有机会在家与他们的父母或看护人一起练习在课程中学到的技巧。

除了核心要素之外，教师还应该树立自我调节和社会-情绪能力的榜样。为此教师需要自己也学习和练习这些技巧，并在与孩子们的日常互动中使用它们。

（三）"第二步"课程培训方案的实施

"第二步"课程配有教师培训工具箱（Staff-Training Toolkit），其中包含针对团队和针对个人的启动会议，有关社会-情绪、问题行为、执行功能与自我管理的视频，以及包含关键概念的信息图。培训会议的具体内容包括：

- 什么是社会-情绪学习、执行功能和自我调节，以及它们为什么这么重要。
- 如何通过课程让儿童习得这些技巧，如何对该课程进行有效教学。

线上培训过程中，贯穿着练习活动、反思问题、真实课堂的教学视频。教师通过线上培训，即可理解课程特点、授课方式、教材教具的使用方法。

线上培训为教师提供了完整清晰的课程教学"使用说明"。然而，教师自身的社会情感能力难以在这短短的线上培训中获得提升。研究表明，社会-情绪学习的课程效果在很大程度上与教师自身相关能力有关（Hen & Goroshit，2016）。因此，学校也会组织社会-情绪学习的教师培训，帮助教师在自我调节和社会-情绪能力上为学生树立榜样。

二、"第二步"课程在中国的实践及存在的问题

"第二步"课程内容的完整性以及课程设置的灵活性降低了课程在幼儿园实施的难度。课程配备的手册对课程目标、课程内容的实施以及教学策略的使用建议都做了具体详细的阐述，非常便于教师使用。而由于课程内容的丰富性，每节课的具体内容和方法并不是固定的，在实际教学过程中，教师可以根据教学目的、儿童的学习特点、教学条件等方面做一定的改动，保证课程的灵活性与可操作性。其次，课程能较好地融入幼儿的一日生活中。3—5岁小中班的课程每次持续5—7分钟，可以渗透在晨间谈话、区域活动、户外活动等活动中。5—6岁大班的课程也可以与其他领域活动相结合，如美术活动、音乐活动。此外，课程中涉及的内容大多与儿童的生活经验相联系，教师可以采用角色扮演、辩论、绘画等多种方式进行，这便于学生理解和掌握知识和技能，同时可以激发他们的学习兴趣。

在中国，"第二步"课程已获得儿童委员会授权，汲取"第二步"的特色和精华，结合中国国情和教育指导方针，融合中国幼儿园的特点和《指南》，开发出符合中国学生需求的本土化课程。

"第二步"幼儿园小、中班课程基于"第二步"3—5岁的教学内容，大班课程基于5—6岁的教学内容。为了保证课程品质，本土化初期，"第二步"课程在内容设置、教学方法、教学形式、教师培训上与原版课程保持高度一致，仅仅对于不适用的家庭和班级场景进行了修改，将大班的玩偶由原来的狗和蜗牛改为更具中国特点的猴子与熊猫。

为提高家长的参与度，课程实施中也增加了学生与家长的互动手册，帮助家长了解学生的学习内容和进度，不仅能辅助孩子练习，而且能提升对社会情感学习的认知。因此，父母和教师在教学中也能自然而然地学习社会与情绪能力，在孩子周围营造全方位平等尊重的环境，不仅帮助孩子成长，而且也使自己成为孩子的榜样。

通过"第二步"课程在上海部分幼儿园的实践发现，孩子们在处理情绪问题、生活习惯、学习技能等方面有了明显的变化。但目前还没有检验课程有效性的相关研究成果发表。

在课程本土化过程中，还有很多问题需要进一步探讨，如文化差异导致的中美行为模式差异，其中包括情绪表达与情绪控制的差异、自我坚持与妥协让步间的平衡、以及对公正与平等的追求。同时执教教师对课程内容理解不深以及在课

程实施时的思维固化等也需要进一步探讨。

三、"第二步"课程实施的路径选择

目前我国各阶段（尤其是学前教育阶段）的社会-情绪教育尚处于起步阶段，鉴于社会-情绪能力对儿童未来的学业成就以及社会适应等方面的重要作用，在学前阶段引进类似"第二步"这样系统、完整、专业、易操作的社会-情绪学习课程是非常有必要的。基于"第二步"课程在我国实施中存在的问题以及有效实施需要具备的条件，将从以下四点来探讨"第二步"课程实施的路径选择。

（一）形成符合本土文化的课程体系

由于中美两国文化背景不同，在课程内容上可能会存在一定分歧。要做好中国幼儿阶段的社会-情绪学习，就必须了解中国人的行为模式与价值观，考虑中国人在社会-情绪方面的特点，如我们是如何自处、如何表达、如何互动，以及如何解决问题的，才能将社会-情绪学习与中国的价值观相结合，发展我们自己的社会-情绪学习。这样，融入中国文化的内涵，建立在中国文化基础上的社会-情绪学习才是真正有根基、有生命力、具有文化自信和可持续性的教育。

（二）培养能胜任课程教学的执教教师

在社会-情绪学习中，教师自身的社会-情绪能力以及教育策略对儿童社会-情绪能力的发展起着至关重要的作用。在课程实施前，幼儿园需要对教师进行集体培训，教师也要学习"第二步"课程网站上的相关资源，或是聆听专家讲座来学习与社会-情绪有关的知识；通过观摩学习、教学研讨等方式理解"第二步"课程的理论框架、课程目标、内容与环节。在教育策略的使用上，教师可以通过让儿童学习技能前先引出相关主题引发孩子思考。当孩子在生活中运用了课堂上学过的技能后予以持续的强化，如让全班孩子结合当前发生的生活场景一起回顾课堂上学习的应对策略等方式，强化孩子社会-情绪技能的学习。

（三）发挥家园共育的作用

家庭也是儿童社会-情绪能力发展的重要场所，不同的教养信念、教养行为以及家庭环境会对儿童社会-情绪能力的发展产生不同的影响。"第二步"课程资源中配有家长讲义作为家园联系手册，含有每周的主题内容以及在家可进行的相关强化技能的活动。除此之外，为了更好地让家长理解儿童社会-情绪课程的价值、目标与内容，幼儿园也可以通过家长学校的系统化课程，让家长了解社会-情绪能力及其与儿童发展的关系，教师也可以以开讲座的形式介绍"第二步"课程，提高家长对社会-情绪学习的认知与关注。同时，在课程开始实施后，教师与家长保持及时的沟通与联系可以让教师更清楚儿童在社会-情绪能力发展中存在的问题，

并可以与家长共同探讨解决问题的策略，从而最大程度地促进儿童社会-情绪能力的发展。

（四）形成完善的社会支持系统

根据布朗芬布伦纳的理论，"第二步"课程的实施除了需要核心层——父母亲与家庭及第二层——教师与幼儿园的支持，还需要社区、公共部门以及社会文化氛围的支持。政府教育部门可以通过出台相关支持政策，推动幼儿园阶段社会-情绪教育课程的研发。同时可以通过一系列公益讲座让我国更多的人了解社会-情绪学习的重要性，提高社会对儿童社会-情绪学习的重视程度，为我国儿童全面、和谐的发展营造良好的文化氛围。

 ## 本章思考题

1. 幼儿园社会-情绪学习实施的"三阶段十步骤"的具体内容是什么？

2. 成人的社会-情绪能力培养的具体内容是什么？

3. PATHS 课程实施中的问题有哪些？

4. 请谈谈如何培养 PATHS 课程的执教教师。

一、中文参考文献

［1］曹慧，毛亚庆.（2016）.美国"RULER 社会情感学习实践"的实施及其启示. *比较教育研究，38（12）*，73-79.

［2］顾明远.（1988）.教育大词典. 上海：上海教育出版社，1535.

［3］陈德云，熊建辉，寇曦月.（2019）.美国中小学社会情绪学习新发展：学习标准及课程项目的开发与实施. *外国教育研究，46（04）*，77-90.

［4］陈权，陆柳.（2014）.美国社会情绪学习计划及在中学课堂实施策略研究. *外国中小学教育，262（10）*，20-25+19.

［5］陈瑛华，毛亚庆.（2016）.西部农村地区小学生家庭资本与学业成绩的关系：社会情感能力的中介作用. *中国特殊教育，190（04）*，90-96.

［6］杜媛，毛亚庆，杨传利.（2018）.社会情感学习对学生欺凌行为的预防机制研究：社会情感能力的中介作用. *教育科学研究，285（12）*，38-46.

［7］杜媛，毛亚庆，杨传利.（2019）.社会情感学习，是预防校园欺凌的有效措施. *中国德育，246（06）*，6.

［8］何二林，叶晓梅，潘坤坤，毛亚庆.（2019）.小学生社会情感学习能力对校园欺凌的影响：学校归属感的调节作用. *现代教育管理，353（08）*，99-105.

［9］梁宗保，张光珍，陈会昌，张萍.（2012）.父母元情绪理念、情绪表达与儿童社会能力的关系. *心理学报，44（02）*，199-210.

［10］麻彦坤.（2013）.社会-情绪学习透视. *教育研究与实验，155（06）*，83-86+92.

［11］王福兴，段婷，申继亮.（2011）.美国社会情绪学习标准体系及其应用. *比较教育研究，33（3）*，69-73.

［12］王树涛，毛亚庆.（2015）.寄宿对留守儿童社会情感能力发展的影响：基于西部 11 省区的实证研究. *教育学报，11（05）*，111-120.

［13］徐文彬，肖连群.（2015）.论社会情绪学习的基本特征及其教育价值. *教育理论与实践，35（13）*，55-58.

［14］许苏，夏正江，赵洁.（2016）."社会与情绪学习"的理论基础与课程形态. *外国中小学教育，278（02）*，61-64+36.

［15］杨元魁.（2012）.在"做中学"中培养孩子的情绪能力. *小学科学（教师论坛），56（03）*，3.

[16] 陆芳，陈国鹏．（2007）．学龄前儿童情绪调节策略的发展研究．*心理科学*，169（5），1202－1204＋1195．

[17] 孟昭兰．（1984）．情绪研究的新进展．*心理科学通讯*，（01），40－45＋67＋8．

[18] 孟昭兰．（1985）．当代情绪理论的发展．*心理学报*，（2），209－215．

[19] 孟昭兰．（1989）．人类情绪．上海：上海人民出版社．

[20] 孟昭兰．（1997）．婴儿心理学．北京：北京大学出版社．

[21] 孟昭兰．（2000）．体验是情绪的心理实体——个体情绪发展的理论探讨．*应用心理学*，（02），48－52．

[22] 孟昭兰．（2005）．*情绪心理学*．北京：北京大学出版社．

[23] 姚端维，陈英和，赵延芹．（2004）．3—5岁儿童情绪能力的年龄特征、发展趋势和性别差异的研究．*心理发展与教育*，20（2），12－16．

[24] 毕烨，韩娟，杨森焙，沈敏，时俊新，李小彩，王丽卿．（2011）．自我意识对儿童抑郁症状的影响．*中国妇幼保健*，26，（26），4072－4073．

[25] 陈冲，刘铁桥，陈洁，郑敏婕．（2010）．自我概念在应激性生活事件与抑郁、焦虑之间的调节效应分析．*国际精神病学杂志*，37（4），193－196．

[26] 冯晓杭，张向葵．（2007）．自我意识情绪：人类高级情绪．*心理科学进展*，15（6），878－884．

[27] 韩进之，魏华忠．（1985）．我国中、小学生自我意识发展调查研究．*心理发展与教育*，（1），11－18．

[28] 贾文华．（2010）．农村留守儿童自我意识研究．*商丘职业技术学院学报*，9（3），21－23．

[29] 金莹，卢宁．（2012）．自尊异质性研究进展．*中国临床心理学杂志*，20（5），717－722．

[30] 李燕，赵燕，许批．（2016）．学前儿童发展．上海：华东师范大学出版社．

[31] 李子华．（2019）．留守初中生同伴关系对孤独感的影响：自我意识的调节作用．*中国特殊教育*，（2），45－49．

[32] 梁兵．（1993）．试论教学过程中师生人际关系及其影响．*新疆大学学报（哲学社会科学版）*，（3），13－18．

[33] 梁宗保，胡瑞，张光珍，邓惠华，夏敏．（2016）．母亲元情绪理念与学前儿童社会适应的相互作用关系．*心理发展与教育*，32（4），394－401．

[34] 梁宗保，张光珍，陈会昌，张萍．（2012）．父母元情绪理念、情绪表达与儿童社会能力的关系．*心理学报*，（2），199－210．

[35] 林崇德，王耘，姚计海．（2001）．师生关系与小学生自我概念的关系研究．*心理发展与教育*，（4），17－22．

[36] 刘小先．（2009）．父母教养观念、亲子关系与儿童青少年自我意识的相关研究（硕士学位论文，华东师范大学）．

[37] 刘志军．（2004）．高中生的自我概念与其学校适应．*心理科学*，27（1），217－219．

[38] 卢谢峰，韩立敏．(2008)．家庭社会经济地位对小学生自我概念的影响．*中国心理卫生杂志*，(1)，24-25．

[39] 罗云．(2017)．青少年内外化问题的形成：环境压力、应激反应及迷走神经活动的调节作用（博士学位论文，陕西师范大学）．

[40] 钱文．(2015)．3—6岁儿童自我意识及其发展．*幼儿教育*，(13)，14-16．

[41] 施国春，张丽华，范会勇．(2017)．攻击性和自尊关系的元分析．*心理科学进展，25*(8)，1274-1288．

[42] 王爱民，任桂英．(2004)．中美两国儿童自我概念的比较研究-评定工具对研究结果的影响．*中国心理卫生杂志*，(5)，294-296．

[43] 魏运华．(1999)．自尊的结构模型及儿童自尊量表的编制．*心理发展与教育*，(3)，22-28．

[44] 姚伟．(1997)．婴幼儿积极的自我概念的形成与健康人格的建构．*学前教育研究，5*，8-9．

[45] 张丽华，杨丽珠．(2005)．3—8岁儿童自尊发展特点的研究．*心理与行为研究*，(1)，11-14．

[46] 张丽华，杨丽珠．(2006)．三种情境下4—8岁儿童自尊发展的实验研究．*心理科学，29*(2)，327-331．

[47] 郑庆友，卢宁．(2016)．幼儿父母陪伴自尊和亲社会行为的关系．*中国学校卫生*，(1)，71-73．

[48] 朱智贤．(2018)．幼儿心理学．北京：北京人民教育出版社．

[49] 陈会昌，张宏学，阴军莉，程小青，王明粤．(2004)．父亲教养态度与儿童在4—7岁间的问题行为和学校适应．*心理科学*，(05)，1041-1045．

[50] 邓赐平，桑标，缪小春．(2002)．幼儿的情绪认知发展及其与社会行为发展的关系研究．*心理发展与教育*，(01)，6-10．

[51] 李燕．(2008)．学前儿童发展心理学．上海：华东师范大学出版社．

[52] 马乔里·J·克斯特尔尼克．(2009)．儿童社会性发展指南：理论到实践．北京：人民教育出版社．

[53] 莫娜·B·舒尔，特里萨·弗伊·迪吉若尼莫．(2011)．如何培养孩子的社会能力．北京：京华出版社．

[54] 王宝华，冯晓霞，肖树娟 & 苍翠．(2010)．家庭社会经济地位与儿童学习品质及入学认知准备之间的关系．*学前教育研究*，(04)，3-9．

[55] 王振宇．(2009)．学前儿童发展心理学．北京：人民教育出版社．

[56] 谢冬梅．(1999)．试论幼儿主动性的培养．*教育导刊*，(S6)，32-34．

[57] 杨丽珠，宋辉．(2003)．幼儿自我控制能力发展的研究．*心理与行为研究*，(01)，51-56．

[58] 珍妮丝·英格兰德·卡茨．(2015)．促进儿童社会性和情绪的发展．北京：机械工业出

版社.

[59] 中华人民共和国教育部制定. (2012). 3—6 岁儿童学习与发展指南. 北京：首都师范大学出版社.

[60] 周爱保，敏霞 & 青柳肇. (2008). 中、日、韩幼儿心理发展水平比较之：主动性. *唐山师范学院学报*，(04)，137 - 139.

[61] 钱文. (2015). 3—6 岁儿童自我意识及其发展. *幼儿教育*(13)，14 - 16.

[62] 杨丽珠，吴文菊. (2000). 幼儿社会性发展与教育. 大连：辽宁师范大学出版社.

[63] 丁芳. (2002). 论观点采择与皮亚杰的去自我中心化. *山东师范大学学报（人文社会科学版）*(06).

[64] （美）威廉·达蒙，理查德·勒纳.. 林崇德，李其维，董奇. (2015). 儿童心理学手册 第 6 版 第 3 卷 上 社会、情绪与人格发展. 上海：华东师范大学出版社.

[65] （美）劳拉·E·贝克. (2014). 儿童发展. 南京：江苏教育出版社.

[66] 钱文. (2015). 3—6 岁儿童社会认知培养的教育建议. *幼儿教育*(Z4)，7 - 9.

[67] 庞丽娟，田瑞清. (2002). 儿童社会认知发展的特点. *心理科学*(02)，144 - 147.

[68] 张丽华，杨丽珠. (2005). 3—8 岁儿童自尊发展特点的研究. *心理与行为研究*(01)，11 - 14.

[69] 林崇德. (2019). 发展心理学（第 2 版）. 杭州：浙江教育出版社：243 - 244.

[70] 张明红. (2014). 学前儿童社会教育（第 2 版）. 上海：华东师范大学出版社：123.

[71] 冯天荃，刘国雄，龚少英. (2010). 3—5 岁幼儿对社会规则的认知发展研究. *教育研究与实验*(01)：79 - 83.

[72] 华爱华. (2012). 幼儿规则意识与规则认知. *课程教材教学研究（幼教研究）*(02)，50.

[73] 钱文. (2015). 3—6 岁儿童社会认知及其发展. *幼儿教育*(Z4)，4 - 6.

[74] （美）马乔里·J·克斯特尔尼克等. (2009). 邹晓燕等译. 儿童社会性发展指南理论到实践. 北京：人民教育出版社：326.

[75] 徐夫真，张玲玲，魏星，张文新，陈亮，纪林芹 & 陈欣银. (2015). 青少年早期内化问题的稳定性及其与母亲教养的关系. *心理发展与教育*(02)，204 - 211.

[76] 董会芹. (2013). 学前儿童问题行为与干预. 清华大学出版社.

[77] 丁雪辰，施霄霞 & 刘俊升. (2012). 学业成绩与内化行为问题的预测关系：一年的追踪研究. *中国临床心理学杂志*(05)，697 - 701.

[78] 曹珂瑶. (2013). 4—6 岁幼儿同伴交往影响因素分析及对策. *西安文理学院学报（社会科学版）*，(02)，120 - 123.

[79] 郭晓俊，徐雁，林大勇. (2006). 人际交往能力是大学生应具备的重要素质. *西昌学院学报（社会科学版）*，(03)，86 - 88.

[80] 洪素云. (2007). 幼儿之间交流缺失的现状分析与对策. *教育导刊（幼儿教育）*，(01)，32 - 33.

[81] 刘丽娟. (2017). 以幼儿人际交往为核心的社会与情绪学习课程实践研究（硕士学位论文, 上海师范大学).

[82] 刘文. (2002). 3—9岁儿童气质发展及其与个性相关因素关系的研究（博士学位论文, 辽宁师范大学).

[83] 庞丽娟. (1991). 幼儿同伴社交类型特征的研究. 心理发展与教育，（03），19-28.

[84] 王春燕，卢乐珍. (2002). 自由游戏活动中幼儿同伴交往的研究. 教育导刊，（Z3），19-22.

[85] 王英春，邹泓. (2009). 青少年人际交往能力的发展特点. 心理科学，（05），1078-1081.

[86] 王英春. (2007). 中学生人际交往能力的结构，发展特点及其影响因素（博士学位论文，北京师范大学).

[87] 文霞. (2011). 不受欢迎幼儿的同伴关系干预的研究（硕士学位论文, 内蒙古师范大学).

[88] 张文新，郏金香. (1999). 儿童社会观点采择的发展及其子类型间的差异的研究. 心理科学，（02），116-120.

[89] 陈世平. (2001). 儿童人际冲突解决策略与欺负行为的关系. 心理科学(2)，234-235.

[90] 赵金霞. (2006). 4—6岁儿童的焦虑、人际认知问题解决及两者的关系（硕士学位论文, 山东师范大学).

[91] 李秀妍，伍珍. (2021). 4—8岁儿童认知风格的发展及其对问题解决的影响. 心理科学（02），433-439.

[92] 于海琴，周宗奎. (2002). 小学高年级儿童亲子依恋的发展及其与同伴交往的关系. 心理发展与教育(04)，36-40.

[93] 赵金霞. (2006). 4—6岁儿童的焦虑、人际认知问题解决及两者的关系（硕士学位论文, 山东师范大学).

[94] 赵金霞，王美芳. (2011). 人际认知问题解决的发展与学前儿童焦虑症状、同伴交往的关系. 学前教育研究(2)，37-40.

[95] 刘超. (2017). 不同社会退缩儿童人际问题解决策略差异的分析（硕士学位论文, 上海师范大学).

[96] 周宗奎，林崇德. (1998). 小学儿童社交问题解决策略的发展研究. 心理学报(03)：274-280.

[97] 魏晓娟. (2003). 欺负卷入儿童的自我概念及人际冲突解决策略研究（硕士学位论文，西南师范大学).

[98] （美）默娜·B·舒尔，特里萨·弗伊·迪吉若尼莫. (2009). 如何培养孩子的社会能力. 张雪兰译. 北京：京华出版社.

[99] 孙蕾. (2007). 家庭环境对学前儿童入学准备的影响（博士学位论文, 东北师范大学).

[100] 胡艺馨. (2009). 童年中期儿童亲社会行为的发展及其与内化问题行为的关系（硕士

学位论文，山东师范大学）.

［101］贾蕾，李幼穗.（2005）.儿童社会观点采择与分享行为关系的研究. *心理与行为研究*（04），305－309.

［102］马娥，丁继兰.（2006）.3—6岁幼儿自由活动时间亲社会行为性别差异研究. *中华女子学院学报*（05），69－72.

［103］王美芳，董会芹，庞维国，武建芬，丁芳，储东升.（1998）.学前儿童亲社会行为及其影响因素的研究. *中国心理卫生杂志*（06），356－357.

［104］姚春荣，李梅娟.（2002）.家庭环境与幼儿社会适应的相关研究. *心理科学，25*（05），630－631.

［105］冯晓霞.（2013）.《指南》社会领域要点解读. *幼儿教育*（Z4），6－8.

［106］郑淑杰，张永红.（2003）.学前儿童社会退缩行为研究综述. *学前教育研究*（03），15－17.

［107］许苏，夏正江 & 赵洁.（2016）."社会与情绪学习"的理论基础与课程形态. *外国中小学教育*（02），61－64＋36.

二、英文参考文献

［1］Achenbach, T. M., Howell, C. T., Quay, H. C., Conners, C. K., & Bates, J. E. (1991). National survey of problems and competencies among four-to sixteen-year-olds: Parents' reports for normative and clinical samples. *Monographs of the Society for Research in Child Development*, i－130.

［2］Vaillancourt, T., & McDougall, P. (2013). The link between childhood exposure to violence and academic achievement: complex pathways. *Journal of Abnormal Child Psychology*, 41, 1177－1178.

［3］Reitz, E., Deković, M., & Meijer, A. M. (2005). The structure and stability of externalizing and internalizing problem behavior during early adolescence. *Journal of Youth and Adolescence*, 34, 577－588.

［4］McLeod, B. D., Weisz, J. R., & Wood, J. J. (2007). Examining the association between parenting and childhood depression: A meta-analysis. *Clinical Psychology Review*, 27 (2), 155－172.

［5］Kenworthy, K. E., Taliaferro, C. M., Carver, B. F., Martin, D. L., Anderson, J. A., & Bell, G. E. (2006). Genetic variation in Cynodon transvaalensis Burtt-Davy. *Crop Science*, 46 (6), 2376－2381.

［6］Mesman, J., Bongers, I. L., & Koot, H. M. (2001). Preschool developmental pathways to preadolescent internalizing and externalizing problems. *The Journal of Child Psychology and Psychiatry and Allied Disciplines*, 42 (5), 679－689.

［7］Costello, E. J., Mustillo, S., Erkanli, A., Keeler, G., & Angold, A. (2003). Prevalence and development of psychiatric disorders in childhood and adolescence.

Archives of General Psychiatry, 60 (8), 837 – 844.

[8] Karevold, E., Coplan, R., Stoolmiller, M., & Mathiesen, K. S. (2011). A longitudinal study of the links between temperamental shyness, activity, and trajectories of internalising problems from infancy to middle childhood. *Australian Journal of Psychology*, 63 (1), 36 – 43.

[9] Cole, T. J. (1990). The LMS method for constructing normalized growth standards. European *Journal of Clinical Nutrition*, 44 (1), 45 – 60.

[10] Vaillancourt, T., Trinh, V., McDougall, P., Duku, E., Cunningham, L., Cunningham, C., Hymel, S., & Short, K. (2010). Optimizing population screening of bullying in school-aged children. *Journal of School Violence*, 9 (3), 233 – 250.

[11] Achenbach, T. M. (1978). The child behavior profile: An empirically based system for assessing children's behavioral problems and competencies. *International Journal of Mental Health*, 7 (3 – 4), 24 – 42.

[12] Achenbach, T. M. (1982). Assessment and taxonomy of children's behavior disorders. *Advances in Clinical Child Psychology*, 1 – 38.

[13] Bar-On, R. (1997). The Bar-On Emotional Quotient Inventory (EQ-i): Technical manual. Toronto: Multi-Health Systems.

[14] Bauer, P. J., & Fivush, R. (2010). Context and consequences of autobiographical memory development. *Cognitive Development*, 25 (4), 303 – 308.

[15] Baumeister, R. F., Smart, L., & Boden, J. M. (1996). Relation of threatened egotism to violence and aggression: The dark side of high self-esteem. *Psychological Review*, 103, 5 – 33.

[16] Bechtoldt, M. N., & Schmitt, K. D. (2010). It's not my fault, it's theirs: Explanatory style of bullying targets with unipolar depression and its susceptibility to short-term therapeutical modification. *Journal of Occupational and Organizational Psychology*, 83 (2), 395 – 417.

[17] Benenson, J. F. (1993). Greater preference among females than males for dyadic interaction in early childhood. *Child development*, 64 (2), 544 – 555.

[18] Berkowitz, L. (1993). Pain and aggression: Some findings and implications. *Motivation and Emotion*, 17, 277 – 293.

[19] Bierman, K. L., Domitrovich, C. E., Nix, R. L., Gest, S. D., Welsh, J. A., Greenberg, M. T., Blair, C., Nelson, K. E., & Gill, S. (2008). Promoting academic and social-emotional school readiness: The head start REDI program. *Child development*, 79 (6), 1802 – 1817.

[20] Bierman, K., Nix, R., Greenberg, M., Blair, C., & Domitrovich, C. (2008). Executive functions and school readiness intervention: Impact, moderation, and mediation in the

Head Start REDI program. *Development and Psychopathology*, 20 (3), 821 – 843.

[21] Bills, R. E., Vance, E. L., & McLean, O. S. (1951). An index of adjustment and values. *Journal of Consulting Psychology*, 15 (3), 257 – 261.

[22] Blanton, H., Gibbons, F. X., Gerrard, M., Conger, K. J., & Smith, G. E. (1997). Role of family and peers in the development of prototypes associated with substance use. *Journal of Family Psychology*, 11 (3), 271 – 288.

[23] Bluck, S., & Alea, N. (2002). Exploring the Functions of Autobiographical Memory: Why do I Remember the Autumn? In: Web-ster J D, Haight B K. Critical Advances in Reminiscence: From Theory to Application. New York: Springer.

[24] Bowlby, J. (1969). Attachment and Loss. New York: Basic Books.

[25] Bowlby, J. (1972). Freud and philosophy. *The British Journal of Psychiatry*, 121 (1), 120 – 120.

[26] Boyatzis, R. E., Goleman, D., & Rhee, K. (2000). Clustering competence in emotional intelligence: Insights from the Emotional Competence Inventory (ECI). Handbook of emotional intelligence, San Francisco: Jossey-Bass.

[27] Boyum, L. A., & Parke, R. D. (1995). The role of family emotional expressiveness in the development of children's social competence. *Journal of Marriage and the Family*, 57 (3), 593 – 608.

[28] Brackett, M. A., Palomera, R., Mojsa, J., Reyes, M., & Salovey, P. (2010). Emotional Regulation Ability, Job Satisfaction, and Burnout among British Secondary School Teachers. *Psychology in the Schools*, 47, 406 – 417.

[29] Brackett, M. A., Palomera, R., Mojsa-Kaja, J., Reyes, M. R., & Salovey, P. (2010). Emotion-regulation ability, burnout, and job satisfaction among British secondary-school teachers. *Psychology in the Schools*, 47 (4), 406 – 417.

[30] Briggs, J. (1970). Never in anger. Harvard University Press.

[31] Bronfenbrenner, U. (1979). Ecology of human development: experiments by nature and design, 1979. *Child Study Journal*, 9 (4), 292 – 293.

[32] Buhrmester, D., Furman, W., Wittenberg, M. T., & Reis, H. T. (1988). Five domains of interpersonal competence in peer relationships. *Journal of Personality and Social Psychology*, 55, 991 – 1008.

[33] Bullock, A., Xiao, B., Liu, J., Coplan, R., & Chen, X. (2022). Shyness, Parent-Child Relationships, and Peer Difficulties During the Middle School Transition. *Journal of Child and Family Studies*, 31 (1), 86 – 98.

[34] Bulotsky-Shearer, R. J., Fernandez, V., Dominguez, X., & Rouse, H. L. (2011). Behavior problems in learning activities and social interactions in Head Start classrooms and early reading, mathematics, and approaches to learning. *School Psychology Review*,

40 (1), 39 – 56.

[35] Butler, A. C., Hokanson, J. E., & Flynn, H. A. (1994). A comparison of self-esteem lability and low trait self-esteem as vulnerability factors for depression. *Journal of Personality and Social Psychology*, 66, 166 – 177.

[36] Campbell, S. B., Shaw, D. S., & Gilliom, M. (2000). Early externalizing behavior problems: Toddlers and preschoolers at risk for later maladjustment. *Development and Psychopathology*, 12 (3), 467 – 488.

[37] Campos, J. J., Mumme, D. L., Kermoian, R., & Campos, R. G. (1994). A functionalist perspective on the nature of emotion. *Monographs of the Society for Research in Child Development*, 59 (2 – 3), 284 – 303.

[38] CASEL Practice Rubric for Schoolwide SEL Implementation. (2006). In Collaborative for Academic, Social, and Emotional Learning (NJ1). *Collaborative for Academic, Social, and Emotional Learning* (NJ1).

[39] Cassidy, T. (2003). Problem solving style.

[40] Cavell T. A. (1990) Social adjustment, social performance, and social skills: A tri-component model of social competence. *Journal of Clinical Child Psychology*, 19 (2), 111 – 122.

[41] Chaplin, T. M., Cole, P. M., & Zahn-Waxler, C. (2005). Parental socialization of emotion expression: gender differences and relations to child adjustment. Emotion, 5 (1), 80 – 88.

[42] Chen, X., Wang, L., & Liu, J. (2011). Adolescent cultural values and adjustment in the changing Chinese society. In G. Trommsdorff & X. Chen (Eds.), Values, religion, and culture in adolescent development (pp. 235 – 252). Cambridge: Cambridge University Press.

[43] Chhangur, R. R., Weeland, J., Overbeek, G., Matthys, W., Orobio de Castro, B., Van Der Giessen, D., & Belsky, J. (2017). Genetic moderation of intervention efficacy: Dopaminergic genes, the Incredible Years, and externalizing behavior in children. *Child Development*, 88 (3), 796 – 811.

[44] Chu, L., & DeArmond, M. (2021). Approaching SEL as a Whole-School Effort, Not an Add-On: Lessons from Two Charter Networks. *In Center on Reinventing Public Education*. Center on Reinventing Public Education.

[45] Clark, K. E., & Ladd, G. W. (2000). Connectedness and autonomy support in parent-child relationships: Links to children's socioemotional orientation and peer relationships. *Developmental Psychology*, 36 (4), 485 – 498.

[46] Coie, J. D., & Koeppl, G. K. (1990). Adapting intervention to the problems of aggressive and disruptive aggressive children. In S. R. Asher & J. D. Coie (Eds.), Peer

rejection in childhood. Cambridge University Press.

[47] Collie, R. J., Shapka, J. D., & Perry, N. E. (2011). Predicting teacher commitment: The impact of school climate and social-emotional learning. *Psychology in the Schools*, 48 (10), 1034 – 1048.

[48] Collie, R. J., Shapka, J. D., & Perry, N. E. (2012). School climate and social-emotional learning: Predicting teacher stress, job satisfaction, and teaching efficacy. *Journal of Educational Psychology*, 104 (4), 1189 – 1240.

[49] Collie, R. J., Shapka, J. D., & Perry, N. E. (2012). School Climate and Social-Emotional Learning: Predicting Teacher Stress, Job Satisfaction, and Teaching Efficacy. *Journal of Educational Psychology*, *104*, 1189 – 1204.

[50] Collie, R. J., Shapka, J. D., & Perry, N. E. (2012). School Climate and Social-Emotional Learning: Predicting Teacher Stress, Job Satisfaction, and Teaching Efficacy. *Journal of Educational Psychology*, 104 (4), 1189 – 1204. doi: 10. 1037/a0029356

[51] Crick, N. R., & Dodge, K. A. (1996). Social information-processing mechanisms in reactive and proactive aggression. *Child development*, 67 (3), 993 – 1002.

[52] Crossman, A., & Harris, P. (2006). Job satisfaction of secondary school teachers. *Educational Management Administration & Leadership*, 34 (1), 29 – 46.

[53] Deci, E. L., & Ryan, R. M. (2000). The "what" and the "why" of goal pursuits: Human needs and the self-determination of behavior. *Psychological Inquiry*, 11, 227 – 268.

[54] Denham, S. A., & Brown, C. (2010). "Plays Nice with Others": Social-Emotional Learning and Academic Success. *Early Education and Development*, *21* (5), 652 – 680.

[55] Denham, S. A., & Burton, R. (2003). Social and emotional prevention and intervention programming for preschoolers. New York: Kluwer Academic/Plenum.

[56] Denham, S. A., Bassett, H. H., & Wyatt, T. M. (2010). Gender differences in the socialization of preschoolers' emotional competence. *New Directions for Child and Adolescent Development*, 2010 (128), 29 – 49.

[57] Denham, S. A., Brown, C. A., & Domitrovich, C. E. (2010). "Plays nice with others": Social-emotional learning and academic success. *Early Education and Development*, *21*, 652 – 680.

[58] Denham, S. A., McKinley, M., Couchoud, E. A., & Holt, R. (1990). Emotional and behavioral predictors of preschool peer ratings. *Child Development*, 61 (4), 1145 – 1152.

[59] Denham, S. A., Mitchell-Copeland, J., Strandberg, K., Auerbach, S., & Blair, K. (1997). Parental contributions to preschoolers' emotional competence: Direct and indirect effects. *Motivation and Emotion*, 21 (1), 65 – 86.

［60］Denham，S. A.，Burton，R.（2003）. Preschoolers' Attachment and Emotional Competence. In：Social and Emotional Prevention and Intervention Programming forPreschoolers. Springer，Boston，MA.

［61］Dinham，S.，& Scott，C.（1998）. A three domain model of teacher and school executive career satisfaction. *Journal of Educational Administration*，36（4），362－378.

［62］Dodge，K. A.，& Price，J. M.（1994）. On the relation between social information processing and socially competent behavior in early school-aged children. *Child Development*，65（5），1385－1897.

［63］Dodge，K. A.，Coie，J. D.，& Lynam，D.（2006）. Aggression and Antisocial Behavior in Youth. In N. Eisenberg，W. Damon，R. M. Lerner（Eds.），*Handbook of child psychology*：*Vol. 3*，*Social*，*emotional*，*and personality development*（6th ed.）（pp. 719－788）. Hoboken，NJ：John Wiley &；Sons Inc.

［64］Dunn，J.，& Brown，J.（1994）. Affect expression in the family，children's understanding of emotions，and their interactions with others. *Merrill-Palmer Quarterly*，40（1），120－137.

［65］Durlak，J. A.，Weissberg，R. P.，Dymnicki，A. B.，Taylor，R. D.，& Schellinger，K. B.（2011）. The Impact of Enhancing Students' Social and Emotional Learning：A Meta-Analysis of School-Based Universal Interventions. *Child Development*，82（1），405－432.

［66］Dweck，C. S.（1999）. Caution — Praise Can Be Dangerous. *American Educator*，23（1），4－9.

［67］Dweck，C. S.（1999）. Self-theories：Their role in motivation，personality，and development. Philadelphia：Psychology Press.

［68］Dweck，C. S.，& Leggett，E. L.（1988）. A social-cognitive approach to motivation and personality. *Psychological Review*，95（2），256－273.

［69］Effective Social and Emotional Learning Programs：Preschool and Elementary School Edition. CASEL Guide 2013.（2012）. In Collaborative for Academic，Social，and Emotional Learning. *Collaborative for Academic*，*Social*，*and Emotional Learning*.

［70］Eisenberg，N.，& Mussen，P. H.（1998）. The roots of prosocial behavior in children：conclusions. Cambridge，England：Cambridge University Press.

［71］Eisenberg，N.，Cumberland，A.，& Spinrad，T. L.（1998）. Parental socialization of emotion. *Psychological Inquiry*，9（4），241－273.

［72］Eisenberg，N.，Cumberland，A.，& Spinrad，T. L.（1998）. Parental socialization of emotion. *Psychological Inquiry*，9，241－273.

［73］Eisenberg，N.，Fabes，R. A.，Nyman，M.，Bernzweig，J.，& Pinuelas，A.（1994）. The relations of emotionality and regulation to children's anger-related reactions. *Child*

Development, 65 (1), 109 – 128.

[74] Eisenberg, N., Fabes, R., Murphy, B., Karbon, M., Smith, M., & Maszk, P. (1996). The relations of children's dispositional empathy-related responding to their emotionality, regulation, and social functioning. *Developmental psychology*, *32* (2), 195 – 209.

[75] Eisenberg, N., Liew, J., & Pidada, S. U. (2004). The longitudinal relations of regulation and emotionality to quality of Indonesian children's socioemotional functioning. *Developmental psychology*, *40* (5), 790 – 804.

[76] Eisenberg, N., Valiente, C., & Eggum, N. D. (2010). Self-Regulation and School Readiness. *Early Education & Development*, *21*, 681 – 698.

[77] Eisenberg, Nancy; Cumberland, Amanda; Spinrad, Tracy L. (1998). *Parental Socialization of Emotion. Psychological Inquiry*, *9* (4), 241 – 273.

[78] Elias, M. J., Wang, M. C., Weissberg, R. P., Zins, J. E., & Walberg, H. J. (2002). The Other Side of the Report Card. *American School Board Journal*, 189 (11), 28 – 30.

[79] Emde, R. N., Gaensbauer, T. J., & Harmon, R. J. (1976). Emotional expression in infancy: A biobehavioral study. New York: International Universities Press.

[80] Erwin, P. (1998). Friendship in childhood and adolescence. New York: Routledge.

[81] Fraiberg, S. (1971). Intervention in infancy: a program for blind infants. *Journal of the American Academy of Child Psychiatry*, 10 (3), 381 – 405.

[82] Garbarino J. (1992). Children and Families in the Social Environment. New York: Taylor and Francis.

[83] Gardner, H. (1983). The theory of multiple intelligences. New York: Basic Books.

[84] Goleman, D. (1994). Emotional Intelligence: Why It Can Matter More Than IQ. New York: Bantam Books.

[85] Goleman, D. (1995). Emotional intelligence. New York: Bantam Books.

[86] Goleman, D. (1998). Working with emotional intelligence. New York: Bantam Books.

[87] Gottman, J. M., Katz, L. F., & Hooven, C. (1996). Parental meta-emotion philosophy and the emotional life of families: Theoretical models and preliminary data. *Journal of Family Psychology*, *10*, 243 – 268.

[88] Gottman, J. M., Katz, L. F., & Hooven, C. (1997). Meta-emotion: How families communicate emotionally. New Jersey: Lawrence Erlbaum Associates, Inc.

[89] Gottman, J. M., Katz, L. F., & Hooven, C. (1997). Meta-emotion: How families communicate emotionally. Mahwah, NJ: Erlbaum.

[90] Graziano, P. (2007). Adapting to the European Employment Strategy? Recent Developments in Italian Employment Policy. *International Journal of Comparative Labour Law & Industrial Relations*, *23* (4), 543 – 565.

[91] Graziano P. A., Reavis, R. D., Keane, S. P., & Calkins, S. D. (2007). The role of emotion regulation in children's early academic success. *Journal of School Psychology*, 45 (1), 3-19.

[92] Green, V. A., Cillessen, A. H. N., Rechis, R., Patterson, M. M., & Hughes, J. M. (2008). Social Problem Solving and Strategy Use in Young Children. *Journal of Genetic Psychology*, 169 (1), 92-112.

[93] Greenberg, M. T., & Kusché, C. A. (2006). Building social and emotional competence: The PATHS curriculum. In S. R. Jimerson & M. Furlong (Eds.), *Handbook of school violence and school safety: From research to practice*. Lawrence Erlbaum Associates Publishers, 395-412.

[94] Gresham, F. M. (2002). Best Practices in Social Skills Training. In A. Thomas & J. Grimes (Eds.), Best practices in school psychology IV. National Association of School Psychologists, 1029-1040.

[95] Gross, J. J. (1998). Antecedent and response focused emotion regulation: Divergent consequences for experience, expression, and physiology. *Journal of Personality and Social Psychology*, 74 (1), 224-237.

[96] Halberstadt, A. G., Cassidy, J., Stifter, C. A., Parke, R. D., & Fox, N. A. (1995). Self-expressiveness within the family context: Psychometric support for a new measure. *Psychological Assessment*, 7 (1), 93-103.

[97] Hales, S. (1979). A developmental theory of self-esteem based on competence and moral behavior. In biennial meeting of the Society for Research in Child Development, San Francisco.

[98] Hanish, L. D., Kochenderfer-Ladd, B., Fabes, R. A., Martin, C. L., & Denning, D. (2004). Bullying among young children: The influence of peers and teachers. In D. L. Espelage & S. M. Swearer (Eds.), *Bullying in American schools: A social-ecological perspective on prevention and intervention*. Mahwah, NJ: Lawrence Eribaum Associates, 141-159.

[99] Harter, S. (1982). The Perceived Competence Scale for Children. *Child Development*, 53 (1), 87-97.

[100] Harter, S. (1985). Manual for the self-perception profile for children. Denver, CO: University of Denver Press.

[101] Harter, S. (1999). The construction of the self: A developmental perspective. New York: Guilford.

[102] Harter, S. (2006). The self. In N. Eisenberg, W. Damon, & R. M. Lerner (Eds.), Handbook of Child Psychology, 6th Edition, Volume 3: Social, Emotional, and Personality Development. Hoboken, NJ: John Wiley & Sons, 505-570.

[103] Hartup, W. W. (1983). Peer relations. In P. H. Mussen (Series Ed.), Handbook of child psychology, E. M. Hetherington (Vol. Eds.), Socialization, personality, and social development. New York: Wiley (4), 103-196.

[104] Hartup, W. W. (1989). Social relationships and their developmental significance. *American Psychologist*, 44 (2), 120-126.

[105] Hartup, W. W. (1996). The company they keep: Friendships and their developmental significance. *Child Development*, 67 (1), 1-13.

[106] Hastings, P., Mcshane, K., Parker, R., & Ladha, F. (2007). Ready to make nice: parental socialization of young sons' and daughters' prosocial behaviors with peers. *Journal of Genetic Psychology*, 168 (2), 177-200.

[107] Hatfield E., Cacioppo J., Rapson R. (1994). Emotional Contagion. New York: Cambridge University Press.

[108] Hay, D. F., Payne, A., & Chadwick, A. (2004). Peer relations in childhood. *Journal of Child Psychology and Psychiatry*, 45 (1), 84-108.

[109] Hen, M., & Goroshit, M. (2016). Social-Emotional Competencies among Teachers: An Examination of Interrelationships. *Cogent Education*, 3 (1).

[110] Hoffman, E., Marsden, G., & Kalter, N. (1977). Children's understanding of their emotionally disturbed peers: a replication. *Journal of Clinical Psychology*, 33 (4), 949-953.

[111] House, R. J., Hanges, P. J., Javidan, M., Dorfman, P. W., & Gupta, V. (Eds.). (2004). Culture, leadership, and organizations: The GLOBE study of 62 societies. Sage publications.

[112] Howse, R. B., Calkins, S. D., Anastopoulos, A. D., Keane, S. P., & Shelton, T. L. (2003). Regulatory contributors to children's kindergarten achievement. *Early Education and Development*, 14 (1), 101-120.

[113] Hyson, M. (2008). Enthusiastic and engaged learners: Approaches to learning in the early childhood classroom. Teachers College Press.

[114] Isley, S. L., O'Neil, R., Clatfelter, D., & Parke, R. D. (1999). Parent and child expressed affect and children's social competence: modeling direct and indirect pathways. *Developmental psychology*, 35 (2), 547-560.

[115] Isley, S. L., O'Neil, R., Clatfelter, D., & Parke, R. D. (1999). Parent and child expressed affect and children's social competence: Modeling direct and indirect pathways. *Developmental Psychology*, 35 (2), 547-560.

[116] Izard, C. E. (1991). *The Psychology of Emotions*. New York: Plenum.

[117] Izard, C. E., Hembree, E. A., & Huebner, R. R. (1987). Infants' emotion expressions to acute pain: developmental change and stability of individual differences.

Developmental Psychology，23（1），105－113.

[118] Judge，T. A.，& Bono，J. E.（2001）. Relationship of core self-evaluations traits—self-esteem generalized self-efficacy，locus of control，and emotional stability—with job satisfaction and job performance：A meta-analysis. *Journal of Applied Psychology*，86（1），80－92.

[119] Kagan，S. L.，Moore，E.，& Bredekamp，S.（Eds.）.（1998）. Reconsidering children's early development and learning toward common views and vocabulary：National Education Goals Panel. Diane Publishing.

[120] Kaminski，P. L.，Shafer，M. E.，Neumann，C. S.，& Ramos，V.（2005）. Self-concept in Mexican American girls and boys：validating the Self-Description Questionnaire-I. *Cultural Diversity and Ethnic Minority Psychology*，11（4），321－338.

[121] Karen L. Bierman；Marcela M. Torres；Celene E. Domitrovich；Janet A. Welsh；Scott D. Gest（2009）. Behavioral and Cognitive Readiness for School：Cross-domain Associations for Children Attending Head Start. *Social Development*，18（2），305－323.

[122] Kartal，M. S.，& Ozkan，S. Y.（2015）. Effects of class-wide self-monitoring on on-task behaviors of preschoolers with developmental disabilities. Education and Training in Autism and Developmental Disabilities，50（4），418－432.

[123] Keating，D. P.（1978）. A search for social intelligence. *Journal of Educational Psychology*，70（2），218－223.

[124] Kinman，G.，Wray，S.，& Strange，C.（2011）. Emotional labour，burnout and job satisfaction in UK teachers：The role of workplace social support. *Educational Psychology*，31（7），843－856.

[125] Kirkpatrick，L. A.，Waugh，C. E.，Valencia，A.，& Webster，G. D.（2002）. The functional domain specificity of self-esteem and the differential prediction of aggression. *Journal of Personality and Social Psychology*，82（5），756－767.

[126] Kitayama，S.，Mesquita，B.，& Karasawa，M.（2006）. Cultural affordances and emotional experience：socially engaging and disengaging emotions in Japan and the United States. *Journal of Personality and Social Psychology*，91（5），890－903.

[127] Kontos，S.，& Wilcox-Herzog，A.（1997）Influences on children's competence in early childhood classrooms，*Early Childhood Research Quarterly*，12，247－262.

[128] Kopp，C. B.（1982）. Antecedents of self-regulation：a developmental perspective. *Developmental Psychology*，18（2），199－214.

[129] Kostelnik，M.（1993）. Guiding Children's Social Development：Theory to Practice，4E. Delmar Publishers.

[130] Kostelnik，M. J，Whiren，A. P，Soderman，A. K，Stein，L.，& Gregory，K.（2008）.

Guiding children's social development and learning 6th. United States of America: Cengage Learning.

[131] Ladd, G. W., LeSieur, K. D., & Profilet, S. M. (1993). Direct parental influences on young children's peer relations. In S. Duck (Ed.), Learning about relationships. Newbury Park, CA: Sage.

[132] Liu, J. (2004). Childhood externalizing behavior: Theory and implications. *Journal of Child and Adolescent Psychiatric Nursing*, 17 (3), 93 - 103.

[133] Lutz, C. Z. (1996). Engendered emotion: Gender, power, and rhetoeic of emotional control in American discourse. London: Sage.

[134] Maccoby, E. E. (1988). Gender as a social category. Development Psychology, 24, 755 - 765.

[135] Maccoby, E. E. (1990). Gender and relationships: A developmental account. *American Psychologist*, 45, 513 - 520.

[136] Malloy, H. L., & McMurray, P. (1996). Conflict strategies and resolutions: Peer conflict in an integrated early childhood classroom. *Early Childhood Research Quarterly*, 11 (2), 185 - 206.

[137] Marion, R., & Uhl-Bien, M. (2007). Complexity and strategic leadership. In Being there even when you are not (Vol. 4, pp. 273 - 287). Emerald Group Publishing Limited.

[138] Marsh, H. W. (2005). Self-concept theory, measurement and research into practice: The role of self-concept in educational psychology. Leicester: British Psychological Society.

[139] Marsh, H. W. (1991). The failure of high ability high schools to deliver academic benefits: The importance of academic self-concept and educational aspirations. *American Educational Research Journal*, 28 (2), 445 - 480.

[140] Marsh, H. W., Ellis, L. A., & Craven, R. G. (2002). How do preschool children feel about themselves? Unraveling measurement and multidimensional self-concept structure. *Developmental Psychology*, 38 (3), 376 - 393.

[141] Masten, A., Morrison, P., Pelligrini, D. A. (1985). A revised class play method of peer assessment, *Developmental Psychology*, 21, 523 - 533.

[142] Matsumoto, D., Kudoh, T., Scherer, K., & Wallbott, H. (1988). Antecedents of and reactions to emotions in the United States and Japan. *Journal of Cross-Cultural Psychology*, 19 (3), 267 - 286.

[143] Mayer, J. D., & Salovey, P. (1997). Emotional Development and Emotional Intelligence: Implications for educators. New York: Basic Books.

[144] Mayeux, L., & Cillessen, A. H. N. (2003). Development of Social Problem Solving in

Early Childhood: Stability, Change, and Associations With Social Competence. *Journal of Genetic Psychology*, 164 (2), 153 – 173.

[145] McCauley, Clark. (2000). Some Things Psychologists Think They Know about Aggression and Violence. *HFG Review of Research* 4 (1).

[146] McClelland, M. M., Cameron, C. E., Connor, C. M., Farris, C. L., Jewkes, A. M., & Morrison, F. J. (2007). Links between behavioral regulation and preschoolers' literacy, vocabulary, and math skills. *Developmental Psychology*, 43 (4), 947 – 959.

[147] McElwain, N. L., Halberstadt, A. G., & Volling, B. L. (2007). Mother- and father-reported reactions to children's negative emotions: Relations to young children's emotional understanding and friendship quality. *Child Development*, 78 (5), 1407 – 1425.

[148] Mcleod, B. D., Weisz, J. R., & Wood, J. J. (2007). Examining the association between parenting and childhood anxiety: A meta-analysis. *Clinical Psychology Review*, 27 (8), 155 – 172.

[149] McLoyd, V. C. (1998). Socioeconomic disadvantages and child development. *American Psychologist*, 53 (2), 185 – 204.

[150] McNeeley, J. T. (2018). An evaluation of the Second Step Social Emotional Learning program in a public charter elementary school [ProQuest Information & Learning]. *In Dissertation Abstracts International Section A: Humanities and Social Sciences* (Vol. 78, Issue 7 – A (E)).

[151] Meichenbaum, D., Butler, L., & Gruson, L. (1981). Toward a conceptual model of social competence. In J. D. Wine & M. D. Smye (Eds.), Social Competence (pp. 36 – 61). NewYork: Guilford Press.

[152] Moreno, J. L. (1934). Who shall survive? A new approach to the problem of human interrelations. *Nervous and Mental Disease*. Washington, D. C.

[153] Morgan, G. A., Harmon, R. J., & Maslin-Cole, C. A. (1990). Mastery motivation: Definition and measurement. *Early Education and Development*, 1 (5), 318 – 339.

[154] Morris, A. S., Silk, J. S., Morris, M. D., & Keyes, A. W. (2011). The influence of mother-child emotion regulation strategies on children's expression of anger and sadness. *Developmental Psychology*, 47 (1), 213 – 225.

[155] Murphy, K., & Schneider, B. (1994). Coaching socially rejected early adolescents regarding behaviors used by peers to infer liking: A dyad-specific intervention. *The Journal of Early Adolescence*, 14 (1), 83 – 95.

[156] Nelson, L. J., Padilla-Walker, L. M., & Christensen, K. J. (2011). Parenting in Emerging Adulthood: An Examination of Parenting Clusters and Correlates. *J Youth Adolescence*, 40 (6), 730 – 743.

[157] Ng, S. C., & Bull, R. (2018). Facilitating Social Emotional Learning in Kindergarten Classrooms: Situational Factors and Teachers' Strategies. *International Journal of Early Childhood*, 50 (3), 335 – 352.

[158] Ocak, S. (2010). The Effects of Child-Teacher Relationships on Interpersonal Problem-Solving Skills of Children. *Infants & Young Children*, 23 (4), 312 – 322.

[159] Parke, R. D., & Buriel, R. (1998) Socialization in the Family: Ethnic and Ecological Perspectives. In: Eisenberg, N. and Damon, W., Eds., Handbook of Child Psychology: Social, Emotional, and Personality Development. New York: Wiley.

[160] Parker, J. G., & Asher, S. R. (1993). Friendship and friendship quality in middle childhood: Links with peer group acceptance and feelings of loneliness and social dissatisfaction, *Developmental Psychology*, 29, 611 – 621.

[161] Parker, J. G., & Seal, J. (1996). Forming, losing, renewing, and replacing friendships: Applying temporal parameters to the assessment of children's friendship experiences. *Child Development*, 67, 2248 – 2268.

[162] Parkhurst, J. T., & Asher, S. R. (1992). Peer rejection in middle school: Subgroup differences in behavior, loneliness, and interpersonal concerns. *Developmental Psychology*, 28 (2), 231 – 241.

[163] Pinto, A., Veríssimo, M., Gatinho, A., Santos, A. J., & Vaughn, B. E. (2015). Direct and indirect relations between parent-child attachments, peer acceptance, and self-esteem for preschool children. *Attachment & Human Development*, 17 (6), 586 – 598.

[164] Pitkanen, L. (1974). The effect of simulation exercises on the control of aggressive behaviour in children. Scandinavian *Journal of Psychology*, 15 (3), 169 – 177.

[165] Pomerantz, E. M., Ruble, D. N., Frey, K. S., & Greulich, F. (1995). Meeting goals and confronting conflict: Children's changing perceptions of social comparison. *Child Development*, 66 (3), 723 – 738.

[166] R. D. Parke, R. Buriel Socialization in the family: Ethnic and ecological perspectives W. Damon (Ed.), *Handbook of child psychology: Social, emotional, and personality development*, Vol. 3, Wiley, New York, NY (1998), pp. 463 – 552

[167] Rabiner, D., Coie, J. D., & Conduct Problems Prevention Research Group. (2000). Early attention problems and children's reading achievement: A longitudinal investigation. *Journal of the American Academy of Child & Adolescent Psychiatry*, 39 (7), 859 – 867.

[168] Ransford, C. R., Greenberg, M. T., Domitrovich, C. E., Small, M., & Jacobson, L. (2009). The role of teachers' psychological experiences and perceptions of curriculum supports on the implementation of a social and emotional learning curriculum. *School*

Psychology Review，38（4），510－532.

[169] Raver，C. C.，& Knitzer，J.（2002）. Ready To Enter：What Research Tells Policymakers about Strategies To Promote Social and Emotional School Readiness among Three- and Four-Year-Old Children. *Promoting the Emotional Well-Being of Children and Families Policy Paper*.

[170] Rebecca J. Collie；Jennifer D. Shapka；Nancy E. Perry（2011）. Predicting teacher commitment：The impact of school climate and social-emotional learning. *Psychol. Schs*，*48（10），1034－1048.*

[171] Renninger，K. A.（1992）. Individual Interest and Development：Implications for Theory and Practice. The Role of Interest in Learning and Development.

[172] Roffey，S.，T. Tarrant，& K. Majors.（1994）. *Young Friends: Schools and Friendship*. London：Cassell.

[173] Rooney，E. F.，Poe，E.，Drescher，D.，& Frantz，S. C.（1993）. I can problem solve：An interpersonal cognitive problem-solving program. *Journal of School Psychology*（2），335－339.

[174] Roorda，D. L.，Verschueren，K.，Vancraeyveldt，C.，Craeyevelt，S. V.，& Colpin，H.（2014）. Teacher-child relationships and behavioral adjustment：transactional links for preschool boys at risk. *Journal of School Psychology*，52（5），495－510.

[175] Roosa，M. W.，& Vaughan，L.（1984）. A comparison of teenage and older mothers with preschool age children. *Family Relations*，259－265.

[176] Rosenberg，M.，Schooler，C.，Schoenbach，C.，& Rosenberg，F.（1995）. Global self-esteem and specific self-esteem：Different concepts，different outcomes. *American Sociological Revie*w，60，141－156.

[177] Rubin，K. H.，& Krasnor，L. R.（1983）. Age and gender differences in solutions to hypothetical social problems. *Journal of Applied Developmental Psychology*，4（3），263－275.

[178] Rubin，K. H.，& Rose-Krasnor，L.（1992）. Interpersonal problem solving and social competence in children. *Handbook of social development: A lifespan perspective*，283－323.

[179] Rubin，K. H.，Bukowski，W.，& Parker，J. G.（2006）. Peer interactions，relationships，and groups. In W. Damon，R. M. Lerner，& N. Eisenberg（Eds.），*Handbook of child psychology: Social，emo- tional，and personality development*（Vol. 3）. New York：Wiley.

[180] Rubin，K. H.，Burgess，K. B.，Dwyer，K. M.，& Hastings，P. D.（2003）. Predicting preschoolers' externalizing behaviors from toddler temperament，conflict，and maternal negativity. *Developmental Psychology*，39（1），164－176.

[181] Russell, A., Hart, C., Robinson, C., & Olsen, S. (2003). Children's sociable and aggressive behaviour with peers: a comparison of the us and australia, and contributions of temperament and parenting styles. *International Journal of Behavioral Development*, 27 (1), 74 – 86.

[182] Saarni, C. (1999). The Development of Emotional Competence: Guiford Press.

[183] Salmon, G., James, A., & Smith, D. M. (1998). Bullying in schools: self-reported anxiety, depression, and self-esteem in secondary school children. BMj, 317 (7163), 924 – 925.

[184] Salovey, P., & Mayer, J. D. (1990). Emotional intelligence. *Imagination, Cognition and Personality*, 9 (3), 185 – 211.

[185] Schulting, A. B., Malone, P. S., & Dodge, K. A. (2005). The Effect of School-Based Kindergarten Transition Policies and Practices on Child Academic Outcomes. *Developmental Psychology*, 41 (6), 860 – 871.

[186] Selman, R. L. (1980). The growth of interpersonal understanding. New York: Academic Press.

[187] Shaffer, D. R., & Kipp, K. (2007). *Developmental psychology: Childhood & adolescence (7th ed.)*. Belmont, CA: Thomson.

[188] Shapiro, E. S. (1981). Self-control Procedures with the Mentally Retarded. In *Progress in behavior modification* . Elsevier, 12, 265 – 297

[189] Shavelson R. J, Hubner J. J., & Stanton G. C. (1976). Self-concept: Validation of construct interpretations. *Review of Educational Research*, 46, 407 – 441.

[190] Simner, M. L. (1971). Newborn's response to the cry of another infant. *Developmental Psychology*, 5 (1), 136 – 150.

[191] Singh, J. (2021). Use of second step as a universal social emotional learning curriculum with fourth grade students: Impact on teachers' perceptions of students' internalizing risk index scores [ProQuest Information & Learning]. *In Dissertation Abstracts International Section A: Humanities and Social Sciences*, 82, 1 – A.

[192] Skaalvik, E. M., & Skaalvik, S. (2009). Does school context matter? Relations with teacher burnout and job satisfaction. *Teaching and Teacher Education*, 25 (3), 518 – 524.

[193] Slaby, G., Roedell, W., Arezzo, D., & Hendrix, K. (1995). *Early violence prevention: Tools for teachers of young children*. Washington, DC: National Association for the Education of Young Children.

[194] Smetana, J. G., & Braeges, J. L. (1990). The development of toddler's moral and conventional judgments. *Merrill-Palmer Quarterly*, 36 (3), 329 – 346.

[195] Spitzberg Brian H. (1989). Issues in the development of a theory of interpersonal

competence in the intercultural context. *International Journal of Intercultural Relations*, 13 (3), 241 – 268.

[196] Stern, D. (1985). The Interpersonal World of the Infant. New York: Basic Books.

[197] Størksen, I., Ellingsen, I. T., Wanless, S. B., & Mcclelland, M. M. (2014). The influence of parental socioeconomic background and gender on self-regulation among 5 – year-o d children in norway. *Early Education & Development*, 26 (5 – 6), 663 – 684.

[198] Sutton, R. E., & Wheatley, K. F. (2003). Teachers' Emotions and Teaching: A Review of the Literature and Directions for Future Research. *Educational Psychology Review*, 15 (4), 327 – 358.

[199] T. M. Chaplin, P. M. Cole, C. Zahn-Waxler Parental socialization of emotion expression: Sex differences and relations to child adjustment Emotion, 5 (2005), pp. 80 – 88, 10.

[200] Thompson, R. A. (1991). Emotional regulation and emotional development. *Educational Psychology Review*, 4 (3). 269 – 307.

[201] Thompson, R. A. (1994). Emotion regulation: a theme in search of definition. *Monographs of the Society for Research in Child Development*, 59 (2 – 3), 25 – 52.

[202] Thompson, R. A. (2006). The development of the person: Social understanding, relationships, conscience, self. In N. Eisenberg, W. Damon, & R. M. Lerner (Eds.), *Handbook of child psychology* (Vol. 3). New York, NY: Wiley, 65 – 69.

[203] Thorndike, E. L. (1920). Intelligence and its uses. *Harper's Magazine*, 140, 227 – 235.

[204] Triandis, H. C. (2007). Culture and psychology: A history of the study of their relationship.

[205] Uchida, Y., & Kitayama, S. (2009). Happiness and unhappiness in east and west: Themes and variations. *Emotion*, 9 (4), 441 – 456.

[206] Upshur, C. C., Wenz-Gross, M., Rhoads, C., Heyman, M., Yoo, Y., & Sawosik, G. (2019). A Randomized Efficacy Trial of the Second Step Early Learning (SSEL) Curriculum. *Grantee Submission*, 62, 145 – 159.

[207] Valiente, C., Lemery, K., & Reiser, M. (2007). Pathways to problem behaviors: Chaot c homes, parent and child effortful control, and parenting. *Social Development*, 16 (2), 249 – 267.

[208] Villanueva, J. G. (2000). Defensive processing in elementary school children. The University of Texas at Austin.

[209] Vriens, D., & Achterbergh, J. (2015). Tools for Supporting Responsible Decision-Making?. *Systems Research and Behavioral Science*, 32 (3), 312 – 329.

[210] Walker, S., Irving, K., & Berthelsen, D. (2002). Gender Influences on Preschool

Children's Social Problem-Solving Strategies. *Journal of Genetic Psychology*，163（2），197 - 209.

[211] Wang，Y.，& Liu，Y.（2021）. The development of internalizing and externalizing problems in primary school：Contributions of executive function and social competence. *Child Development*，92（3），889 - 903.

[212] Wechsler，D.（1940）. The measurement of adult intelligence. *The Journal of Nervous and Mental Disease*，91（4），548 - 549.

[213] Willner，C. J.，Gatzke-Kopp，L. M.，& Bray，B. C.（2016）. The dynamics of internalizing and externalizing comorbidity across the early school years. *Development and Psychopathology*，28（4），1033 - 1052.

[214] Wilson，B. C.（2017）. The effectiveness of Promoting Alternative Thinking Strategies（PATHS）when used one time per week in therapeutic day treatment［ProQuest Information & Learning］. *In Dissertation Abstracts International：Section B：The Sciences and Engineering*（Vol. 77，Issue 8 - B（E））.

[215] Yau，J.，& Smetana，J. G.（2003）. Conceptions of moral，social-conventional，and personal events among Chinese preschoolers in Hong Kong. *Child Development*，74（3），647 - 658.

[216] Zahavi，S.，& Asher，S. R.（1978）. Effect of verbal instructions on preschool children's aggressive behavior. *Journal of School Psychology*，16（2），146 - 153.

[217] Zahn-Waxler，C.，Cole，P. M.，Welsh，J. D.，& Fox，N. A.（1995）. Psychophysiological correlates of empathy and prosocial behaviors in preschool children with behavior problems. *Development and Psychopathology*，7（1），27 - 48.

[218] Zhang，X.，&Sun，J.（2011）. The reciprocal relations between teachers' perceptions of children's behavior problems and teacher-child relationships in the first preschool year. *Journal of Genetic Psychology*，172（2），176 - 198.

[219] Ziegert，D. I.，Kistner，J. A.，Castro，R.，& Robertson，B.（2001）. Longitudinal study of young children's responses to challenging achievement situations. Child Development，72（2），609 - 624.

[220] Zorza，J. P.，Marino，J.，& Acosta Mesas，A.（2019）. Predictive Influence of Executive Functions，Effortful Control，Empathy，and Social Behavior on the Academic Performance in Early Adolescents. *Journal of Early Adolescence*，39（2），253 - 279.